新时期

出版人改革亲历丛书

XINSHIQI CHUBANREN GAIGE QINLI CONGSHU

顾问　柳斌杰

主编　聂震宁

国家重点图书出版规划项目

慎守其真

常振国　著

江西高校出版社
JIANGXI UNIVERSITIES AND COLLEGES PRESS

新时期出版人改革亲历丛书

慎守其真

图书在版编目（CIP）数据

慎守其真 / 常振国著. 一南昌：江西高校出版社，2018.12
（新时期出版人改革亲历丛书 / 聂震宁主编）
ISBN 978-7-5493-7889-0

Ⅰ.①慎…　Ⅱ.①常…　Ⅲ.①出版工作—概况—中国
Ⅳ.①G239.2

中国版本图书馆 CIP 数据核字（2018）第 237152 号

出 版 发 行	江西高校出版社
社　　　址	江西省南昌市洪都北大道 96 号
总编室电话	（0791）88504319
销 售 电 话	（0791）88517295
网　　　址	www.juacp.com
印　　　刷	江西千叶彩印有限公司
经　　　销	全国新华书店
开　　　本	700 mm × 1000 mm　1/16
印　　　张	20.5
字　　　数	280 千字
版　　　次	2018 年 12 月第 1 版
印　　　次	2018 年 12 月第 1 次印刷
书　　　号	ISBN 978-7-5493-7889-0
定　　　价	55.00 元

赣版权登字-07-2018-1259

丛书编辑委员会

新时期出版人改革亲历丛书

作者｜常振国

1951 年生，北京人，毕业于北京大学中文系古典文献专业，编审，中国作家协会会员，中国出版协会国际合作出版工作委员会主任。曾任中华书局、现代出版社、改革出版社、中国旅游出版社、华龄出版社编辑、副社长、社长助理、社长兼总编辑、社长等职。已出版个人研究著述和编纂整理学术图书 20 余种，曾获第五届"全国百佳出版工作者"和"两岸四地优秀出版人物"荣誉称号。

留住出版家的改革记忆

——为"新时期出版人改革亲历丛书"序

柳斌杰

在世界四大文明古国中,中国有文字记录的文化得以传承,使中华文明的血脉得以延续,以造纸术和印刷术为支撑的出版业功不可没。从早期口传的神话故事开始,到后来成书的《诗经》、诸子百家学说,历经数代沉淀确定的经典著作"十三经",加上从汉代司马迁编修的《史记》开始,历朝历代从未中断修纂累积的"二十四史",中华民族的文化基因和宏大架构得以基本确立。经最早的龟骨、简牍、缣帛记载,进而到后来的雕版、活字印刷,世界上一个最古老的、最优秀民族的文化就这样保存下来了,世世代代传承并发扬光大。这是中华民族出版业足以彪炳世界史册的伟大功绩。

改革开放以来,我国出版业的发展进入了新的历史机遇期,走上了发展的快车道。出版工作者顺应时代潮流和技术变革大势,不断实现自我革新发展,解放了出版生产力。1979 年在长沙召开的全国出版工作座谈会上,确定了地方出版业"立足地方,面向全国"的重大发展决策,打破了原来的"地方化、群众化、通俗化"的条条框框,促进了地方出版业的转型。在 1982 年召开的全国图书发行体制改革座谈会上,提出了以"一主三多一少"为主要内容的改革,使我国的图书发行业开始摆脱计划经济的束缚,突破了长期以来产销分割、渠道单一、购销形式僵化的局面,促进了出版社由生产型向生产经营型的转变,推动了国有书店由传统的计划经济向社会主义商品经济的转变。1988 年,中宣部和新闻出版署提出了"三放一联"的改革目标,从单纯调整产销关系转向改革发行企业内部的管理机制,通过放权承包,建立各种形式的责任制,扭转管理过分集中、统得过死、行政干预过多的现象,搞活国有书店的经营机制;通过放开批发渠道、放开购销形式和发行折扣,引进竞争机制,利用经济杠杆调整产、供、销之间的利益关系,搞活了图书购销;通过推行横向经济联合,促进各种形式的出版发行联合体发展,发挥了促进竞争、优势互补的积极作用,图书发行体制改革进入了一个新的历史阶段。1996年,新闻出版署颁布了《关于培育和规范图书市场的若干意见》,明确提出了建立全国统一、开放、竞争、有序的图书市场的改革目标。2003年,党中央、国务院决定启动文化体制改革试点,确定在9个地区和35个文化单位进行试点,其中新闻出版单位就有21家。2005年12月,在认真总结试点经验的基础上,中共中央、国务院下发《关于深化文化体制改革的若干意见》,这是新中国成立以来党中央、国务院第一次就文化体制改革做出的重大决策。《意见》从总体上明确了深化文化体制改革的指导思想、原则要求和目标任务。至2012年9月,全国有改革任务的580家出版社、3000多家新华书店、4000多家非时政类报刊社、38家党报党刊发行单位全部完成改制,组建了一批出版集团,其中35家出版传媒集团成功上市。新闻出版系统实现了"局社分开",新闻出版行政管理部门实现了由办文化向管文化转变,由主要管理直属单位向社会管理转变,由行政管理为主向行政、法规、经济等综合管理转变,宏观管理体制得到进一步完善。我国文化体制改革经过多年的不懈探索和实践,有力地促进了新闻出版生产力的解放和发展。深化改革中的中国出版业如凤凰涅槃,在新的市场机制中焕发出蓬勃生机,呈现出旺盛的生命力。在近年来传统纸媒受到网络、微信等自媒体猛烈冲击而纷纷萎缩的情况下,出版业逆势上扬,融合发展,充满活力。在近期颁布的第十届"全国文化企业30强"获奖名单中,出版企业占60%,总产值超过65%,继续保持了文化产业主力军的地位。

40年改革开放,40年风雨历程。我国出版业40年改革发展,有力地证明了:世界潮流浩浩荡荡,顺之者昌。五千年的文明历史,证明中华民族是一个热爱学习、善于总结经验教训、善于借鉴他人长处、善于不断创新的民族。这个品质既是中华民族优秀文化基因的表现,也给出版业提供了市场空间和发展机遇。我们相信,只要抓住机遇,不断深化改革,在创新中求发展,出版业一定会有更加光辉的明天。

由江西高校出版社出版的"新时期出版人改革亲历丛书",是一套多视角、多方位见证、记录出版改革历程,讴歌出版改革成果,总结出版改革经验,推动和深化出版改革的大型丛书。丛书作者都是韬奋出版奖、中国出版政府奖等重要奖项的获得者,都是有影响、有作为的出版发行一线的领军人物,他们既是中国出版改革开放的见证者、记录者,也是中国出版改革开放的亲历者、推动者。他们生逢其时,在职业生涯的黄金时期,赶上了改革开放这趟时代快车,经历了改革的风风雨雨,经受了改革的磨炼洗礼,分享了改革的丰硕成果,实践了自己的职业追求,实现了自己的人生价值。他们有过攻坚克难的艰辛,有过艰苦创业的拼搏,也有过辛勤耕耘的甘甜;他们有过推出精品力作的惊喜,也有过培育出版新人的欣慰。在丛书写作中,他们紧扣新时期出版改革的主题,现身说法,讲述自己亲身经历的出版故事,写出了自己的真情实感,展现了新时期出版人的责任担当、文化情怀和创业精神。这套丛书也成为出版改革的真实记录,成为有保存价值的出版历史史料,成为培养、教育青年出版从业人员的生动教材。他们为纪念出版改革40周年献上一份厚礼,做了一件很有意义的事情。他们是中国出版史上又一批值得尊敬的人。

这套丛书表明,在波澜壮阔的中国改革开放40年中,中国出版人勇于实践、敢于创新,以改革促进发展,以发展推动繁荣,始终走在时代的潮头,为民族文化的传承发展,为中国文化软实力的提升,为中华文明走向世界,做出了应有的贡献。历史将证明：中国的改革开放，出版业一马当先，不仅自觉推进自身深化改革，而且为改革开放营造了良好的社会舆论氛围，提供了强大的精神动力。

党的十九大清晰地描述出中华民族伟大复兴的蓝图和时间表，中华民族进入了一个伟大的新时代，对满足人民群众日益增长的精神文化需求提出了更高要求。习近平总书记在党的十九大报告中指出：文化是一个国家、一个民族的灵魂。文化兴国运兴，文化强民族强。没有高度的文化自信，没有文化的繁荣兴盛，就没有中华民族的伟大复兴。要坚持走中国特色社会主义文化发展道路，激发全民族文化创新创造活力，建设社会主义文化强国。这不仅是强调文化的重要性，也是对新时代文化建设提出的战略目标。

实现中华民族伟大复兴的号角已经吹响，中国出版业作为文化领域重要的组成部分，肩负着做强文化软实力、实现中华民族文化大繁荣、建设社会主义文化强国的重任。回顾40年改革历程，我们为取得的辉煌成绩而自豪；展望新时代的伟大征程，我们为义不容辞的重任而自信。重任在肩，唯有奋斗。我们深知日益富裕的人民群众对高品质文化的渴望，中国人均阅读量和世界发达国家的差距，中国出版业转型升级尚在路上……这正是中国出版业努力作为的方向。我们有幸身处这样一个伟大的时代，当然要投身这样一项伟大的事业，才无愧于出版业的历史使命，做新时代敢担当、负责任、有作为的出版人。

是为序。

2018 年 6 月于北京

（柳斌杰，第十二届全国人大教科文卫委员会主任委员、原新闻出版总署署长、中国出版协会理事长）

目　录

引子

只为历史真实

之前,我一直没有写回忆录的想法。我对如我一般的人写回忆录存有偏见,觉得沉湎在自己的那点琐事里,和别人无关,别人也不会关注,纯粹是浪费了自己的时间,也浪费了读者的时间。

一件事让我这一想法更加强烈。有一次朋友聚会,其中有一个是初中时的同学。大家回忆"文革"时的往事,我说起自己初中当班长时,因为参加学校纠察队,夜间在校园巡逻,而其他人却在班里开我的"小会"。那位同学质疑说:"初中你不是班长吧?应该是某某当班长。"他这句话让我吃惊不小:大家都是同班同学,怎么连班长是谁都不记得了?我由此也明白,这些这么确凿的事实,对于自己来说,终生难忘,而在别人的记忆里,已然烟消云散。对别人来说,不会时刻记挂着有关你的事,每个人都有自己的生活。而在隐秘的时光里,之于记忆本身,每个人都留下了不一样的印记。

有时候,我也很怕回忆过去的人和事,因为回忆总要牵扯出很多人和其中的是是非非、恩恩怨怨,生怕因此而伤害了别人,因回忆而再次苦痛,这同样是我不太热衷于聚会的原因。从心里说,对于从前的老师、同学,甚至自己待过的地方,我都充满了感情,比如"北大荒",离开那里近40年的时候,因朋友的一再邀请,我便回去了一次。为了不打扰更多的人,除了少数两三个人以外,谁也没告诉。出于对"北大荒"的怀念和深情,回京后我给当地捐了10万元的图书,当地电视台为此做了报道。记得很多当年的战友看到新闻后,纷纷打来电话,开玩笑说,我们邀请了你这么多年,你一直没回来,这都老了,才想起我们,还想着回来啊? 其实不然,凭良心说,我一直深深地眷恋着这片自己几乎贡献了大半个青春的土地,眷恋着给过我帮助和爱护的"荒友"以及当地的老职工。之所以一直犹豫着没有回去,我也是怕触及往事,再扯出当初的是是非非。

后来,我看了宋木文、舒芜、许力以、周谊等老领导、老前辈、老师长的自传,这使我对写回忆录这件事,有了新的看法。他们在回忆中非常客观,不阿谀当权者,不贬低失势者,对于可能会伤害当事人的事,本着历史的真实,对事不对人,甚至宁可不写,也不改写、不乱写,不欺骗、不编造虚假的历史。我也明白了,写自传并不只是执着于自己的那点回忆,而是在我参与的那部分人和事中,还原细碎的历史原貌。在读那些文字的时候,我更清楚地了解了他们的为人。同时,我也有了写一写自己经历的那些事、遇见的那些人的冲动——我想,在我认知的、经历过的时空范围内,最大限度地还原真实,这才是最终的目的。因为只有还原历史的真实,才不会冤枉别人,才不会误导后人。历经磨难,其实并不可怕,这是人生的必修课。我体会最深的是,受苦受累都无所谓,而蒙受冤屈,才是最令人伤心的。我佩服宋木文对胡乔木所做的客观真实的评价,也欣赏朱正为舒芜说的公道话。我觉得,这才叫历史。

真实历史的当事人,并不因做错过一些事,导致他今生所做的所有事都是错的。每个人的一生都是丰富的、曲折的,与大环境、大趋势的影响息息相关。公允、说实话、不偏袒、实事求是,这才是正确的历史观。我希望,通过我的回忆,把我遇见过的那些人、那些事,客观公正地展示出来。

我还想记录我的人生经历和人生经验,使它们不至于消散而不留一点踪迹。这也是恐于记忆给我的教训。我觉得我的有些记忆在一点点消失,我试图去触摸,却总是被绕进了死胡同——曾经属于我的那些部分,正在时空中无情地离我而去。

　　我曾经有写日记的习惯。从小学三年级开始,我坚持每天写日记,把我所见所思都记录下来,直到去了东北建设兵团,已经积攒了十几大本。后来,因环境影响,怕这些日记引来麻烦,我才偷偷地把它们塞进食堂的灶间:望着十七八本大小不一的蓝皮本、绿皮本、红皮本在炉火中上下翻动,我的心情久久不能平静。随着这些日记的消失,那些本就可遇而不可求的缥缈的情思也随之而去。

　　我还有随时记录生活感受、读书心得的习惯,如果脑海中有什么好的想法,会随手拿出笔和纸片,写好后分门别类地放在一个竹编的小匣子里,梦想着人老退休后再慢慢加以整理。那个匣子渐渐装满,而我自己也在慢慢变老。不承想十几年前的一场暴雨,让久无人住的老屋变成了"水帘洞"。待我发现时,不仅屋内的家具都散了架,竹匣子里的那些纸片也已经变成了粘连在一起的纸板。一同遭受此"劫难"的,还有存放在同一间屋中的一个蓝色小箱子,那是我从小学六年级直到"文革"、兵团、大学写过的诗歌、散文、笔记,还有保存起来的"文革"期间的报纸、大事记等资料,也统统化为乌有。我记得那个小木箱,是爸爸的同事老刘师傅用一些废木料为我精心打造的。我自己在上面涂了一层蓝色的油漆,把自己认为最珍贵的东西都存在里面……这些"珍宝",这些飘忽而至的灵感,都顺着原路散了。

　　…………

　　更加恐怖的是,我发现,有的记忆开始欺骗我,不再受我的控制。

　　有些小学时非常要好的同学,再见到当年的合影照片,似曾相识,但无论如何也记不起他们的名字了。兵团战友见面时,许多往事涌上心头,却再也记不起曾经帮助我的那个人是谁了。直到最近发生的一件事,使我彻底屈服于自己的健忘:

　　我清清楚楚地记得把汽车钥匙放进了手提包,可要开车时却怎么也找不到了，我觉得不可思议。可最终，当我从书柜上找到钥匙的时候，我知道我真的不能过分相信自己的记忆了。

这时，我特别想抓住回忆，不让它们流失在空洞中。这些事、这些人，有太多的舍不得，于是，我决定把它们写下来。

我写这些的时候，我想能改变之前追求的"外在的""恢宏的""澎湃的""完美的"诸如此类的关键词，这些让我丧失了太多有价值的生命体验。

从出生到青年时期，我都生活在"宏大叙事"的话语体系中，自然被挟裹其中。到了50岁，开始有了一些可以回忆的东西。这些回忆经由岁月的浸润，不知何时不知何因就冲进我的头脑。这种感觉一开始让我愣怔，但随后的顿悟让我的生活逐渐从容，也逐渐丰盈起来，我的人生观、历史观也由此发生了微妙的变化。就如我在刚装修好的、和办公室布置几乎没什么区别的新家，里里外外环顾了一番后，不经意就发现了一个让我有点吃惊的事实：我的生活里好像少了一点什么。少了一点什么呢？后来才知道，我所缺少的东西，其实在我少年时期那本每天搜肠刮肚想填满的日记本里，可已经丢失了。

············

这本书我不打算以宏大叙事的方式来写，无论是那些看起来或许可以用"恢宏"来概括的大历史，还是琐碎到不起眼的个人体验，都力图还原真实。我认为，这样的回望才是有意义的，才不枉费那些过去的时光。

第一辑

人生的必修课

新时期出版人改革亲历丛书

　　4 岁时,因母亲生病住院,家中无人照管,我被送到北京的舅舅家。一次,不知什么原因,我拿起扫把主动扫起了屋子,虽扫得不是太干净,但得到了舅舅的表扬:你看这孩子,真会扫,还知道先从屋子的四周开始向中间扫,把垃圾再聚拢到一堆,不像很多孩子,一开始就乱扫一气,真是有章法,有章法! 所以,"章法"这个词,我很小就知道了。

　　没想到,舅舅这随口一夸,竟深深地印在了我的脑子里,我朦朦胧胧地觉得,做什么事都应该有"章法"。这可以说是我人生的第一堂启蒙课。从此,我每做一件事总是想着"章法",有所计划,讲究策略,并试图从中找到做得更好的"规律"。

"逍遥派"并不逍遥

我有时会很怀念那个时代:人是那么单纯,正义感强,不焦虑,不迷茫,有未来,活得特别"有劲儿"……可是我又想,或许是因为当时定义"真善美"的方式绝对而单一,才有这种看起来很理想的生活。可正因如此,少了对其他价值观的包容,也少了一些个体内心的从容。

还或许,是我回忆中青春的美好,天然地、无意地遮蔽、模糊了那些惊悸的感觉,只保存了好的一面。

一 碗 元 宵

我初中就读的北京一中,历史比较悠久,它起源于 1894 年八旗官学,后来官学整顿,增设了八旗书院一所。到了 1912 年,蔡元培主持教育部时,把八旗书院一所改名为"京师公立第一中学",不再仅限于八旗子弟,"五族皆可入"。1949 年 4 月,北京市人民政府接管后,改名为"北京市第一中学"。1965 年以前,北京一中一直号称男生校,只招收男生。但我在校的时候,记得曾经有一年招收过女生(因为我们曾经排演过话剧《雷锋》,有女同学在里面扮演雷锋的妈妈)。

从入学到"文革"初期,学校生活还是丰富多彩的。我 1964 年开始上中学,入学不久就加入了学校话剧团,由学校青年老师带着我们排练,时不时参加校内校外的一些演出。记忆中曾排演过《雷锋》《强渡大渡河》等。经老师联系,参加话剧团的同学,有机会去北京人民剧场排练或帮忙服务。我们大概一两个星期去人民剧场一次,帮忙检票、清扫剧场,顺便也观看演出。京剧《三岔口》《芦荡火种》《节振国》就是那个时候看的。我们给剧场帮忙,剧场也帮我们请那些在剧院演出的演员教我们怎么演戏,辅导我们基本功。比如我们排练《强渡大渡河》时,张春华就教过我们怎么打旋子。张春华是武丑名家,演过传统剧目《打瓜园》《三岔口》,后来不让演传统戏了,又演过样板戏《节振国》。著名武生名家张云溪先生也辅导过我们,教我们掌握练习的要点,背要怎么挺,怎么提臀,腿如何用力,怎么演会看起来漂亮等。因为我曾在体校体操队训练过,平衡能力比较好,对打旋子之类的功夫学得比较快,打得还算比较好,曾得到过他们的称赞。

这段经历,除了学会了戏剧基本功外,我还学会了如何支配自己的零花钱。从我家到剧场有一段不短的距离,妈妈每次给我一角钱,让我坐公交车,从鼓楼站到人民剧场站来回的车票钱需要八分钱,而如果步行则需要半个多小时,为了省钱,我一直坚持步行。人民剧场紧挨着北京著名的护国寺,街道两旁有花店、旧书店、食品店,其中一家是北京特色的小吃店,这家的元宵很好吃。有一次经过那里,看见店门口竖起一块木牌子,上面醒目地写着:元宵——八分一碗。我没在饭店吃过元宵,很是好奇,于是就掏钱买了一碗。元宵的软糯香甜让我印象很深,觉得真是世间美味,从此,每次经过时都忍不住去买一碗,吃后感觉真是非常享受,乃至回家的一路上都会兴奋不已。

至今仍清晰地记得那碗元宵。碗里呈三角挨挤着三个白白糯糯、诱人的元宵。这三个元宵,虽然大,但也不够我吃,可是因为可以免费加汤——

我觉得汤也特别好喝,因水的稀释与混合,糯米和馅料的甘美更加溶在一起,适度而不黏腻,极度熨帖了那个时代我贪婪的味蕾——每次我都能吃得很满足。我首先用汤匙把第一个元宵于它们的团体中缓慢地拨开盛出,用牙齿轻轻咬一小口,看满满的馅料细滑地喷涌出来,每一次都是绽放出无边的惊喜。我边喝汤,边小口小口地细细品味,待吃完一个元宵,碗里的汤没了,就让老板再加一碗汤,这样吃一个元宵喝一碗汤,看着桌边的食客和路上的行人,时光里溢满了宁谧与安稳。

我那时的时间安排得满满的,上课、排戏、到体校训练、游戏,充实而忙碌,我就像当时的主旋律电影所表现的那样,是当代中国欣欣向荣的阳光少年,好好学习,天天向上,生活美好而安定。

成为"修正主义苗子"

1966年,"文化大革命"开始,我的生活开始发生变化。

北京一中是老学校,老教师非常多。这些人阅历丰富、经历曲折,如此一来,可揪出的人、可挖出的事便越来越多。有一些老教师在新中国成立前在国民党政府做过文官,有的甚至还在国民党宣传部任过职,比如李寿松老师,当时说他是"历史反革命"。他虽不教我,而教高中语文,但他带过我大哥他们班,大哥因为语文好,老师对他印象比较深刻,我也受大哥影响,很钦佩李老师的文学修养。后来我去了中华书局,在文学编辑室时,曾接到过李寿松老师的一部书稿——《杜甫诗注释》。为此,我专程到李老师家拜访,在与李老师的交谈中,我觉得他就是个典型的文化人,一心钻研教学和学问,与什么"反革命"根本沾不上边。后来因为工作关系,我结识了电子工业出版社社长王志刚,一次闲聊时,得知李寿松老师是王社长的岳父。谈起往事，我们不胜唏嘘。还有一位老师，他也是语文教研室的，人特别好，好像在国民党政府里任过职，也挨过批斗，学校里贴了好多关于他的"大字报"。

一瞬间，周围那么多老师都成了危险分子，确实让我吃惊不小，原本一片阳光灿烂的生活顿时莫名地蒙上了一层阴影。

不只是这类有政治疑点的老师被揪出来，借着潮流，很多人把揭发批斗变成了个人恩怨甚至不同价值观间的打击报复。后来，我读到托克维尔的"多数人暴政"的观点，觉得这种以多数人名义行使的无限权力，以革命和人民的名义蔓延的恐怖行为，实在是可以摧毁一切的难以约束的力量。那些对学生稍微严厉一点的老师，因为批评了学生或者因其他事情得罪了学生，很多都被批斗。一时间老师们战战兢兢，对学生毕恭毕敬，唯恐惹祸上身。更有甚者，一位刚从北京师范大学毕业的小高老师，平时不言不语，文文静静的，也被贴了"大字报"。为什么呢？现在想来，可能是因为她长得比较漂亮，比较爱美，穿着稍稍讲究一点，就因此成了"资产阶级小姐"。其实，小高老师就是普普通通的城市平民呀。

北京四中、北京一中同属于"文革"中北京乃至全国有名的中学。北京四中因聚集了大批高干子弟，所以在"文革"中能成为中学生运动的策源地之一，被北岛称为"文革"的"恐怖中心"。北京一中呢，虽然后来被提及得少，但我回想起来，那时的环境，特别是教师宿舍院里的那个所谓的"地下监狱"，都能对我这个中学生产生震慑，对"地富反坏右"那个群体的人来说，恐怕也是一个不折不扣的"恐怖中心"。

学生不仅斗老师，同学间的矛盾也来了。我不是"红卫兵"，从来不敢主动谈及出身，因为没有让人羡慕的"红五类"背景。我爷爷、姥爷都是地主，还是大地主，在当地和北京有上千亩良田。20世纪30年代，13岁的父亲离家出走，在北京，他凭自己的努力，不依靠家庭，从一个很棒的学徒工做到一个很棒的技术工人。他还曾因发明创造,在空军立过功。无论在空军六航校,还是在北京钢铁学院,他的技术水平都是顶尖的。他从离开家就没花过地主家庭的一分钱。新中国成立前,他的工资大概是四五块大洋,新中国成立后,父亲的核定工资是80元人民币。听母亲讲,当年虽然养活一家人并不宽裕,可也着实不用我爷爷的接济——可父亲还是在单位被贴了"大字报",揭发他地主家庭的出身,让他交代剥削人民的罪行。

我记得自己当时看到那些"大字报"时的震惊,还跑到父亲领导那里替他辩护。可是他们只是对我略带深意地微笑:"孩子,你太天真了,你爸爸是你爷爷的亲儿子呀,怎么可能不花他一分钱。"他们看着焦急的我,肯定也在同情这"被骗"的孩子。可是,我们都知道,父亲是被冤枉的,他脾气倔,因为爷爷娶了"二房"而赌气离家出走,不但没受地主家庭的接济,后来还担负起哥哥的责任,经常给上辅仁大学、清华大学的弟弟们经济补助。

爷爷很开明,新中国成立前就把所有土地捐献了出去,所以并没有受到什么打击,新中国成立后评定的身份为开明绅士。虽然没有土地了,但还有自住房和一些家底。印象中的爷爷非常讲究卫生,天天洗澡换衣,爱听、爱唱京剧,写得一手好字。虽然他脾气比较大,家里人都怕他,但他也不失淳朴。我最初认的字就是爷爷教的,从"日、月、天、地、大、小"开始,爷爷教会了我很多。还记得一次,爷爷教我认识了"帛"字后,我非常得意,到处考别人,让别人去认,如果别人认不出,就自认为认字多,是很有学问的人了。

爷爷长期住在当教师的姑姑家,因为有政府发放的开明绅士证,他对外人又和气,也不太出门,不招惹是非,所以"文革"中也没人找他的麻烦(那时街坊邻居关系好的, 相互之间都还有所庇护, 很多人家就是这样在

"文革"中保住了平安。可我舅舅家就没躲过,舅舅的女婿主动揭发了他的国民党军官身份,领着"造反派"径直把家抄了)。也因为爷爷是开明绅士,叔叔们没有因为他受到太大冲击,也没有像一些"狗崽子"们被批斗。尽管如此,当时的我依然也不敢太活跃,北岛在一篇回忆文章中说:"在当时的辩论中,对方头一句话是:'你什么出身?'若出身不好,上来就是一顿臭骂或暴打。"所以,我也不去自己找不自在。

可我不去找麻烦,麻烦却找我来了。因为那时我是班长,平时得罪的人比较多,"恨"我的人也不少。比如,班主任洪老师说要发挥学生的自主性、积极性,让我监督课堂纪律,我深感责任重大,非常认真,上自习课时就把那些偷看小人书、破坏课堂纪律的同学的名字记录下来,课后向老师一一汇报。那些学生有的挨了老师的批评,有的甚至被请了家长,于是他们对我的意见特别大。"文革"开始后,个别同学就想着法儿地整我。

1966 年"文革"一开始,工作组便进驻北京一中,指导运动的开展。我作为好学生被年级选拔出来参加了学校纠察队。为防止坏人捣乱,我们每天晚上拿着木头枪站岗放哨,感觉自己小小年纪就为国家做这么重大的事情,内心感到非常光荣。没过多久,工作组被撤销。工作组一走学生们自己"闹革命"了,墙壁上到处是大揭发、大检举的"大字报","某某某是历史反革命""某某某是反动学术权威"的口号比比皆是。1966 年 8 月 8 日之后,"红卫兵"组织快速发展,成千上万的"红卫兵"身穿绿军装,臂戴红袖章,停课"闹革命",走上社会,大反"封资修"。

学校里很多老师这时被打成了"走修正主义教育路线"的资产阶级知识分子,人人自危。记得我们班曾经有个同学,在上课时看连环画,被班主任洪老师没收了。一天傍晚,洪老师骑着自行车到我家,对我说:"你是班长,你把这连环画还给某某同学吧,告诉他,老师对不起他了。"我纳闷地问为什么要我还呀,洪老师难为情地解释说,如果他自己去送,怕同学们一下子激动起来,批斗他。我一想也是,于是就代他把连环画归还了,这事后来也没人再提起。

　　其实,我那个时候还不知道,老师们自身难保,我这个老师眼里的"好学生"也跟着没好果子吃了。风向开始微妙转变的时候,我一点也没有意识到,还是每天晚上积极地去学校站岗放哨,而此时班里几个学生却在酝酿着开我的"小会",说我是"修正主义苗子",准备叫我回班里去接受质询。终于有一天,有位同学通知我,让我回班里去回答问题。我虽然表面上装作无所畏惧的样子,可心里还是忐忑不安。

　　会上,一些同学列举了我"执行资产阶级教育路线"、是"修正主义苗子"的各种证据,比如,替"执行资产阶级教育路线"的老师监督、压制同学;曾经说过长大以后想当记者、当作家,有想成名成家的资产阶级思想……足足二三十条,一条一条让我回答,为此,质询会连续开了几个晚上。

　　说实话,看到同学们这么对待我,我心里感到非常委屈,因为那时我还是挺"义气"的,为不少同学与老师争辩过。比如教我们数学的任老师,他对我的态度还挺和善,而对另外的同学则不然。任老师身体不好,据说肋骨断过几根,所以他有个习惯动作,总是手撑在肋骨受伤的那一侧,另一只手像鸡啄米一样点着被批评的同学,眼睛瞪得大大的,恨铁不成钢地说"不动脑筋的东西"。一次,有位同学看到他声嘶力竭的样子,不但没有害怕,反而忍不住笑了,这下他更生气了,大声斥责道:"真是不知羞耻的东西!"每每听到这些话,我都觉得任老师过分了,课后不止一次地找到他,为那位同学打抱不平说:"老师,你怎么能这么说人呢? 这不是对人格的羞辱吗? "

　　但质问我的同学不允许我做过多的申辩。我在委屈之余,也只有虔诚地把同学们的质问工工整整地写在笔记本上,回到家,逐条思考,绞尽脑汁想出如何回答。比如对于"为什么想当记者"的质问,我是这样回答的:记者也是一种工作,现在的新华社、《人民日报》的记者,不都是在自己的岗位上为人民服务吗？——现在想来，年少时有点成名成家的思想，没有什么不好，对学习也是一种向上的动力。但那时的价值观不然，普遍认为这是非常可耻的。几天后，可能是因为没有什么新鲜"内幕"可挖了，也许是因为几个主事的同学，有的去外地"大串连"了，有的将关注点转移到了更大的"热闹"上，对我的质询会最后也不了了之。

冻伤的"串连"激情

"那时候好像永远是夏天，太阳总是有空伴随着我，阳光充足，太亮了，使我眼前一阵阵发黑……"电影《阳光灿烂的日子》里的这段独白，是一伙"坏孩子"之一的个人体验，而我对"文革串连"的回忆里，却是铺天盖地的冷，尽管我去"大串连"是从夏天开始的。

同学们对我"质问"之后，学校里更加混乱。原来全校只有一两个"红卫兵"组织，这时已是"百花齐放"，各种战斗队如雨后春笋，几乎每天都有新的组织成立。社会上的"破四旧"运动也轰轰烈烈，抄家的、游街的、批斗的、打人的，随处可见。这时，我还听说崇文区有几个"红卫兵"失踪、遇害，组织上号召一定要严密监视"黑五类"，由此，气氛更为紧张。

北京一中的教师宿舍院里有个地下室，这时就作为地下监狱关押"牛鬼蛇神"。当时还组织学校"红卫兵"参观过，我看后心生恐惧。这时学校已停课了，我也厌倦了"大字报"、批斗会，便不再去学校。当时我两个哥哥都在上大学，虽然加入"红卫兵"要三代根正苗红，但我两个哥哥都比较早就加入了。北京有一司、二司、三司"红卫兵"司令部，大哥因为有才气、文笔好，加入了三司，在《首都红卫兵》报做编辑，他人老实，不爱说话，对同学很诚恳，也就没人追究他的出身。二哥参加了他们学校的一司战斗队，也当了

"红卫兵"。从当时的经历看,初期的"打砸抢"破坏性非常大,参加者多为中学生,而后期的思想上传播、煽动,导致更大破坏性的应该是大学生。

这时,我二哥的几个同学,商量着要去外地"串连"。我知道后,也非常想去,经不住我再三软磨硬泡,当年 8 月底,二哥终于同意我跟他们出去。我跟随哥哥四处打听各个大学的消息,并于 8 月底跟随他们出去"串连"。

首都"红卫兵"奔赴全国各地"闹革命",名义上是推动"文革"广泛深入开展,但其中还有我们这种没有明确目标,只有加入洪流成为"大多数"才感觉踏实的学生们。那时候,火车站、汽车站、码头到处都挤满了"红卫兵"。这是我第一次远离家门,跟着二哥到车站,看到哪里有车就去哪里,到窗口领车票去坐车,去"红卫兵"接待站领饭吃。

这次"串连",我们去了青岛、上海、苏州、南京。我们先坐火车去青岛,到达时已经是晚上,先去"红卫兵"接待站领了饭,饭后集体到一个大礼堂等着上船。等到上了船,已经是晚上 10 点多了。这是一艘去上海的货轮。我们蜷缩在甲板下的货仓里,身下铺着稻草,身上盖着临时领来的毯子。虽不知道自己下一步要做什么,但也是在"做大事"的队伍中了,一路上既兴奋又担忧。二哥是北京广播学院(现中国传媒大学)外语专业的学生,船上的工作人员听说了,找到二哥,说:"你是广播学院的,肯定播音好,就给我们播音吧。"二哥虽然不是播音专业,但也因为普通话地道,又会写广播稿,于是就在船上当起了临时广播员,在船上读《毛主席语录》,念新闻稿件,播"大批判"文章,船上的时光倒也不寂寞。

经过两个夜晚和一个白天,轮船于清晨抵达上海。上岸后,我们无事可做,整天东游西荡。记得茅盾在《子夜》中描绘了五月苏州河天堂般的傍晚:"苏州河的浊水幻成了金绿色,轻轻地,悄悄地,向西流去……风吹来外滩公园里的音乐,却只有那炒豆似的铜鼓声最分明,也最叫人兴奋……向西望,叫人猛一惊的,是高高地装在一所洋房顶上而且异常庞大的霓虹电管广告,射出火一样的赤光和青磷似的绿焰。"这光、这声的描述,都曾令我十分向往,但真的到了苏州河边,远远望去,到处黑漆漆的一片,几点萤火虫般的光亮在河面上一闪一闪,一股股伴随着晚风而来的腥臭气,让我这个初来乍到的"乡下人"万般扫兴,在灰暗迷蒙的天气里,没有一丝美好的影子。没住两三天,我和二哥便与其他同学分开了,离开了大部队,去了苏州。因为二哥的女朋友(也是我后来的嫂子)家在苏州。

记得到了 11 月底、12 月初,我和二哥商量着回北京。因为大家都涌向了北京这一政治中心,回北京的火车票根本搞不到。我们几次去"红卫兵"接待站领票,都空手而归。后来二哥决定先去南京,南京是省会城市,去北京的车次多,于是我们于 12 月初上了到南京的火车。

12 月的江浙地区,早晚已很阴冷。可能是过于疲劳,加上南方的潮湿,在去南京的火车上,二哥的两腿皮下出现了血斑,而且从小腿一直不断向上蔓延扩展。后来听医生讲,这种病叫皮下紫癜,如果不及时治疗,这些出血点会肆意蔓延,将有生命危险。那时我们不懂这些,直到列车停在浦口码头,二哥疼得实在走不动了,才想起找医院,可附近又没有医院,我们只好向原南京军区医院求救。此时已是晚上 10 点多,军区医院答应派车,但那时汽车过不了江,救护车只能停在对岸。院方在电话里约定让我们在江边码头的路灯下等待。因为实在太困了,我们靠在码头旁的路灯下,裹着棉大衣,竟然睡着了,害得救助的小战士到码头后,四下里找了我们好久。多亏夜深人少,当我迷迷糊糊地睁眼看到身着军装的解放军战士时,泪水止不住流下来,内心充满了感激。

从码头上摆渡船,要走一段浮桥板,我背起哥哥,随着人流上船。当时我身高还不到一米五,哥哥有一米七五,如果在平时,背起来都难,更别说还要在左摇右晃的木板上走了。现在想起来那段路应该不长,从码头到轮渡的浮桥,再长能有多长? 可是当时真的觉得走了好久,旁边的人一个个从我身边超过去。我觉得哥哥好重,两条腿无论如何都不争气。之前为了能腾出手,我们把所有衣服都穿在身上,就这样二哥还得提一个旅行包。我背着他,非常艰难地、摇摇晃晃地终于上了船。

到了医院,医务人员围上来,用担架抬走二哥,给他做检查,让我在隔壁房间的病床上躺会儿。我这时早已困得东倒西歪了,一躺下就睡着了,一觉醒来已经是第二天下午一两点钟。而二哥此时早已住进了病房。经过医生的精心治疗,六七天后,二哥的病情有了好转,这时我们想回家的感觉愈加强烈。虽然医生建议二哥再住院恢复一段时间,但我们执意要走。记得当时回京的车票还是军区医院帮忙拿到的。走的那天,医院派出救护车开到火车站台。当时站台上乱作一团,到处是乱哄哄的人群,医院的战士费尽九牛二虎之力,抢先上车,为二哥抢了一个硬座,然后又从车窗口把我塞进车里。现在回忆起来,那场面依然惊心动魄,而我对解放军的感激也至今深深地烙印在心里。

这次“串连”,我们没有去过一次学校,也没有参加当地的学生运动,印象中只有漫天的“大字报”,一队队高喊着口号的游行队伍。而我们只是漫无目的地乱逛,四处转转,看看热闹。

记忆总是经过过滤后呈现的,我对这次“串连”的回忆同样如此。一开始,是初出远门的新鲜、惊奇,货舱下栖身也不觉得窘迫,后来又经历了上海的失落,病痛的折磨,新鲜感渐渐没有了,旅途的倦怠上来了,而那年冬天肃杀的冷,贯穿了我整个关于“串连”的记忆。

什刹海边挑战自我

"串连"回来后，我不再跟着高年级同学抄"大字报"、开批斗会，也不再觉得这些事情"热闹"，更怕自己再惹出什么麻烦，基本上不再去学校，每天做的事情就是锻炼、背书、钓鱼、下棋。现在回看自己，所有的行为下意识里都是按照主旋律正面宣传的那样，德、智、体全方位严格要求自己：做好孩子、好学生，有极高的道德感、荣誉感；一直坚持好好学习，即使停课了，也坚持学习新知识。

先说锻炼，从小学二年级到六年级，我先在东城区业余体校学体操，后来因为离家远，就转到了西城区什刹海业余体校。因为体操训练的时候非常强调力量，特别是对臂力的要求高，训练的结果就自然往横向发展，身材也逐渐呈倒三角形。后来再到兵团，由于长时间劳作，经常挑担子、扛麻袋，身体一直处于高强度的劳作状态。我在哥仨里个子最矮，家里人说，我个子矮是因为在兵团劳作挑担子、扛麻袋压的，也有朋友说这可能是年少时练体操造成的。

那时，每天早上我早早起来，洗漱完毕，天还蒙蒙亮，就来到院子里的杏树下，吊在树杈上做引体向上 50~100 个；然后用一根榆木棍子将院里废弃的磨盘两头一串，做成杠铃，压在肩上做蹲起 150 个；稍稍休息一会儿，便趴在地上做俯卧撑，分 3 次做 500 个。如果再加上夏天坚持每天围着什刹海后海游泳上千米，就强度来说，真可以说是"恶练"。就这样，无论刮风下雨，每天雷打不动，连母亲都说我真是"着了魔了"。

这种"着了魔"似的锻炼足足坚持了一年半。对自己的这种坚持，我内心非常得意,也特别想展示健身成果,如果天气允许,就不愿意穿上衣,因为光着膀子能"秀肌肉"——那时候我的胸肌特别发达,和小伙伴比赛,两胸隆起,妥妥地能夹住钢笔。后来的事实也证明,坚持锻炼后,身体确实非常健壮、有力量,在"北大荒"高强度的劳动面前,无论是扛包、修水利,还是挖沟、打砖坯,我从来没有畏难过。

每天锻炼完后,我开始背书。"文革"时,除了《毛泽东选集》《毛主席语录》外,想找本其他的书很难。开始时我背诵《毛主席语录》,后来大哥从学校带回了《新编鲁迅语录》,再加上家里仅存的一本《新华字典》,这几本书就成了我当时的精神食粮。《毛泽东诗词浅析》,是周振甫先生写的,那是我当时读的唯一一本关于文学鉴赏的书,也是通过这本书,我最早知道周振甫的名字。

我每天按时阅读背诵,从 1966 年"大串连"回来,直到 1968 年我去兵团,持续了一年半的时间。这几本书和在"北大荒"读到的《元曲选》,在我读书生涯中,可以说是记忆深刻。在"北大荒"时,虽然每天的劳作非常艰苦,但稍有空闲,我就想找一本书读读。可全连上下,除了经常要读、要学的毛主席著作以外,竟没有一本其他的书。恰巧,当时在广播站工作的哥哥不知从什么地方找到了一本破旧的《元曲选》给我寄来。那是我第一次读元曲,没读几页就被深深吸引,真像是打开了新世界的大门——感觉文字竟然还可以这样组合,那变幻多样的句式,新巧独到的构思,准确精当的遣词造句,都让我惊叹不已。书一拿到手就读了整整一夜,接连几天,我都沉浸在"小桥流水人家"的意境中。后来,我又重读了一遍,还做了摘要,偷偷记在贴身的小本子上。虽然害怕被人发现说读反动、封建书刊,但还是忍不住经常偷偷拿出来揣摩,就好像玩味自己秘密珍藏的宝贝,那种害怕被发现的担忧更是激发了秘密探险的乐趣。

除了锻炼和读书,我还经常去什刹海银锭桥边钓鱼。我自己找了一根两米来长的竹竿做成钓竿,挖了蚯蚓当诱饵,拿只小水桶,个把小时就能钓到三四条一二两重的小鲫鱼,回家让母亲做成一盘醋鱼或炸鱼。

我家当时住在钟楼后面,一入夏,游泳便成了我每天的必修课。中午一点多钟,我提前在家换好泳裤,顺着娘娘庙,沿着钟楼、鼓楼就到了鼓楼西大街,再过马路穿过鸦儿胡同,向东一拐,到了什刹海银锭桥,从前边的一个斜坡下水(那也是我上午钓鱼的地方),绕着什刹海游后海一圈,大概两个多小时。下午三四点钟回到家后,如果没什么事,就和隔壁院的群子(我一直不知道他的全名,只知道他的小名)等人一起下棋。我小学三四年级的时候,参加过东城区"少年之家"开办的象棋班,还得过少年组亚军。在北京市"少年之家",还听过著名象棋大师傅光明的课,因此,在这帮棋友里还有些竞争力。大家虽然水平不太高,但棋瘾不小,小饭桌一支起来,往往就一直下到吃晚饭。特别是群子,不服输,屡败屡战,如果不是家里人三番五次喊他吃饭,他是不会起身的。

周六、周日我们还常常组织象棋比赛。院里房东家兄弟五个,有三个爱下棋,加上我和群子,水平都差不多。房东家老大,当时已上技校,有伙食费补助,会把节省下来的伙食费拿出一两毛钱去小商店买水果,作为比赛奖品。比赛前大家规定好,赢了的才能吃,冠军吃几个,亚军吃几个,都提前讲好。记得他买得最多的是京白梨,一毛钱能买六七个,有时候也买糖块做奖品。大家对比赛兴致极高,乐此不疲。

对于意志的磨炼,我始终没有放松过。即使后来到了中华书局,我还是如此。结婚前,我住书局的单身宿舍。为了不让自己松懈,我每天坚持洗冷水澡。我在卫生间用脸盆接满凉水,先用毛巾蘸少量水,把全身搓红,然后再把整盆水从头浇下。洗冷水澡,严峻的考验在秋冬,特别是刚刚入冬,还没有供暖时,真是要有股狠劲才行。这时候,精神的作用太重要了,我常常会默念着"意志、意志",咬牙将一盆冰冷的水兜头浇下,一阵哆嗦、激灵后,就会随之产生莫大的满足——在我的内心,觉得自己终于战胜了自己,外来的一切都变得渺小。那种自我实现、自我超越的成就感,比得到什么都觉得可贵。后来看到马斯洛需求层次理论,有了个体意识后,觉得自己首先就从最高需求开始追求了,期望自己成为理想中的人物,也希望成为别人眼中优秀的人。

"北大荒"的成人礼

　　我很少想，如果没有"文革"，抑或没有"北大荒"的经历，我会怎么样、会成为一个什么样的人、有一个什么样的人生，但我常常想，"北大荒"于我，真是上天给我的一个让人五味杂陈的"成人礼"。

　　我从小生活在北京的四合院里，接触的都是家境差不多的人，哥哥去北京四中读书后，我开始意识到学生之间也有很多微妙的不同。北京四中高干子弟多，部队大院的孩子、平民的孩子、独门独院的高干子弟，都有一些细微的差别。"文革"发生后，虽然也有对大事件的震惊和惊悸，但在一个孩子的眼里，还是脱离于事件本身。我作为一个年幼的旁观者，既没有生活经历，又没有成熟的思考，所以对那些并没有切肤的体会。到了"北大荒"，我才知道，以前的经历真是太简单、太单纯。

　　在这几年里，我从一个相对单纯的环境(家庭、学校)来到一个相对复杂的环境(东北建设兵团)，从一个少年长成一个青年，经历了各式各样的人和事，开始模模糊糊地有了对人性之复杂的困惑，有了对历史大潮流与个体体验之间关系的思考，有了对主流权威话语的质疑。特别是作为团里、营里的专案组、工作组的成员，写材料比较多，参加的讨论会也比较多，甚至自己担任工作组组长，审查各种现在看来可悲可笑的"案件"时，发现很多所谓的"大案要案"，最后查来查去，根本没有原来预想的那些惊天阴谋，从而意识到，日常生活中哪有那么多阶级敌人和阶级仇恨，动不动就上纲上线,会酿成太多冤假错案。同时也意识到,人在大潮流中,非常容易盲从,"集体大潮流"这个词,太形象了,你站在潮流中,潮流向哪边涌,你就不自觉地向哪边走,那力量不可逆转。

一怕不苦　二怕不死

一九六八年四五月间,一天,我去学校,看到校门口的墙上贴出一张告示,号召大家报名去东北农垦建设兵团。按照报名条件,我基本符合,于是没和家里人商量就去报了名。虽然经历了被同学质问的委屈、"串连"的倦怠、闷在家里的无聊,但我依然对未来充满了信心,对于党提出的号召会毫不犹豫地积极响应,依然怀着"广阔天地大有作为"的雄心壮志。

回到家里,我和父母一说,母亲当即反对,说,你这么小,才十六七岁呢! 父亲在旁边听着,一直没说话。我说:"年轻人志在四方,先贤不是说过:'天将降大任于斯人也,必先苦其心志,劳其筋骨,饿其体肤,空乏其身,行拂乱其所为,所以动心忍性,曾益其所不能'。我决心已下,一定要到最艰苦的地方磨炼自己。"在我的一再坚持下,父母见我在家也是闲着无聊,没有办法,只好答应。

临行的前几天,我一直处在极度兴奋之中。快到出发的日子了,一直非常支持我的同班同学们都来送行。屋子里根本坐不下,我搬出椅子、凳子让大家坐在院子里,开始天南海北地胡侃。当时正值夏天,西红柿很便宜,一元钱能买一筐,母亲让我去门口商店买了一筐,洗好切好后,分到十几个碗里,撒上白糖,给同学们一人一碗,算是对大家的招待。

7月13日,终于到了出发的那天。天刚蒙蒙亮,我早早起床,把已经收拾好的东西又细细检查了一遍。记得我的行囊包括一床棉被、一件棉大衣、一顶黑色兔毛皮帽子,还有花 13 元钱买的一个藤条箱子。在我的衣物里,只有一件没有上过身的新上衣,其他都是旧衣服。母亲早已做好了早饭,还特意给我煮了两个鸡蛋。她坐在我旁边,一直没怎么说话。我偷偷瞄了她一眼,她的表情既没有显出高兴,也没有显出伤心。早饭刚吃完,母亲就假装躺下睡了。我知道此时母亲心里一定不好受,动身时有意没去告辞。但当大哥、二哥送我跨出院门的一刹那,我听到母亲在屋里突然放声大哭起来。直到这时,我才猛然意识到,我这一步跨出去,可能将永远不再回来,眼泪也止不住流了下来。我心中陡然产生一股悲壮的情感——"风萧萧兮易水寒,壮士一去兮不复还!"我就是在这样的情景下,义无反顾地去了"北大荒"。那是我第一次独自远行。

我们三兄弟中,我是第一个离开北京、离开家的。我走的时候,两个哥哥都在大学里,虽然早已不上课了,但也没有分配工作。等两个哥哥都毕业离京,家里就剩下了父母两人。

那时我没考虑过父母在家是否担心我,仍旧激情满满地想要有所作为,不认为自己是去受苦,即使真的苦,也认为是人生应当经受的磨炼。

那时流行的"一不怕苦,二不怕死"口号,被我们这些要求进步的青年改成了"一怕不苦,二怕不死",前者是不拒绝不苦的生活、不死的结局,但也不怕苦不怕死,而后者更进一步,如果不苦不死,倒觉得不过瘾了,可见当时大家"革命意志"之坚定。

我去"北大荒"当然是为了承受苦难、接受磨炼的。在去东北的火车上,我始终踌躇满志,对未来充满了憧憬。车厢里个别同学的眼泪,不但没有引起我的同情,反而让我十分鄙视。我觉得要干成大事,就要心甘情愿地去承受苦难、接受磨炼,心有远志,才不会对眼前的困难感到畏惧。几经周折、颠簸,拖拉机把我们送到了目的地——二九〇农场四分场二队,也就是组建兵团后的 2 师 8 团 4 营 34 连。连指导员谢雨新将我们带到宿舍前,这是一幢新盖的房屋，是生产队为欢迎我们而新盖的。房子下面从地基开始，用红砖垒到窗台，上面再垒土坯，房顶用稻草遮盖，当地称这种房子是"披麻戴孝"。进到屋里，两侧是新打的炕，炕上铺着新的炕席，干净、整洁，一个屋子大概睡20来个人，一点也没有想象中的艰苦。我当时的第一感觉就是：这哪里算得上苦呢？心中还颇有几分遗憾。

被"贫下中农"撞出的懵懂质疑

从那时有限的人生阅历里，我一直觉得"贫下中农"这一身份让人羡慕，比如，要加入时髦、高大上的"红卫兵"组织，就要求三代根正苗红，贫下中农出身是最硬气的；到兵团不久，传来了毛主席的最高指示，要求我们"接受贫下中农再教育"，我便更认为贫下中农应该是第一值得信赖和依靠的，要不干吗让贫下中农来教育我们呢？所以，"贫下中农"在我的心目中十分崇高，我一门心思地要好好向他们学习，根除自己身上的弱点——虽然一直对自己高标准、严要求，但祖辈出身的"原罪"使我心虚，总是想找出自身的缺陷，于是陷入了更高标准、更严要求的无限循环。

而一次"吵架"，让我对"贫下中农"有了看法，也使我对外部世界产生了怀疑。

我们这拨一同来的20多名知青，在连党支部安排下，先是集中办了个毛泽东思想学习班，一周后，大家被分配到连里的各个班排。我被分配到农工排三班。所谓农工排，就是干农业活的。还有机械排，就是开"东方红"拖拉机、"康拜因"联合收割机以及修理这些机械的，其中又根据机械型号分成若干班组。另外，还有后勤排，像炊事班、马车班，连部财会、文书等都编在这个排。在农工排，我被委任了个副班长的头衔。正班长是个憨厚朴实的老职工,四川人。

不到半年,为落实最高指示,各个农场要真正按部队编制组建,即由原来的总场、分场、生产队改建为团、营、连。团、营主要干部由现役军人担任,连队干部由各生产队先行民主选举,然后报上级机关审批。民主选举时,可能是因为我平时干活卖力气,加上初来乍到,没有什么"派性",统计票数时,我的票数排在第三位,也是知识青年中唯一进入前五名的。

连指导员找我谈话,说上报营里批准后,要提拔我当副指导员。当时,我心里既激动又兴奋,接连几个晚上,都浮想联翩,筹划今后如何带领知识青年改天换地,为连队做贡献。可就在这时,连队有个姓韩的老职工,在下面造谣说我是北京"联动"组织的,不能进领导班子。这可是很大的罪名啊!"联动"当时在社会上影响很坏,到处打砸抢,搞武斗,还冲击了公安部。按当时的情况,参加过"联动"组织的人,就别想有什么发展前途了。说我参加过"联动",这根本是没有的事儿呀!"文革"初期我参加的学校纠察队,那是"工作组"时代的产物。我们的工作顶多就是抱着木头枪在校园里走来走去,防止阶级敌人搞破坏,与后来的"联动"根本沾不上边。况且我被当作"修正主义苗子",挨了不少批评,整日担惊受怕的,开始时连"红卫兵"都没有资格参加,怎么现在突然成了"联动"分子呢?对韩某的谣言,我特别恼火,当不了副指导员是小事,这简直就是对我的污蔑啊!他在畜牧排上班,那天上午,我气哼哼地去找他。

韩某正在上班,我走过去理直气壮地问他:"谁告诉你,我是'联动'的?"他一脸胆怯,但死不认账,还要赖说:"你怎么知道是我说的?"我太气愤了,上去拽住他的衣襟,大声说:"咱们到连部评理去。"他挣扎着不去,还扯着嗓门喊:"你干吗打我?"可我真没想打他,实际上也并没有打他,只是想用力拉他去队部,尽快还我的清白。

最后我两一直吵吵到连部,找到连长。在关于我打没打人的问题上,我俩产生了争执。在围观的目击者中，有一个姓王的老生产队副队长，是贵州人，是个典型的贫下中农，他经常在连队给我们做忆苦思甜报告。他的报告很感人，说他小时候多么苦，家里没有吃的，要到外面要饭，受了很多磨难，家里有好几个人都是饿死的……每每讲到动情处，他哭得感天动地，我们听得也泪流满面。我多次被他的苦大仇深感动，觉得革命还真得依靠这些贫下中农。在我的印象里，我觉得他应该是最好、最纯粹的贫下中农了，是我们学习的典范，我从内心里佩服他。可在这次争执中，韩某坚持说我打他了，并指出王队长可以证明，连长便问王队长。让人意想不到的是，我心中的这个最纯粹的贫下中农王队长竟然操着他的贵州口音，喃喃地说："他确实是打人了。"

这句话噎得我半天说不出话，心里有一万个不相信和震惊：你是贫下中农啊！你竟然说谎！你竟然做假证！贫下中农怎么能是这个样子的呢?!

后来我才知道，这个韩某和王队长平时关系走得比较近，"文革"中是属于一个小派系的，所以王队长在这次争执中拉了偏架，一点没有表现出我心目中贫下中农应有的一身正气。因为这事，我提升副指导员的事情"泡汤"了。自此以后，我开始意识到，贫下中农也说谎，并不都是好人。后来再听他忆苦思甜时，心中就有别样的滋味，直到很久以后有同事告诉我，说王队长后来一次做忆苦报告时，竟然讲起了1962年国家困难时期，说自己那时是如何苦、如何穷，与新中国成立前的经历搞混了，经人提醒，他才慌忙改口说自己记错了，又是认罪，又是痛哭流涕的。我听了，当时心想，这个复杂的社会，这样的笑话一定多着呢。

再说吵架后，我思来想去就是解不开这个疙瘩，委屈、憋闷又无人可诉。一天晚上，大冬天的，我披着绿棉大衣，在连部前的小道上走来走去。我眼泪汪汪地望着满天的星斗，迎着冷飕飕的北风，体会到从没有过的绝望。这时，我真的特别想念北京，想念母亲、父亲和哥哥……

之前我是多么单纯的一个孩子,以为努力一定有好收获,付出肯定有好回报,立志时时做好人、做好事,可现在不仅被人造谣,自己的过去被否定,造谣人还成了有理的一方,领导也竟然相信了一个做假证的人,我一直坚信毛主席的话都是正确的,可是现实给我开了这么大一个玩笑。"接受贫下中农再教育"? 一个说谎的贫下中农,我怎么能接受他的再教育?!

这些想法,在我头脑中绕来绕去,我对未来失去了方向,不知道如何面对接下来的日子。

于是我想到了自杀,觉得活下去没有什么意思,以前那么肯定的、坚信的,原来并非如此。然后又想,用什么方法自杀呢? 思来想去,还是上吊比较省事,冬天河水结冰没法跳,用刀子太凶残,别人看到也怪吓人的。待决定了实施上吊的方案时,已经是凌晨四五点钟,天气非常冷了。虽然气愤悲伤早已让我忘记了疲倦,但还是想,明天吧,明天找到工具,选定地点,就上吊自杀,也让那些冤枉我的人看看,你们错了,你们让一个正直、清白的人蒙屈,他将以死来证明你们的荒谬。

我把这些事情在心里安排妥当,顿时觉得轻松了许多,回到宿舍躺下,一会儿就睡着了。醒来之后,不知为什么,又突然不想死了:我干吗要死呢? 我死了,别人也可能以为我是畏罪自杀呢,不死还有可能洗清冤屈,证明我不是"联动"的人,也没有打人,没有说谎。要是死了,别人就更没有机会知道这些了,所以还是不死的好,要坚强地活下去给他们看看。由此我也体会到,自杀的人,可能很多是一念之差,如果在这一当口,有事情给掺和打乱,很多人可能就打消了这个可怕的念头,在关键时刻挽救一条生命。

南京的"冷",让我们"串连"的革命激情熄灭,而北大荒的"冷"不仅救了我一命,还让我更深刻地认识了生命的意义,为我日后战胜各种坎坷奠定了意志基础。正是有了这次"生与死"的经历,使我似乎瞬间明白了许多。人的一生,"灾难"是不可避免的,但战胜"灾难"绝不能企盼他人的怜悯,而要靠自己的顽强坚守,也正是在这种不断的锤打坚守中,才能真正"百炼成钢"。

"奸商"司务长

因为那句谣言,我没有被批准进入连队班子。不知是出于什么原因,上头任命我当了连里的司务长。命令下达的那一天,我又是彻夜未眠。副指导员没有当成,我开始了养猪、做饭、种菜、种瓜的生活。

时间也许是克服困难、战胜挫折的最有力的法宝。只要你有坚强的信念,坚持住,不动摇,时间久了,就"没有过不去的火焰山"。大概是过了个把月,我从沮丧中振作起来。对那次风波,我不再只是后悔、懊恼,而是将其视为人生道路上的一个考验,甚至觉得要干事,没有这样的"风波"不带劲儿。现在回想起来,这可能就是我从心理上走向成熟的开始。

上任伊始,我就给连队立了个规矩,不允许连里任何人私自、免费吃公家菜地种的菜、瓜,我自己更是严格遵守,公是公,私是私,绝不占公家一点便宜。我们连队的菜地有好几十垧,当时地里种的蔬菜有茄子、黄瓜、西红柿、辣椒、菠菜,还种了香瓜和西瓜等。

一天中午,我正在连队食堂前打水,远远看见种菜的李老头和几个陌生人发生争执,我赶忙跑过去,看看到底发生了什么。走近一问才知道,是团部的两三辆汽车路过菜地,司机们看见地里种的西红柿成熟了,红艳艳的,很是惹眼,停下车要摘西红柿吃。

李老头看见了,连忙阻止,说,我们司务长说了,公家的东西,谁也不能随便吃。可司机师傅也拧上了,说,不就吃个西红柿吗,有什么呀,犯得着这么认真吗?我问明情况,对司机们严肃地说,我们确实有规定,个人不能随便吃,如果要吃,就要花钱买,否则一个都不行。司机们火了:"吃你个西红柿还要花钱啊?"我说:"当然要花钱,这是公家的菜地,谁也不能例外。"见我们执意坚持,几位司机师傅只好扔下西红柿,愤愤然开车走了。

　　说来世界真的很小,后来我被抽调到团保卫股,一次去连队了解情况时却得到司机师傅的帮助。当时回团部的时候,已是下午一两点钟,天又下着大雪。从连队到团部,有 30 多里地,我穿着厚棉衣,戴着帽子、口罩,捂得严严实实,只露着两只眼睛。由于天寒雪大,走得很艰难。在东北兵团,有个不成文的规矩,就是路上行走的人,如果有同方向的汽车、马车、拖拉机什么的路过,只要招招手,司机一般都会停下来,捎上一段,就像现在的搭顺风车,但绝不会要钱,下车时说声"谢谢"就行了。

　　那天,我看见后面来了一辆卡车,便招了招手,司机停下来,让我上了车。车走了一会儿,司机师傅侧头看了看我,没说话。又过了一会儿,师傅又看看我,问道:"小伙子,认识我吗?"我仔细看了看他,并不认识,就摇了摇头说,不认识。他又问:"你现在在哪里?"我说:"在团保卫股,怎么,您认识我?"司机师傅意味深长地说:"当然认识了,你当过司务长吧?"我一脸懵懂,说:"是啊!"他见我真的没有认出他来,便说起那件吃西红柿的事来。

　　我马上想起了那件事,但对他的相貌真是一点都回忆不起来了。他又问我,现在对那件事是怎么想的?我听出他是想问我,是否觉得自己太过分了,吃个西红柿而已。我也实话实说:"还能怎么想,不能吃就是不能吃啊。"司机师傅听了,无奈地笑了一下,一句话也没有说。不一会儿,到了团部,司机停车,说了句:"真有你的,小伙子!下车吧。"

　　我当司务长的"抠"、会算经济账已经远近闻名,我所在的 8 团 4 营很多人都了解。营长还开玩笑说我是"奸商"。

　　那时为了搞好食堂伙食,我种了很多菜。比起其他连队的食堂,我们连队食堂不仅种植面积大,而且蔬菜品种也多。到了秋天,收白菜、萝卜、土豆时，一垄一垄的，一眼望不到头。以往因为人手少，图省事，食堂种的菜大都卖给本连队的老职工，这些菜都是按垄卖，待收的菜就放在地里，买菜的人自己到地里收，卖价也便宜，一垄也就两三元钱。像大白菜，一棵就是十多斤重，买一棵一分钱都用不到。即使这样，很多老职工买菜的积极性也不高，一是自己收，来回装运，又累又麻烦；二是收得太多，自己家里也没有那么多地方储藏，不少菜就白白扔在地里了。我觉得这样卖太亏，像白送似的，人家还不买账，吃不了的很多都烂在地里。按照当时的情况，如果把白菜储存起来，打个"时间差"，到了春节就能卖出好价钱。像白菜，大概一分钱一斤，一棵十斤的话，就能卖一毛多钱，二三十棵白菜就顶秋天卖一垄的钱，所以最好是想法子把白菜、土豆储存起来等过年时卖。

主意打定了，我就请人挖了一个很大的地窖，而且砌上了从营部买来的红砖，再用树条子在地窖里搭成一层层架子，再垒个土炉子，准备太冷时烧柴火为窖里保温。等收获的时候，我们把这些蔬菜收好储存到了地窖里。由于保存得当，到了过年的时候，这些菜还很新鲜，一拉出去出售，简直是供不应求。那年，仅仅卖白菜一项，就增加了几百元钱的收入。

不只卖白菜、土豆、萝卜，我还卖葱。春天，我们把菜地里育的小葱移出来，重新栽种到地里，用土培好，叫"压白露葱"。到秋天白露一过，小葱就都长成了一棵棵的大葱，然后再卖给连队的老职工。有一年，"白露葱"种多了，我们还套上马车，拉到营部、团部附近去卖。我还卖猪。食堂要想改善伙食，就得养猪，但当时买猪崽是有指标的，不能多买。春节后是母猪的繁育期，我所在的 34 连离营部近，与营里的首长熟悉，我就去找营长批条子多批点，所以每次我都能多得到一些额外指标。

营长后来才知道，我买的这些猪崽发挥了大作用。刚买的猪崽，一般都是七八斤重。4 月份的时候买进来，每天就把它们赶到大豆地里，让它们自己去找吃的。东北地儿大，收庄稼很粗疏，收割后的大豆地里、玉米地里，依然有不少遗漏的豆荚、玉米。把小猪放到地里,仅豆荚、玉米棒子就足够它们吃的,节省了很多猪饲料和饲养人工。春季小猪长得飞快,一天差不多就能长半斤多,到了六七月份能长到七八十斤重,每斤能卖七八毛钱。我把这些猪卖给其他食堂,这样,一茬猪就能赚一两千元。不仅赚了钱,我们食堂自己还留下了足够的猪,保证每个月至少杀一头,大大改善了伙食。

就是在当司务长的这段时间,通过卖菜、卖猪,卖出了我的经营思维,我开始有了市场意识。

以正义之名

一天,有人报案,在连部小学教室的外墙上,发现了一条"打倒刘少奇"的标语,后边空了一个字的位置,又写了"毛主席"三个字,这样连起来看,就有"打倒刘少奇、毛主席"的意思。这可不得了,这事一下子惊动了整个团部。领导要求我们一定认真清查,尽快破案。

遵照上级领导的指示,专案组(根据所遇到的案件情况,工作组会根据实际情况设立专案组)对此有前所未有的重视。应该说,这个案件在所有陈芝麻烂谷子、男女作风问题的案子中,也确实特别抢眼。接到报案后,专案组马上赶到学校,把小学校的所有孩子集中在教室,拿出纸笔,让每个孩子都要写"打倒刘少奇""毛主席万岁"这10个字。我们把所有孩子写的字一一收集起来,逐个比对那条反动标语上的字迹。

比来比去,我们比对出一个孩子的笔迹特别像。这是个男孩,上二年级,有8岁左右。当然,他这个年龄还没有能力当阶级敌人和坏分子,因此专案组认为,他的背后肯定是有坏人教唆、指使。中午放学时,其他孩子都回家了,专案组单独将这个孩子留下来询问,问是不是他写的。七八岁的孩子,也许还不知道这条标语真正意味着什么,但他知道这是一件很严重很严重的事。开始这个小同学不承认,但经不住老师和专案组的轮番开导、教育,最后不知道孩子是因为害怕还是肚子实在太饿了,终于承认是自己写的。专案组取得初步战果后决定乘胜追击,又追问是谁教他这么做的。这个孩子晃晃脑袋,怯生生地回答,是他哥哥教的。

他哥哥是连队的卫生员,因为老家的父母身体不好,他把家里最小的弟弟接到东北抚养,顺便在这边上学。于是专案组开始审查这个卫生员。在我的记忆中,专案组的人员与他谈话不下几十次,软的、硬的、好的、坏的,全用上了,甚至熬夜连轴转,但他就是一句话,根本不知道弟弟写标语这件事。在"以阶级斗争为纲"的那个年代,凡事都得挖根源、找动机。挖这个卫生员的根源,我们查了他的祖宗三代,都是地地道道的贫农,出身没一点问题。查他的平时表现,工作踏实认真,特别是对毛主席非常敬仰和崇拜,一点不容怀疑。

找根源找不出问题,工作上也没发现毛病,领导又指示专案组深入发动群众,让大家大揭发、大检举,提供有效线索。有人就说他生活作风有问题,和一些来看病的女同志拉拉扯扯。但也只是说说,一深究,不是道听途说,就是推测猜想,根本当不了证据。还有人举报他有反革命行为。

我觉得那些说法实在过于牵强,不能因为怀疑他是坏人,就随意改变评判事物的标准。后来实在没有证据证明是他教唆的,也不能证明他是反革命,但折腾半天总要向群众有个交代啊,团领导决定,既然他弟弟写了反动标语,他就脱不掉干系,最后还是给他定了个"坏分子"后结案。

经历过这么多事情后,我隐隐地觉得"阶级斗争"要"天天讲,月月讲"是不是太过了?现实中哪有那么多的"阶级敌人"?但心里想归想,嘴里是绝对不敢讲出来的。

那些年,在北京知青里,我还是有点影响的。1969年迎接当年那批北京知青时,我已经当了连队司务长。我穿着来兵团时发的那件黄棉袄,腰间扎了根草绳,下面穿着黄军裤,皮肤晒得黝黑。后来他们新知青和我熟悉了,都说他们当时根本没看出我是北京青年,一眼看过去,我那晒黑的皮肤加上那身行头,活脱脱就是当地职工的典型形象——"土老帽"一个。

当时为了给新来的北京知青接风洗尘,我特地安排厨房做了西红柿鸡蛋面,因为考虑到他们舟车劳顿,有汤有面的食物更合胃口。厨房还蒸了大白馒头,再加一个炒菜。我觉得这个标准已经很不错了,那年月鸡蛋多珍贵啊,我们平时一般不舍得吃。可是饭准备好了端出来,有两三个女生却不领情,硬是哭闹着要回北京,不吃我们给准备好的这顿"丰盛"的晚餐。领导一看有点头大,想找个人去做做思想工作,缓解一下这些女生的情绪,我主动说,我去。她们不吃我这精心准备的饭,本来我就有点火大,过去一听,她们老是"北京、北京"的,我更是来气,就一点也不客气地说:"北京有什么了不起,我也是北京知青,去年来的。"连我自己也没想到,此话一出,竟让在场的知青吃了一惊,大家马上把注意力转移到我身上,纷纷问我这一年的体会、经验,哭闹的女生也不闹了,这事总算平息了下来。

兵团的知青来自全国各地,有北京的,还有上海、天津、温州、宁波、哈尔滨、鹤岗的。那时虽然没有明显的分帮结派,但是暗地里同一地域的知青还是会抱团以互相照应。

东北兵团的现实生活,使我亲身感受到,摒除了时代的大背景和理念的强加,普通人与人之间没有那么多严酷的斗争,没有那么多仇恨。不是你死就是我活的那种斗法,我内心实在接受不了。后来我到了北大,同样也不能接受对那些老教授的批判,不理解那些动不动就把人一脚踏翻在地、让人永世不得翻身的行为。

我一直坚持这种理念。多年后,初到中华书局时,我在人事部做过一段时间的审核复查"文革"历史遗留问题的工作,魏子杰、刘宏莲是我的领导。

凡是我们三人复核的调查资料,经甄别后,当事人全都解放,解决了很多历史遗留问题。我觉得,太多一般性的工作错误、一般的生活问题被那段历史所误解、所夸大,最终导致了很多冤假错案。再后来,我当了社长,对人事的管理理念也是绝不"整人"。通常情况下,即使对方犯了错误,也不把人逼上绝路,要给人留有出路,留有重新开始的机会。

与我共过事的同事,可能会认为我的一些处理太过宽容,但我还是坚持认为,在一般的人事处理上,宽容总比过激要好。

回 京 波 折

在"北大荒"的七年中,我只探亲过两次。

两次回家,都是到营里汽车班搭"顺风车",坐五六个小时到鹤岗,然后在佳木斯中转,前后要经过两天一夜才能到达北京。回家前,我一般不会提前写信告诉家里,总是搞"突然袭击",一是为给父母一个惊喜,二是不想让父母为我的旅途牵肠挂肚。我乘坐的那班火车是早上5点多抵京,下了火车,从北京站走到长安街王府井路口上8路汽车,在铸钟厂下车,再走十几分钟,就到家了。

因为回趟家不容易,提前很多天就要准备带回家的东西:二十斤左右的大豆、十几斤瓜子、十几斤豆油,还有其他特产,像蘑菇、木耳、猴头菇、榛子、松子等,加起来又得有二三十斤。这么重、这么多的东西,搭在两个肩上,拎在两只手上,上上下下、满满当当。冬天穿着棉衣、棉裤、军大衣,除了上下车,还要走这多的路,现在想想难以置信。可那时,一路兴冲冲都不带歇息的。因为我个子小,在外人看来,会感觉很吃力,一路遇见的好多人都主动跟我打招呼:"小伙子,带这么多东西,要帮帮你吗?"那时的人,阳光、单纯、正义。

1970 年 6 月之后，知青可以回城上大学了。那时的招生条件，第一要求思想好，另外，还要身体健康，有 3 年以上劳动实践经验，年龄在 20 岁左右，有一定文化程度。对于一些实践经验足够充足的工人、农民，可以放宽条件。大家都渴望着回城。

我们团也开始有了推荐上大学回城的知青。上大学，是我梦寐以求的事情。可是那时我借调到团保卫股工作，名额有限，推荐时根本没有借调人员的份儿。直到 1973 年我回到营里工作，那年规定全国统一考试，大家可以自由报名，我才有了机会。

报名后，我开始找机会复习功课。因我在北京一中读书时正好遇上教学改革，已学完了初中全部的代数，可以达到高中水平，我对此心中有底，但没学过几何。代数、语文都好办，我基础还好，所以我把精力集中到了学习几何上。那时候有个别青年为了准备高考，就干脆装病不出工，很多人对此都有意见，我也觉得这样不好，所以我从来不耽误白天的工作，经常晚上在被窝里打着手电筒看书做题。我的视力就是在这时下降的，等考完试，就戴上了近视眼镜。又因为那个阶段我正在营里当干事，复习时间相对多一点，备考也算充分。

记得大家是聚集到营部学校参加的考试。语文考试的作文题是"记一个人"，给我的印象很深。当时一看到题目，我便想起了一起来兵团的我们同校的高三同学曹树樑，他和我在一个营。曹树樑劳动时爱动脑，喜欢搞创新。在工程队时，他利用滑轮杠杆原理，自己设计了一台吊砖车，大大提高了生产效率，得到了很多人的赞扬。我和他比较熟，对他的情况比较了解，所以就写了他。我的那篇作文《为革命添砖加瓦》，共有 5000 多字，较全面地记述了他的事迹。后来，这篇作文还被选入由黑龙江人民出版社出版的《把青春献给北大荒》一书。曹树樑后来也考上了大学，从事非金属研究工作。

这次考试,后来听营首长说,我的总成绩不错,特别是作文,名列前茅,我满心欢喜,早早就做好了上学的准备。可这时候,组织上找我谈话,说我正好面临入党,现在又要回京读书,都是很好的机会,但只能选择一个,问我选择哪个。

面对这个选择,当时我没想为什么必须要选择一个,只是觉得别人说得有道理:"哪能好事都落你一个人头上?"对于知青来说,入党提干和回城读书都是涉及今后前途的大好事,我觉得我不能太贪心。这也看出,那时候,我的思维方式已经固化,对于接受磨难,觉得理所当然,但遇到对自己有利的事,不管它是否合理、正义,本能地限制自己的欲望。

我比较了入党和升学对我的重要性,分析了利弊:我对自己的中学课业比较自信,从小就不愁考试,虽然是初中学历,但底子还算扎实,这次考试成绩也证明,自己学习能力还是比较强的,今年即使上不成,明年再考一次也不会有问题。而入党就不同了,首先,我从小就立志做国家栋梁,尽自己能力为国家做贡献。能入党表明组织对我的认同,对我的接纳,这种身份认同感,对我来说太重要了;其次,我的入党经历一波三折,绝不能为此再出现反复。

最终我选择了入党,放弃了上学,名额落到另一位北京知青头上。

说我入党一波三折,一点都不夸张。1968年年底,兵团要组建值班连,成员从各个连队抽调骨干组成。指导员找到我,说准备调我去值班连任司务长。按要求,司务长必须是党员,因此要我马上写入党申请书。我听了指导员的话后,真是受宠若惊。但当时按入党年龄要求的18岁我还差三四个月,怎么办呢?指导员说没关系,等走完程序,年龄也就够了,一点都不耽误。两天后,我向指导员郑重其事地递交了入党申请书。据我所知,组织上很快给我父亲的单位发去调函,可足足三个月过去了,对方却迟迟没有回复。

　　我是当事人,对这种情况虽然心急火燎,但也不敢问,担心别人说自己入党动机不纯。正因为我的外调材料没有回来,所以没有入成党,去值班连的事也告吹了。如果没有指导员找我谈话,没有让我写入党申请书的事,我可能会认为自己离党员的标准相差很远,会扎扎实实地不断努力。然而有了这么一出,我的心里极不平衡,情绪上引起不小的波动。后来深入一了解才知道,是政工干事把地址写错了,我父亲工作单位是钢铁学院,他写成了钢铁研究院。这是第一次波折。

　　一晃就是两年。1971年,我入党的事又一次被提上了日程。这一次,父亲单位的地址倒是写对了,父亲单位也回了函,但在证明材料里,证明我爷爷的身份是开明绅士。现在看来,这本来应该是好事,李鼎铭先生不就是开明绅士嘛！可当时具体办事的人不懂这个"开明绅士"意味着什么,而我填写的入党申请材料里,爷爷的身份是"地主"。组织就责备我,说我填写的情况与调函情况不符,好像我试图隐瞒什么。我自己也着急,不知道为什么会发生这样的事。可就是因为"情况不符",我的入党申请又一次搁浅。这之后,机关精简机构,我对入党这件事心里很有意见,就主动要求下连队锻炼,希望在连队解决入党问题。好在到连队不到一年,由于我吃苦耐劳,能和群众打成一片,得到了大家的一致认可,连队党支部很快就通过了我的入党申请,上报营党委批准。而就是在这个节骨眼上,赶上了大学录取的问题。最后,终于在我承诺放弃上大学后的1973年6月,上级党委正式批准我加入中国共产党。

　　再说1974年的招生。因为上一年出了"白卷英雄"张铁生,所以这一年取消了考试,按照分配的名额,只要单位推荐、领导批准就可以了。说实话,虽然我1973年也参加了招生考试,而且考试成绩不错,但最终因选择了入党而没有上学。

　　1973年9月,我被调回营里。我向营长、教导员提出想上大学的想法。

营教导员让我先干好本职工作,上学的事到时候再说。那时,营里的伙食不好,很多人有意见,领导决定让我去食堂当管理员。这项工作对我来说驾轻就熟,我用原来的老办法,仅仅几个月,就把伙食搞了上去,还赚了不少钱,用现在的话说,经济效益和社会效益都有了,得到了上下的一致好评。

报名申请上学的事如期而至,我又去找教导员。他告诉我,这次营机关只有一个北京名额,要公开、公平,由机关各直属部门推荐,谁的票数高谁去。他能向我保证的就是,如果你的票数高,营里绝不阻拦。但最后能不能走,要看大家对你认可不认可,谁说了都不算。

那年的推荐,营部机关的各个部室和营直属单位都参加了,共有十六七个单位,以单位投票。我好像得了11票,以绝对高票获得推荐。事后,营长、教导员还有其他部门的同事都替我高兴,说群众的眼睛是雪亮的,夸我有人缘,能力也得到了大家的认可。后来都回京好多年了,一个同学突然问我:"常振国,你说实话,当时你回京上学走没走后门?"我听了真的挺震惊,觉得他怎能这么说?这次投票,所有的程序都是透明的,我得高票,机关上下清清楚楚,明明白白。现在想来,当时推荐工农兵学员上大学,可能确实有"走后门"的,但我确信,在当时的大环境下,正气还是占上风的,绝大多数没有"走后门",不能因个别现象而混淆视听,颠倒黑白,向广大的工农兵学员泼脏水!

等待录取结果的时间很煎熬,后来好不容易接到了录取通知书,我被北京大学古典文献专业录取。但不知道为什么,我总是担心,一点安全感都没有,不敢太高兴,心里总是暗暗担忧,害怕不知又有什么缘由会导致节外生枝。可能在那个年代,自己见到、听到的戏剧性情节太多了,自己又经历了太多的波折,对未来完全失去了安全感。

为了防止变故,在接到通知后,我抓紧和同志们告别、收拾东西,好像这样,就可以尽快形成既定事实。四五天后,我把一切收拾妥当,匆匆忙忙地离开了东北,就像逃跑一样,生怕有一只手从背后再把我拉回去。

就这样,历经波折,我回到北京,东北知青生涯就此结束。从 1968 年来到"北大荒",到 1974 年离开,从班长、排长、司务长,到机关干事,从一些事的反反复复、来回折腾中,我的心理承受能力越来越强。那几年里,我一直勤勉努力,时刻以集体利益为重,以苦为乐,并且从心底觉得这样的锻炼还是值得的,对人生是有益的,甚至现在也还持有同样的观点。

二律悖反:我的"后北大荒"情结

我有时候想用几个简单的词,总结自己在"北大荒"的生活,可是并不能。因为得出一个结论后,顺着这个结论我很快会得到另一个不太一致的结论。比如,我对"北大荒"是否留恋,说留恋吧,当初我接到升学通知后匆匆离开,连从容道别都没敢,即使坐上了回京的火车,心中还在担心害怕,唯恐一个命令又把我召去;可是说不留恋吧,在北大上学的几年里,甚至毕业后已分配到了中华书局,我还会经常想,是否应该再重新回到"北大荒",继续自己青年时梦想的一番事业。

1977 年我从北大毕业,分配到中华书局,一次在国家美术馆的十字路口,偶然碰到了当年一营二连的指导员,我和他说起自己想回去的想法。他吃惊道:"你怎么还有这种想法?现在知青已经基本回城了,连我们团的副政委都回来了。"我听后很是诧异。在学校那几年,一心就想多读点书,对兵团的情况了解太少,当时听到情况如此,便彻底打消了回去实现抱负的想法,坚定了做出版的决心。

我小时候的梦想是当兵、当记者。我在建设兵团,虽然不是正规部队,但也似乎体验了军人的生活;后来到了出版社,成为编辑,虽然不是记者,但也是从事文字工作,对此我非常满意,漫长的实际生活让我对"北大荒"的矛盾情结逐渐得以消解。

因在兵团待过几年,再回到学校学习,我自己能感觉到在兵团那几年给我带来的益处。除了更加渴望知识、珍惜时间外,在生活上、学习中、政治上遇到困难,从心里说,已经很少畏惧了。虽然年龄不大,但只要想起在东北的那段磨难,就都觉得眼前的事没有什么大不了的。就个人的思考方式来说,看问题会从长远考虑,不会只看眼前,能够比较全面地思考,而且学会了负责。这对我一生的发展是有益处的。

燕园三年

1974 年 9 月，我作为工农兵学员入读北京大学中文系古典文献专业，对于想学知识、热爱读书的我来说，当然打心眼里高兴，非常迫切地想利用所有可利用的时间学习文化。

那时的课程要求：以毛主席著作为基本教材的政治课；实行教学、科研、生产三结合的业务课；以备战为内容的军事体育课。这就意味着，无论什么专业的学生都要参加生产劳动，并确定工农兵学员的任务是"上大学、管大学、用毛泽东思想改造旧大学"（简称"上、管、改"）。要求建立"三结合"的教师队伍，达到"教师会做工、种田，工人能教学、搞科研"，以建设教学、科研、生产三结合基地。现在看来，这样的课程要求，有些滑稽可笑，但在当时的政治环境下，能够从事教学、科研，已属不易，而让那些刚刚经过"文革"洗礼的人真正放心去搞教学、科研，更是心有余悸，很难大胆贯彻。

学习与劳动

我们入学的时候，"文革"招生已经经过了几年的调整。北大最初招工农兵学员时，师资力量严重不足，除了周培源等几个被"钦点"的老教授能正常工作外，其他有点资历的老教授、讲师们都被"下放"到江西鲤鱼洲劳动了,只好让一些助教或者"文革"前刚留校的大学生任教。这远远不能满足授课的要求,学员们反应很大。校方出于教学需要,把一些教授、讲师慢慢召回来,让他们把自己的"问题"交代清楚后,陆续回到了教学岗位。尽管如此,大部分教师思想上的包袱依然很重,尤其是一些老教授,整天诚惶诚恐,如履薄冰。如果安排他们上讲台授课,就如同受到一种莫大的"恩宠",人人都十分珍惜这难得的教学机会。

我们的辅导员,是"文革"前一年入学北大的 1965 级学生。当时,由于思想上束缚较大,或许是怕别人说他"右",他对安排一些著名教授给我们上课,总是犹犹豫豫。我们班有一个农村来的党支部书记,以贫下中农自居,更是对教学安排挑鼻子挑眼,说三道四,一味地强调要加强对我们"再教育"。对这些,我内心真的比较反感,觉得自己从"北大荒"过来,已经劳动了这么多年,到了大学应充分利用大学的资源,尽可能地吸收知识,否则,这不是太可惜吗?

或许因为我在生产建设兵团当过干部,入学后,我被指定为班长,负责抓学习。班里的同学大多来自"北大荒",经历差不多,想法也八九不离十,谁不想利用这几年时间好好学点知识呢?可在当时的政治环境下,讲真话、讲实话,实在太难了。但我看得出,安排文化课,大家打心眼里高兴,安排劳动课,人人都愁眉苦脸。何况还要"接受再教育",又变成了"资产阶级知识分子",成了"接受再教育"的对象?况且,在"北大荒",我对"贫下中农"这个词的认识具象化了,不再是作为一个整体阶级出现在我脑海,一想起这个词就是一个一个的人,是张三,是李四,是张家那大小子,是李家那亲戚,都有优点,也有缺点,谁也不能代表谁,谁也当不了谁的代言人。

我们学制一共三年,开学第一学期,报到后首先是一个来月的入学教育,主要是让我们充分地理解"上、管、改"的伟大意义。第二学期开学不久,学校决定让我们到北京大学设在大兴的教育基地进行半农半读。从学校到教育基地大概有四五十里地,步行过去,走得我脚上起了好几个水泡,疼得直咧嘴。这一路上也有温馨的回忆:系里把一些落伍的、脚上起泡的同学,组织起来,组成了一个"收容队",可以乘车。碍于面子,我咬牙坚持不上车,同班的一位同学见我一瘸一拐的,就不停地鼓励我,一边还和我讨论起《红与黑》《高老头》等名著,分散了我的注意力,使我终于坚持到了目的地。

在大兴教育基地,名曰"学农",期间又是种地,又是插秧,按农时除草,视苗情喷药,一周有一半的时间在劳动。那时,吕梁老师、宋祥瑞老师、陈宏天老师,他们一直和我们一起,同吃同住。后来学校又安排我们到北京汽车制造厂去"学工",同学们住在大厂房改成的宿舍里,一溜儿的地铺,基本上是半天学习,半天到车间干活。我被分配到组装车间,流水线到了我这个环节,我就用电动扳手固定好 6 个螺丝,既简单又枯燥。

1975 年在北大大兴分校学农,1974 级文献专业同学与部分教师合影(前排左一为向仍旦老师,左四为陈宏天老师;后排左一为王春茂老师,左三为本书作者,左八为左言东老师)

我们的文学史课是在工厂学的,由金开诚老师授课,直到1976年5月,我们才回到本校,开始了全日制学习。

那时北大的老教授虽然不像"文革"中关在"牛棚"里,但腰还是直不起来的,能让上讲台的寥寥无几。因为我们是工农兵学员,也要"上、管、改",进行"教育革命",所以课程的安排,教师的选择,比起带班的教师都有主动权。我号准了这条脉,在安排课程时,与其他几位同学及教师一起,借口古典文献专业特殊,把中文系的老教授几乎都请来,安排了课。课程包括基础课和专业课,上课教师都是当时中文系最知名的教授,个别专业讲座我们还请了校外的一些著名学者。比如王力先生、郭锡良先生讲古代汉语,王瑶先生讲现当代文学,金开诚先生讲中国文学史,周祖谟先生讲古代音韵,袁良骏先生讲鲁迅,吴组缃先生讲《聊斋》,吴小如先生讲戏曲,陈宏天先生讲工具书的使用,严绍璗先生讲中日文化交流史,阴法鲁先生讲古代音乐,白化文先生讲校勘学,魏建功先生讲古文字学,史树青先生讲文物鉴定,陈铁民先生讲目录学,孙钦善先生讲文献学,裘锡圭先生讲甲骨文。至今我还记得梁柱老师讲的党史课,他引经据典,慷慨激昂,讲到激动处,眼含泪花,同学们听得热血沸腾。他对一些文献资料倒背如流,信手拈来。吴小如老师讲京剧时,边讲边演,声情并茂,倜傥潇洒,极富感染力。哲学系的老师给我们上课时,思维缜密,鞭辟入里,经典著作的经典段落,随口就能很准确地说出位于马克斯、恩格斯、列宁选集的多少页多少行……对于这些老师的学问,我真是佩服得五体投地。

教授们上课都非常认真,记得阴法鲁老师顶着炎炎烈日,从北大骑着自行车到位于复兴门的中央音乐学院,借来古曲的录音,使我们得以听到了《高山流水》《广陵散》《平沙落雁》《梅花三弄》《十面埋伏》《胡笳十八拍》《汉宫秋月》等古代名曲。吴组缃老师的"聊斋志异"课让我印象深刻,记得在讲如何欣赏艺术之美时,他对"莞尔一笑"的体味,那种如痴如醉的感觉,我尽管绞尽脑汁，依然体会不到。我知道这种审美层次的差距绝非一年半载就可以弥补的。我们请周祖谟老师讲音韵学，他非常容易激动，上课时除了新写的讲义，还抱着好几大本参考书。遗憾的是，我们这些只有初中基础的学生，音韵学知识几乎是零。周老师讲了半天，大家却如入雾里云中。向仍旦老师是湘西土家族人，虽然到北京几十年，乡音却仍然很重。向老师读书多，做事非常认真，待人诚恳热情。他给我们讲《庄子》和《韩非子》，但时时苦于乡音的羁绊，同学们听不清楚，无奈之下，向老师只好依靠板书，正如葛兆光在一篇回忆文章里写的，"一写写一黑板，满身都是粉笔末"。我在华龄出版社任社长的时候，先后给向老师出过诗集《雪泥集》和《燕园诗吟》。严家炎老师虽没给我上过课，但私下里我和他一直有联系，直到2012年，我们出版袁良骏老师的《张爱玲传》的时候，严老师不仅给了我很好的建议，还主动给我介绍了很多有关张爱玲研究的背景资料。

因为那时学校要求要"带着任务搞教学"，我们边上课还边参与了一些课题研究，写书、编书，甚至去各单位讲课。《鲁迅全集》的红皮注释本，我们就参与注释了其中的《坟》，指导老师是张廷谦、王瑶。中华书局组织出版《历代农民起义资料选编》，我们选编、注释了《张角黄巾军农民起义资料注释》。批《水浒传》时，学校要求我们写批判文章，先由两三个学生写初稿，再由老师指导修改。记得我们还把这些文章作为演讲稿到各个部委、街道、工厂宣讲。1976年元旦，毛主席《水调歌头·重上井冈山》发表后，系里又组织我们写了宣讲稿，到各地去宣讲。在学校是学生，到各单位，一上讲台就感觉自己是学者了。还记得自己去北京汽车制造厂给工人上课，讲的是不同时期、不同人物的同一类诗词的不同风格特点，从中反映出的诗人的性格、政治胸怀以及诗词的艺术特点。比如菊花，古今诗词中就多有吟诵，从陶渊明的"怀此贞秀姿，卓为霜下杰"，唐太宗的"还持今岁色，复结后年芳"，杜甫的"寒花开已尽，菊蕊独盈枝"，白居易的"耐寒唯有东篱菊，金粟初开晓更清"，元稹的"不是花中偏爱菊，此花开尽更无花"，到黄巢的"通天香气透长安，满城尽带黄金甲"，毛泽东的"一年一度秋风劲，不似春光。胜似春光，寥廓江天万里霜"，等等，不同的人物，不同的境遇，面对的尽管是同一个景物，但诗词中所表现出来的情感却千差万别。由此说明，鉴赏、分析文学作品时，绝对不能仅从作品本身来思考，一定要结合当时的社会背景，结合当时主、客观的实际状况，这样得出的结论才会更准确、更科学。

毕业前，我们班还接受了一项大任务——点校注释《昭明文选》。听说这个版本是给毛主席读的，大家特别兴奋。同学们和专业老师分成了几个小组，每个组负责一部分。布置任务时，要求只注释特别难懂的字词，对一般的生僻字要注汉语拼音。一开始我不太明白原因，问了别人才知道，当时毛主席因为眼疾不能自己看，要别人读给他听，注拼音是为了方便别人阅读。我们从图书馆将一部原装的线装书拆开，按计划分给各组，各组每完成一部分，就用红笔将注释的文字和注音的字词誊抄在原书的书眉处。阴法鲁老师的小楷写得好，就由阴老师负责誊抄。可是这项工作还没全部做完，毛主席就去世了，未完的部分没有继续再做。听说后来这部书稿不知道怎么到了拍卖市场，拍卖价竟达一百多万元。

那些知识分子

北大精神，具体体现在北大的每个知识分子身上，体现在他们做人和做事的细节上。他们每个人都不一样，都有自己的个性，但他们又有很多共性的地方。

在这几年的学习生活中，我感觉老师们对学生非常包容。他们不嫌弃我们这些学生专业知识的参差不齐，尽最大的努力教导我们。因为"文革"

停课,接着又是上山下乡,不少学生都是初中学历,文化基础差,如果平时再读书少,其程度可想而知。在教学过程中,也确实闹了好多笑话。有一次,为了了解藏传佛教文化,我联系了北京市文物局,经文物局批准后,我们集体参观雍和宫——那时雍和宫还没有对外开放,如果是研究性质的参观,需要提前申请。我们是以研究者的身份去的,雍和宫的喇嘛对我们非常客气,他非常认真地带我们一处一处参观,到了内有欢喜佛的配殿,他特意小声问我要不要看,我说,既然来了,能看的都看看吧。那天参观的同学中,除了我们文献专业的,还有文学专业的两个同学,其中一个女同学可能是出于好奇,突然伸手把围在欢喜佛身上的红绸子揭开了,弄得大家非常难堪,接待我们的喇嘛很生气,但老师也没有批评学生。

除此之外,老师们在管理上也比较宽松,甚至对个别同学有些出格的行为也只是点到为止。比如有的同学晚上睡得晚,上课时打盹;有的同学不看本专业的书,而是去看各国概况,总想成为睥睨世界的人,还自鸣得意;有的同学明明是自己孤陋寡闻,却对老师的授课指指点点……我自己又何尝不是,仗着自己以前读书一直没间断,似乎有点“家底”,便觉得什么都懂,什么都行。我是在学校一个字一个字读完《鲁迅全集》的,又因之前背过《鲁迅语录》,所以对鲁迅先生佩服得不行。我特别欣赏鲁迅先生的文笔和他揭露现实的洞察力,还模仿鲁迅的笔法尝试着写过几篇杂文。我从小喜欢诗歌,也写了不少的诗,到了兵团也没间断过。上大学后,我曾应景写过几首朗诵诗,如《写在金色的跑道上》,是为学校开运动会写的。广播站播出后,听说有些同学还私下里传抄。我感觉很风光,还得到了倪其心老师的赞许,心里更是飘飘然。但有一次梁柱老师的批评,让我记忆深刻。那天,我们几个同学不知因为什么讨论起“硬气功”问题,我觉得很神秘,但又不肯承认自己不懂,随口应道:“没听说过。”梁老师在一旁听了,批评我说:“你没听说的还多了!”我对梁老师十分敬重,他不但课讲得好,而且待同学也很和善。他的批评虽然有些刺耳,但理智告诉我,自己是不是平时"尾巴翘得有点高"了?后来到中华书局工作后,有机会接触了更多的著名学者、专家、像余冠英先生、俞平伯先生、季羡林先生、吴世昌先生、启功先生、张中行先生、周振甫先生、刘叶秋先生、林辰先生、吴泽炎先生、程毅中先生、傅璇琮先生、褚斌杰先生等,他们个个满腹诗书,却人人谦逊有加。从他们的身上,我愈加体会到当初梁老师的批评太对了,自己不仅不懂、不知道的太多了,而且更可怕的是没有自知之明。

大学里学习的基础知识对我以后的工作都很有用,特别是工具书的使用课,老师一边讲一边教我们如何使用,使我们熟悉了几十种工具书。那个时候没有电脑,更没有"百度",文献古籍的整理,查找资料、审核出处是一件非常繁杂的工作,而前人编纂的大量工具书,为我们提供了方便。后来我在中华书局工作中遇到的很多问题,大多可以通过这些工具书解决,或是可以找到解决的门径。还有专题课讲座,大大丰富了我们的知识面,开阔了我们的视野,为今后从事"万金油"的编辑工作打下了基础。

老师们对同学的包容、对学问的一丝不苟对我影响颇大,他们对自己学生的真诚、负责更让我们佩服。毕业的时候,老师们对我们的分配去向非常上心。当时除了我们少数四五个同学是定点招生、出对口单位接收外,大多数同学没有分配到具体单位。陈宏天老师是我们专业的主任,他不辞辛苦,炎炎烈日下,自己骑着自行车一个一个单位地找——版本图书馆、国家图书馆、北京师范大学、北京的相关出版社,挨个给剩下的同学落实工作单位,直到都安排妥当。

几年后,我和绛云结婚,阴法鲁先生、孙钦善先生、向仍旦先生、陈宏天先生、董洪利先生从北大骑自行车30多里,来到我住的朝阳门小街向我们表示祝贺,还送了我们一套毛主席著作和一套茶具。在我们不足17平方米的小屋子里,先生们只喝了一口水,聊了聊天,饭也不吃,就又骑自行车回去了。我们真是又感激又很过意不去，特别是阴先生，那时已年近七十了。两三年前，我收拾屋子，翻到了很多旧物，看到阴先生代表十几位老师在红纸上写的祝贺我们的那些话，心中久久不能平静。

离校后，每当我再次走进北大校园，总感觉校园里的空气与外面不同，觉得这里就是读书的地方，看到图书馆门前老师、同学们进进出出，听到未名湖畔三五成群的年轻学子的高谈阔论，心中总有些许遗憾，后悔当时没有更多地和老师对话，向老师请教，当初有那么多的好老师，那么庞大的"知识库"——现在很多老师都不在了，向他们求教的机会再也没有了。

1998 年北京大学百年校庆时阴法鲁先生（左四）与古文献专业同学合影（左一为作者）

老"中华"的新编辑

1977年7月北大毕业之后,我被分配到中华书局当编辑,那时刚结束"文革",中华书局和商务印书馆还在一起办公。"文革"期间被发配到"五七"干校的老人们基本回到了工作岗位,中华书局的各项工作开始拨乱反正,逐渐步入正轨,直到1985年我离开,这个老牌出版社正在重新崛起。

这8年里,我从最基础做起,基本学会了怎样做一个合格的编辑。说"基本",是我觉得比起那些老编辑,还有很大差距。同时,在这里,我还从老同事那里学会了如何培养一个新人成为成熟的编辑。

起步校对科

中华书局有一个老传统:新编辑入职后大都先到校对科实习一段时间,这是一个编辑起步的必经之路。这一过程,会强化纠错的意识,培养做编辑需要具备的职业敏感和一丝不苟的工作态度。如果有心的话,还可以在校对稿件时,学习一下老编辑对稿件的加工、修改,等等。

我也不例外。到校对科报到后,科长魏淑兰没有马上安排我校对稿件,而是让我到中华书局的印刷厂去实习了一个多月,这期间主要是捡铅字,同时熟悉一下排版印刷的流程。现在想起来,这一个多月的实习,对我日后的编辑工作还是很有益处的。中华书局出版的图书大多是繁体字，虽然我们是文献专业毕业，但依然对繁体字的识别、使用有不少问题。通过捡字，强化了对繁体字的识别能力。那时不像现在电脑排版，改动非常方便。铅字排版全部都是手工，有时编辑审稿虽然只改动了一两个字，如果正好遇到倒版，捡字师傅却要折腾一两个小时。有了捡字的体会，再做编辑时，改动稿件就会小心谨慎许多。

我还学会了节俭。当时，中华书局整体都非常节俭，不仅做书的时候为读者着想，尽量把定价降下来，平时办公也非常注意。比如，那时经常需要给作者和读者回信，周振甫先生、程毅中先生带头，常常把来信的信封翻个面，回信再用。其他，如下班时随手拉灭办公室、走廊的灯，等等，随时随地都有节约的意识。

从工厂回来后，我又在校对科做了七八个月的校对，这期间，有两个老同事给我留下了深刻印象。一位是刘光业，一位是陈荣。刘光业好像是上海人，待人永远是谦和有加，与人交流脸上总是笑眯眯的。他是老牌大学毕业生，开始分配到商务印书馆编辑部做编辑。没多久，他主动提出到校对科做校对。在出版社工作，谁都清楚编辑和校对的地位。为此，我曾问过他原因，他非常平静地回答我："我觉得我更适合做校对。"后来几十年，他始终没有离开校对这个岗位，而他的校对水平——"第一把交椅"的地位，在商务印书馆非他莫属。一个人，应该是最了解自己的，实事求是地认识自己比什么都重要，这就是所谓的"知人者自知，自知者明"，而不要被他人的眼光所左右。这个道理说来容易，真正能做到的不多。

再说陈荣。据我所知，他没有高等学历，但当时在校对科，他的校对水平，特别是对中华书局的书稿的校对，绝对是名列前茅的。我原以为他是经验使然，直到我要离开校对科去编辑部时，他送了我一册他手写的校对古籍图书容易错漏的图表，我才清楚他为什么能够出类拔萃。其实，做什么事情,都有一个"有心""无心"的问题,"有心"加上积累,离成功就会越来越近;若"无心",就算做得再多,也很难取得成功。当然,没有积累,什么都谈不上。

"新人"处理遗留问题

我在校对科实习结束后,被分配到文学编辑室。没多久,局里又安排我到人事部门做落实政策工作。当时,国家整个大环境就是拨乱反正,中华书局也不例外。可能因为我是"新人",与单位原来的人没有什么"恩怨",也可能因为我在"北大荒"保卫股工作过,对"案件"处理有点经验,反正在当时看来比较重要的政治任务落到了我的头上。

人事科的这段"落实政策"工作,让我对那些中华书局、商务印书馆的老人们有了更多的了解,也更加深了在"北大荒"时形成的"人事问题"的处理理念:一定要实事求是,在不违背根本原则的情况下,宁宽勿严。我在兵团的时候,确实看到过不少人为制造的错案、冤案,许多时候,当事人出现的问题其实只是人性中弱点的暴露,很难说这人有多么坏,是什么"坏分子"。倒是很多时候,那些处理问题的某些领导,出于各种目的,抓住一点,不及其余,拼命上纲上线,把一个个本来仅仅是有一些缺点的同志活生生推到了对立面,甚至由此成了"敌人"。负责"落实政策"的是魏子杰、刘宏莲两位处长,他们思想都比较解放(那时候叫"思想偏右"),心地善良。我们很谈得来,许多问题的看法非常一致。

减少冤案,在我心中也叫"做好事"。我负责初审,凡经我手审查的问题,我都一看事实,二看证据。凡是"大字报"揭发的,听某某人说的,只要没有真凭实据,我就一律"平反"。其中印象比较深的,有王蒙的父亲王锦第。

他在商务印书馆哲学组做编辑，老"燕大"毕业生，是张岱年和何其芳的好友。当年王蒙出生的时候，就是何其芳为他取的名字。因王蒙出生在早晨天蒙蒙亮的时候，所以何其芳为其取名"蒙蒙"。"文革"中王锦第被打成反革命，还说他当过汉奸。我反复认真地查看了他的档案资料，他的所有问题早在新中国成立初就做过交代，而且组织上也早有"属于一般历史问题"的结论，"文革"中并没有发现新的问题，不过是旧账重提，最后也不知道根据什么，划为"历史反革命"。我们经过讨论，上报党委批准，决定纠正"文革"的错误结论，仍按"一般历史问题"处理。

两位处长让我去和王锦第老先生谈话，好在他家离单位不远，我骑自行车去了他家。我说明来意后，他显得非常兴奋，因为这么多年，他身边能与他说上话的人不多。他当时已经双目失明，但很热情，招呼着给我沏茶。我刚刚坐在椅子上，他便主动和我聊起了他的经历，还摸索着找出了一篇早年写就的有关哲学方面的文章让我看。后来又不知怎么谈到了郭沫若。当时郭老去世不久，他说当年他在日本时曾亲耳听了郭老的一次演讲，很精彩，接着又说了郭老的不少轶事，那些轶事充分反映出中国文化人的性格、气质，我听后也随声赞许了几句。实在没想到的是，他听了我的赞许后，十分恳切地希望我帮他把郭老的这些轶事连同那次演讲写成文字整理出来，算作我们俩的合作，找个刊物发表，也算是对郭老的怀念。望着老人热切诚恳的表情，我一时真的无法拒绝。一周后，我再次去了王锦第家，将《回忆郭老二三事》的文章读给他听，他很满意，竟一字没改。后来我把稿子交给了人民日报的《大地》主编姜德明，稿子上只署了王锦第一个人的名字。正好赶上《大地》刚刚创刊，稿子很快就刊登了。

这事过去不久，一天下午我正在上班，传达室告诉我，有位老人来找我。我下楼去看，原来是王锦第，他由一个小保姆搀扶着在门口等我。我赶忙上前问："王先生您怎么来了？"王先生从兜里掏出 5 元钱硬要给我，说：

"那篇稿子发表后,报社按照千字 7 元的最高标准,给了 10 元稿费,文章你也没署名,稿费无论如何要给你一半。"我说什么也不肯要。王先生实在犟不过我,又说了一些感激的话,最后在小保姆的搀扶下走了。这事让我觉得老知识分子的那种认真和诚恳,没有半点虚假。前两年读王蒙的书,他书中的"父亲"形象,是一个复杂的、处在多种文化冲突中的、充满了怪异思想和行为的人物,但我在与他父亲的接触中,感觉最强烈的却是王老先生的孤独。

像这样的例子还有一些,中华书局和商务印书馆的很多老人情况都比较复杂,比如,有的人资历很老,早在二十世纪三四十年代就与共产国际有联系,甚至有的在苏联卫国战争中还当过军团长,有的人二十几岁在专业上就已经小有名气,有的人与周恩来总理、郭沫若先生多有交往,在社会上很有影响——这些人因各种原因,多多少少是有些"情况",但把他们定性为"反革命""特务""坏分子"是实实在在的冤案。而恰恰是"文革",给他们在精神上、肉体上、生活上带来了创伤,耽误了他们人生的大好年华。最终,我和两位处长达成一致,对这些人都做了纠正,几十位中华书局和商务印书馆老人的遗留问题最终得到解决。

严谨治学　低调做人

我在古典文学编辑室做编辑,掐头去尾总共不到六年。在这五六年里,我学到了许多东西,不仅是专业知识、编辑技能,还有做人的准则以及做一个文化人的理念。当时,文学编辑部主任是程毅中,副主任是许逸民,编辑有周振甫、褚斌杰、杨牧之、周妙中、赵诚、冀勤、黄克、刘尚荣、马蓉、王玉梅,文书是马绪传。编辑里,我是年龄最小的,按学历,除文书外我是最低的,但部门的老同事对我却关爱有加,没有丝毫的冷淡或歧视。记得刚到编辑部,我看了一部诗体的稿件,审读后觉得没什么新意,不适合在中华书局出版。我将审读意见连同退稿信交给程先生审定。快下班时,程先生抱着书稿走到我的办公桌边,我赶忙站起来,程先生一手按着我的肩示意我坐下,一边指着我写的退稿信说:"我稍微改了改,你再看看。"这封退稿信我写了三页纸,经程先生一改,只剩下一页多。除了改掉了啰唆多余的语句,还删去了我费尽心思写的关于诗论源起的一段。说心里话,我当时并不完全认同程先生的改动。后来我多次从文书那里借出周先生、程先生、黄先生、许先生等人的审稿报告、与作者的通信,包括退稿信,才渐渐有所体会。写审稿报告,包括写退稿信,是编辑的基本功,虽然看似最普通的事,但真正写好、写到位是很见功夫的。其一,作者完成一部书稿耗费了许多心血,审稿报告要抓住要害,如果是修改或退稿,更需一针见血,让作者心服口服,以使作者修改、补充,甚至重起炉灶,都能够有的放矢。要找准要害,没有专业知识,没有前沿意识,没有全局眼光,当然不行。其二,作者既然能够写出专著,他在那个领域一定有所研究。在一般情况下,编辑大都没有作者深入,所以尽量不要炫耀自己一知半解的"学问",而要利用编辑具有的独特视角、全局意识给作者以帮助。其三,我们那个时代,编辑的社会地位较高,对一般作者自觉不自觉地有一种居高临下的感觉,因此,要尤其注意对作者的尊重,行文要谦和,提出的问题要扎扎实实,有理有据。程先生和周先生文笔都很朴实,都是谦和之人,这也直接影响了我们的做事和做人。我曾经问过周先生,为什么您早期的文章注重文采,后来很多就写得像说白话一样,感觉不如以前有文采了? 周先生当时愣了一下,说:"你怎么看陶渊明的诗文?"之后,他还让我自己体会一下。我就这个问题,还真找了一些作家的文章对比了一下,最后发现,真正的好文章,都是不尚雕琢、朴实无华的。正如大道至简,真正的大智慧是把复杂的问题简单化,而不是相反。

参加中华书局为程毅中先生举办的 80 岁寿宴（桌前右侧站立者为本书作者）

对编辑审读的书稿，包括给作者的书信，有时候程先生仅仅修改一两个字，就能体现出对对方的尊重。对稿子的评价更是，稍做修改就非常到位。这告诉我们要尊重别人的写作风格，尽量少改。在日后的工作中，我看到过个别领导很喜欢改别人的东西，也很认真，有时甚至把别人的稿子改得"满脸花"，但仔细揣摩后发现，其实就是个人文风不同而已。从这些小事中，我意识到，做什么事，不要局限于自己的思维系统之中，特别是领导，更要时时注意对别人的尊重。

对于如何做人，周振甫先生对我的影响很大。他从无锡国学专修学校的一个肄业生，多年固守专业、努力钻研，最终成为一位业内专家，这对我也是一种激励。

周先生做学问一丝不苟，从来不夸耀自己的成就。论地位，他至少可以称为出版家，但他总是说："我不是什么家，我就是一个编辑。"周先生因编辑钱锺书先生的《谈艺录》，与钱锺书结缘。钱锺书赠言道："校书者如观世音之具千手千眼不可。此作蒙振甫兄雠勘，得免于大舛错，得赐多矣。"钱锺书评价他："我与振甫兄是至交,与他相处越深,越觉得他是真心利人,不为自己的。"我跟随周先生多年,深感钱先生的评价非常中肯。

别人听到表扬,肯定是特别高兴,沾沾自喜,而周先生相反,他面对这些称赞总是显得局促不安,总觉得自己还有很多不足。1982年,教育科研领域开始恢复职称评定工作。在编辑部申报职称的会议上,所有参评的同志都是把自己的成绩一一列上,最后轻描淡写地说点不足,大家点评的时候也都是夸赞的多,最后说点希望之类的话。轮到周先生了,他当着整个编辑部新老同志的面,非但没有对自己评功摆好,反而把多年来自己编辑工作中出现的疏漏,一件一件认真地做了梳理,诚恳地做自我批评,这种严于律己的精神使在场的每一个人都深受教育。有很多小事都能体现他的品质,比如外出参加学术会议,周先生作为著名专家,合影的时候总往边上站;吃饭时,面前摆什么菜就吃什么菜,还专吃别人不怎么吃的,怕浪费,就自己多吃些。周先生默默资助一位聋哑人多年,我直到有一次与师母闲聊时才知道。周先生先后担任过余冠英先生《乐府诗选》和公木先生《先秦诸子寓言》的责任编辑,这两部书稿的编辑加工量很大,周先生不仅给书稿提出了不少修改意见,还纠正了其中的一些错误。两位先生为了表示感谢,都让周先生署名,但他坚决不署名。几年后,我见到余冠英先生,一提起周先生,余先生依然无限感慨,赞不绝口。

在很多事情的处理上,我也从这些老前辈那里学会了宽以待人。一次,我看了别的同事点校的一本古代笔记,发现其中有一些错漏。当时中华书局内部有个《古籍整理简报》,刊登古籍整理中的一些问题和错误。我就想写一篇文章,把这些错误指出来。文章写得差不多的时候,我把这事和程先生说了。程先生听后,对我说:"你想写东西登在简报上,也不是不可以,但我建议还是不写吧。你同这位同事私下说说,让他知道错误并在重印时改正就好了。"我觉得这话有道理,于是照程先生说的做了,那位同事非常感谢,以后我们也成为关系不错的朋友。文人圈普遍存在的所谓"文人相轻",在那时的中华书局,我几乎没有见到。在我的印象中,大家平时相处时还是比较坦诚的,能够相互包容、相互促进。

程先生就是这样教我如何以最稳妥的方式处理各类人和事,但真正让我有深切触动的,还是在我自己的作品出版以后。我参与点校的《历代诗话》《历代诗话续编》出版了,随后有文章公开指出我点校的错误。错虽然是真错,但真的在公共媒体上看到自己的错误被一一列举出来时,心里很不好受。指出我点校错误的同志当然无可指责,而且作为对读者负责的态度,我们应该从心底感激才是。但就个人来讲,当然更希望能私下和我沟通,指出我的错误,给我以建议,而不是登报指出。以人之常情,我自己肯定更容易接受后一种。由此,我也更感觉出程先生的宽厚待人,对比自己年少气盛时,不自觉想要炫耀自己的做法,自己实在是肤浅和无知的。

在中华书局工作的几年里,我有机会接触了一些老先生和一些大学问家,后来即使离开了中华书局,也一直有些联系。他们治学态度的严谨,做人的低调谦虚,我至今难忘。比如张中行先生和启功先生。张中行先生常说:"我们算什么大家、大师啊,不懂的东西太多了。"启功先生也说:"咱会什么呀,把咱们抬得那么高。我就是一个教书匠。"还有钱锺书、胡乔木、邓力群等先生,我与他们也有过近距离的接触,他们谦逊和蔼,不像有些媒体宣传的那样。我觉得因为他们见得多了,看得远了,认识得透彻了,胸怀开阔了,至于有些传闻,恐怕是"以小人之心度君子之腹"罢了。

这些前辈的品格,成为我一生行为的标杆。

我给周先生做助手

那时文学编辑室的分工基本按照文学史分段,周先生、褚先生、杨牧之负责先秦两汉,许逸民负责魏晋南北朝,唐宋由马蓉、刘尚荣、柴剑虹(当时还没到)负责,元代戏曲由周妙中、黄克负责,明清小说是程毅中的专项,后来进了赵伯陶,分在明清段。1980年前后,中华书局要办《文史知识》杂志,抽调杨牧之、黄克负责筹备,杨牧之原来负责的一些有关《诗经》等书稿由我接手。

一九七八年九十月间,中华书局的副总编辑李侃在过支部生活时,提到要找一个新人给周先生当助手,一方面是帮周先生处理些琐碎事务,帮助复核书稿中的资料、引文等,而另一方面最主要是想让周先生带带年轻人,让年轻编辑快速成长,把周先生好的编辑传统继承下来。据李侃讲,开始本来是让另外一个年轻人去做,但和他私下沟通后,他不乐意,认为自己能独立当编辑了,不愿意再当助手。现在看来,有相当一部分刚入职的年轻

与周振甫先生、师母张韫玉合影(左一为本书作者)

人是不能正确认识自己的。后来李侃找到我,我那时对自己的工农兵学员身份非常在意,深知自己底子太薄,需要沉下心来从最基础的做起。再者,我在兵团的经历也告诉我,做任何事情都要扎实,不能飘在上面。所以李侃一问我,我觉得正是自己深造的好机会,当即表示同意。

我当时住在人民文学出版社南侧的文字改革委员会院里,院的南边有一排平房,原是中华书局印刷厂的排版车间,因为职工住房紧张,便将这排平房改为职工住房。我结婚时局里分给我的一间房子,大概有 17 平方米,房高 3.7 米,屋顶覆盖着一层石棉板,冬天冷,夏天热。入住后,我学着东北御寒的办法,特地找了五六麻袋的锯末铺在顶棚上,解决了冷暖问题。这间住房虽然现在看来条件简陋,但当时已经非常不错了。一天,我感冒发烧在家里休息(当时,我还没有正式向周先生拜师),下午一两点钟的时候,我听到有人敲门,开门一看,竟然是周先生。他手里提了一个网兜,里面装着"六必居"的八宝酱咸菜、腐乳,还有两袋藕粉。我很惊讶,说:"周先生,您怎么来了?"周先生微笑着说:"听说你病了,我来看看你。"周先生不会骑自行车,从王府井中华书局徒步走到朝阳门南小街来的,这个距离,就是抄近路也有三四站路。我真是受宠若惊,赶紧让先生进屋里坐。寒暄几句后,我有些胆怯地问:"周先生,您同意我做您的助手了吗?"周先生笑了笑,谦虚地说:"我哪配有什么助手呀?我们就是一起工作,你来帮帮我。"听了这些话,我一时竟不知道说什么才好。

回去上班后,我就正式开始给周振甫先生做助手。那时周先生已经快 70 岁了,但依然每天乘公交车按时上下班。大家都很敬佩他,中华书局上上下下,无论是领导还是普通职员,几乎没人说周先生个"不"字。日后,在与周先生 20 多年的接触中,我知道了周先生之所以会受到大家的由衷敬重,完完全全是用他日常工作、生活中的点滴小事换来的。周先生的为人处事,对我影响很深,他的认真、严谨、正直、谦和、与人为善,成为我后半生的行为准则。

自从跟在周先生身边做助手,我写的一些论文,应约写的一些稿子,甚至给作者、读者的回信、审稿意见等,都是周先生亲自帮我改。他从最初的如何审读书稿,到后来的如何做好一名合格的编辑,乃至在做编辑的同时,如何做个"有心人",搞好学术研究,都在日常的工作中给了我具体的指导。

周先生说,编辑不是专家,不可能像专家们那样,有那么多时间让你就一个专题进行研究,比如我们古代文学的编辑,今天接一部《楚辞》的书稿,明天接一部《诗经》的书稿,你要围着书稿转,不可能专注在一个领域。虽然我们不是专家,但我们还要掌握如何判断一部书稿的好坏,具备把好的书稿编好的能力。周先生教我:拿到一部书稿后,要认真抽看主要内容,弄清章节结构,把书稿的主要观点弄明白,然后再了解该领域中的研究成果和同类书的出版情况,看这些观点是否具有新意,通过比较,就能够基本判断书稿的质量了。周先生认为,书稿中只要有新的学术创见,而且言之有理、有据,这部书稿就有出版的价值。

如何高效工作?周先生教我,首先要找出书稿中的关键点,然后去查资料来验证和判断。那时,中华书局的资料室藏书比较多,有不少线装书原刻本,甚至是珍本、孤本。在查找资料的过程中,周先生叮嘱我,要注意发现新问题。发现了,有的可以提供给作者,使原稿进一步提高。有的即使对手头这部书稿用处不大,但只要是新发现,对今后的研究就有帮助。所以,审稿时要下功夫,要扎实,注意积累,要做"有心人"。

周先生的一生,在生活上十分简朴,从没有过高的奢求。当时,周先生夫妇和女儿女婿、两个外孙一家六口,同住在一个50多平方米的两居室里。他每天都在卧室里的书桌上审稿、写作,对此没有怨言,对组织也没有太多要求。相比他们,我感觉自己住的17平方米房子已相当不错了。1983年年初,在为周先生从事编辑工作50周年举行的茶话会上,时任中宣部出版局局长的许力以同志提出要为这些"为他人作嫁衣"的老编辑立传,要解决他们的住房困难。我借许力以的讲话,将周先生的住房情况写了报告,经过中华书局上报国家出版局,转呈国家机关事务管理局,前后周折近一年,最终由国管局给他补了一套房。当年的住房比现在紧张得多,许多老专家、老教授都是子孙三代挤在一起。比如刘叶秋先生(《辞源》主编之一),他住在前门一个大杂院里,两间平房总共三十几平方米,所谓的"书房",是在房子窗前搭出一间三四平方米的小屋。我去过刘先生家,也参观过他的那个"书房",一张三屉桌、一个凳子、一张单人木板床,再也放不下其他东西。我与刘先生聊天,一个坐凳子,一个坐床上。刘先生写书、编辑《辞源》的词条,无论春夏秋冬,都在这个小屋里。记得刘先生还仿照《陋室铭》给小屋写了一篇《铭》,既真实,又无奈,调侃里满是心酸。启功先生当时住在小乘巷胡同,也是住平房,大概也就 20 平方米,冬天生着蜂窝煤炉子。有一次我爱人去接他讲课,去得早了点,他还没起床,听见有人来找他,一个劲地道歉:"让您见笑了,见笑了!"进屋一看,炉子也灭了,阴冷阴冷的。舒芜先生回京后,住在半地下室,他因此给自己的居室起名为"问天楼"。

在这间 17 平方米的小屋里,作者完成了《历代诗话论作家》的编写

　　这些老先生虽然在生活上很清贫，但他们做起学问来却精神十足，工作起来也是兢兢业业，一丝不苟。在他们身边，我自然而然地受到很大影响。我在编写《历代诗话论作家》时，和爱人利用下班后、节假日的时间完成。我记得那时每天早上6点起床，在蜂窝煤炉上煮一盆面，炸一碗酱，从早吃到晚。上编写完刚刚寄给出版社，回到家紧接着又写下编，70万字的书稿，前后用时不到两个月。

　　那时就觉得，人可以没钱，但必须有不断实现的目标。我初到中华书局时，领导、同事们对我这个新人的帮助提携，使我感激至深，乃至后来我做了社领导，无论是在现代出版社，还是旅游出版社、华龄出版社，我都像当初中华书局的老领导、老同事那样，鼓励培养年轻人，让他们自己树立目标，放手让他们担重担，在实践中提高能力。做一名好编辑，当然首先要有工匠精神，但仅仅满足"匠"是不行的，还要成为"家"，一字之差，千里之距。在华龄出版社，像我主编的《老年生活系列丛书》《老年生活百科问答》，我都有意识地留出几个题目鼓励年轻的编辑自己来写。出版一些古籍书，我也选出部分青年编辑自己来点校。我这样做，是为了以更高的标准要求他们，让他们在某个领域深入一步。我愿意把我经历的，把我觉得对年轻人有益的东西，都传授给年轻人，让他们少走些弯路。我还鼓励他们写文章，尽我自己所能帮助他们发表，以此激励他们。我至今非常感谢程毅中先生、周振甫先生以及编辑部的老同事，他们热情地邀我参加了编辑部同事们集体完成的多项古籍整理项目，我正是在这些实践中得到了锻炼，看到了差距。他们的厚道、包容，他们对年轻人的无私关爱，实在令人钦佩。

编辑也要做学者

在中华书局,除了周先生,很多我身边的同志和出版社的整体氛围也让我受益良多。中华书局虽然是出版社,但比起其他出版社,学术氛围更为浓厚。古典文学室主任是程毅中。程先生是 20 世纪 50 年代的大学生,他是典型的学者型编辑,一位忠厚的长者。在他的带动下,我们同事间平时讨论的大多是专业上的事,几乎没有时间聊"八卦"。

我正式开始编辑生涯后,审读了几部稿子,程先生对此比较认可,可能觉得我这个年轻人还算努力,于是让我责编《历代诗话》和《历代诗话续编》。我拿到书稿的时候,有一部分是已经点校过的,剩下的部分,程先生让我尝试做点校,并独立编写了索引。我觉得这是我真正融入中华书局的开始,也是我在中华书局出版的第一部书。点校是古籍整理的基本功,也是实打实的硬功夫。点校的时候,要反复核查资料,几乎每一句、每个字都要弄懂弄通,偷不得一点懒,取不得半点巧。也正是因为有了这样的"实战",虽然只是两部书稿,却使我扎扎实实地得到了提高。

我独立做点校并初审后,把书稿给周先生做复审。在这个过程中,周先生严肃批评过我一次,这也是我认识周先生以来,受到的唯一的一次批评。那段时间,周先生被抽调到人民文学出版社做新版《鲁迅全集》的编辑注释。那天在人民文学出版社的办公楼下,他拿着我前几天送给他看的稿子,翻开夹着纸条的地方说:"小常,你看看这句。"我忙接过书稿低头去看,周先生接着问:"你看明白了吗?"我脸马上红了,支支吾吾说"不明白"。确实,我点校的时候,这句话我没弄明白。当时查了手头的《辞海》,还是没搞懂。但我碍于脸面,又不想空缺,于是就给硬点了。周先生脸上平时总是挂着微笑,非常和蔼,这次明显严肃起来,说:"如果没看懂,宁可不点,不能乱点。

'以其昏昏使人昭昭'是不行的。要对读者负责。"

这件事后,我内心非常羞愧,也从心里感激周先生的教诲。在之后的工作中,我牢记周先生的这次批评,不懂就是不懂,绝不装懂。其实,做编辑审稿,不懂的东西太多了。即使查找了各种资料、工具书也没有弄懂,这仍然没关系,可以主动向作者请教,也可以留给复审和终审去处理,但切忌"装懂"。我在做周先生助手时,有一些问题周先生自己也拿不准,他会坦诚地告诉我,指导我再想办法求证。反观现在很多作者对经典的解读,常常依照自己的狭义理解,对作品误读很多。周先生"宁可不断,不要误断"的意见,虽然说的是古籍整理,我个人以为,对古籍经典的解读也是很有借鉴意义的。

之后我编辑、点校了诸多稿件,对待每部书稿都以严谨的、研究的态度,这使自己的业务知识增长很快。我在编辑部分管先秦部分和有关古代文论方面的书稿,每年度全国召开《文心雕龙》《楚辞》等研讨会时,我基本会参加(中华书局从制度上保证了编辑人员都要参加类似的学术活动),还成为学会的成员,后来还被选为理事、常务理事。通过这些活动,我了解了自己专业领域的学术前沿,认识了领域内的顶级专家和学者,与他们有了交流的机会,这对我以后的编辑生涯帮助很大。大家每次参加研讨会回来,都和本部门同事讨论、交流。很多相关领域的最新观点和动态,都来源于这些活动。编辑们经常为了写论文交流各种话题,同事间谈的都是工作。(在专业问题上,中华书局和商务印书馆也有区别。"文革"前,中华书局因为与北京大学在1960年有个"君子协议",北大中文系开设古典文献专业,专门为中华书局培养人才,因此中华书局的编辑大都科班出身,专业素养比较高。后来不断发展,商务印书馆的知识结构也发生了变化,科班出身的硕士生、博士生不断增多,两者就没有大的区别了。)

在当时的中华书局,领导也是以专业立身。开会的时候,老领导们讲学问也讲得好。如果有的领导专业不过关,底下的编辑同事们就会议论纷纷。这种学术氛围令我受益匪浅,不仅为我以后的编辑工作奠定了基础,也培养了我对学术的兴趣,令我时常关注本领域的学术前沿,并一直乐此不疲。

在做学问方面,我了解到周先生出版了好多专著,惊讶先生看过这么多书,做了这么多的研究。一次,我就此请教周先生,周先生告诉我,他在编辑看稿的过程中,把出现的问题、自己的见解以及一时解决不了的问题都记录下来,分门别类地整理好,很多书都是利用这些资料,充实进自己的著作里,比如《诗词例话》等。这对我启发很大,我在责编《历代诗话》和《历代诗话续编》及其他一些古代文论的时候,也分类做了笔记,后来又查阅了相关书籍,以作家为纲,编成了70多万字的《历代诗话论作家》,分上下两册,由湖南人民出版社出版了精装本和平装本两种。

《历代诗话论作家》出版后,反响不错。当时的《新书报》在头版报眼处还发了一篇10位学者专家对该书评价的报道。周振甫先生、林辰先生分别撰写了书评,分别在《读书》《中国青年报》发表。舒芜先生专门写信祝贺,称赞说"善著述不如善编书"。吴世昌先生看到书后,不顾体弱,写了一篇六七百字的书评给我,鼓励我们再接再厉。1992年,这套书由台湾黎明文化事业公司出版了台湾版。余冠英先生告诉我,朱自清先生早在20世纪30年代就有过出这一套书的设想,后来不知道什么原因没有做。

进入中华书局以后,我曾经说,这下好了,遇到什么问题我都有人请教了,古典研究方面,文艺理论的有周先生,小说方面有程先生,笔记的问题有刘叶秋先生,近当代的问题可以问林辰先生,内心非常得意。林辰先生是鲁迅研究专家,记忆力超强,对我们非常好。一次,我们去四川参加屈原学术讨论会,顺便到重庆组稿,林先生恰巧在重庆的儿子家探亲,得知我们到来,坚持在解放路"聚贤楼"请我们吃饭。虽然我们一再推辞,但盛情难却,我们最后只好从命。在北京,他特别希望我们去他那里,他还会亲自为我们沏茶。聊起文坛轶事,林先生更是如数家珍。如果涉及了哪部书,或是在哪本书里有记载,林先生随口就能说出书名、作者,甚至连出版时间也能准确无误地背出来。他去世前的两三年,我们发现,一见面,林先生总是滔滔不绝,大部分时间我们都插不上话。后来才觉察出,先生是希望我们多陪陪他。一次在交谈时,我们双方突然沉默了片刻,只见先生脸色一变,问我们:"你们要走了吗?"我们赶紧回答说"没有"。先生这才放松下来,说"那就好,那就好",继续侃侃而谈。林先生身体不算好,尤其是去世前的几年,他已经不再下楼,在屋里偶尔活动,也要扶着点什么才行。尽管如此,每次我们离开的时候,他依然都要送我们到楼梯口,直到我们下到一层楼梯,才能听到他的关门声。那些年,逢年过节,这几位老先生家我和爱人是必去的,直到他们先后离世。

重"新意"与"求实":周先生教我的人生经验

虽然见到周先生本人是在参加工作后,可第一次知道周先生的名字,则是在"文革"时期。

一天,在大学读书的长兄常振家从学校回家,说他们学校准备组织写一本《毛主席诗词浅释》,他参加了编写组。大哥边说边从书包里掏出一本由上海文艺出版社出版的《毛主席诗词浅释》,封面署名"振甫"。他告诉我:"这本书写得好。社会上流传的版本虽然很多,但基本上是从政治角度分析的,诗词作为文学形式的一种,如果解析不分析诗词的艺术成就,那么就是不完整的。周先生从文学艺术的角度深入浅出地做了阐释,既精准,又中肯,是目前所看到的最好的,很见功力,你可以好好学学。"于是,这本书便成了我读的第一本周先生的著作。

1977 年年底,我到中华书局工作不久,听说周先生在中华书局文学编辑室工作,所以就非常想认识周先生,以便今后多多向他请教。但周先生工作繁忙,一直没有机会,于是我想出了一个办法。一天快下班时,我提前守在周先生办公室旁,不一会儿,周先生拎着一个黑色提包出来了,趁他反身锁门的时候,我赶紧迎上去,规规矩矩地向周先生鞠了一个躬。可能我的举动太突然,竟把先生吓了一跳。我赶忙说:"您是周振甫先生吧,我刚来书局不久,我叫常振国,我 10 年前就读过您写的书,非常敬佩您。我前些时候写了一首曲子,想请您批评指正。"这些话我几乎是一口气说完的,心中的惶恐简直无法形容。我不知道周先生当时是怎么想的,只见他一边说"好啊好啊",一边从我手里接过稿子,装进黑提包里。我本来还想说点什么,可不知为什么,一时竟没了话。周先生看看我,微微一笑,转身下楼了。我望着周先生的背影,心里既高兴又忐忑。让人想不到的是,第二天中午,周先生就将修改过的稿子给了我。稿子上是先生一字一句地改动的痕迹,没有多余的话。周先生在给我稿子时说:"你有些基础,但现在写曲子的人不多,除了古人的,今人像赵朴初、胡乔木也写得很好,曲子写好了不容易,要下功夫。"尽管周先生乡音很重,尽管这第一次交谈我依然十分紧张,但先生的话我牢记在心。而更让我钦佩的是,周先生为人真诚而朴实,丝毫没有一般大名人的架子与轻慢。

没想到,后来我成了周先生的助手,与先生交流、向先生请教的机会更多了,这让我非常高兴。我和周先生的关系也越来越密切。1982 年 12 月,周先生接连给我写了三封信,主要是不希望中华书局为他召开从事编辑工作 50 年座谈会。没想到周先生会给我写信,这也是周先生第一次用信件的方式和我交换意见。

召开这次座谈会我是首倡者,开始产生这个念头,主要还是觉得一个人坚持在一个岗位工作 50 年不容易,何况周先生已是知名学者,却将主要精力还放在"为他人作嫁衣"上，更是难能可贵，应该给予肯定。另外，50年来，周先生积累了丰富的编辑经验，讲讲这些经验，对我们年轻人肯定帮助很大。谁知周先生知道后并不同意，找了各种理由推辞，他怕大家在会上一味地吹捧他、称赞他，这样会使他感到特别为难，所以才郑重其事地给我写信。

　　我只好将周先生的意见如实地向中华书局领导王春同志做了汇报。王春同志听后，很认真地让我做好周先生的思想工作，说召开座谈会不仅仅是周先生个人的事，而且是要通过这件事唤起社会对编辑工作的重视，提高编辑的地位。后来，我又同中国出版工作者协会领导王子野同志谈及此事。子野同志的看法和王春同志一样。我按照领导的指示专程到周先生家里做他的思想工作。经过反复交谈，周先生最后同意开这个座谈会，但不希望请外单位的人来，特别是叶圣陶、钱锺书这样的老先生。他还说，他在会上也发个言，把一些不符合事实的地方纠正一下，比如：他从事编辑工作不够50年，这中间还有"文革"，他去"干校"放牛了，没做编辑；1932年10月，

中华书局文学编辑部"祝贺周振甫同志从事编辑工作五十年"座谈会合影（从左至右：许逸民、柴剑虹、赵伯陶、本书作者、黄克、周振甫、马绪传、冀勤、刘尚荣、王秀梅、江宝璋、周妙中、赵又新、程毅中、隽雪艳、马蓉）

他进上海开明书店编辑所工作，开始是校对，并不是编辑。他还要在会上讲讲自己的不足、缺点、错误。后来，2月4日开会时，他还真的这么讲了。至于邀请参会的人，经请示领导，只采纳了周先生的部分意见，规模定在五六十人，比开始时预计的规模小了些，但还是请了钱锺书、启功、刘叶秋、杨伯峻、叶至善等先生。

开会当天，吕叔湘、张志公等先生虽然没有接到邀请，但不知他们从哪里得到了消息，在会议开到一半时不请自到。吕先生一进会场，就大声说："这个会没请我，没请我也要来。"为此，会下我还挨了吕叔湘先生和张志公先生好一顿埋怨。

我与周先生交往22年，让我最钦佩的除了他做学问的扎实，还有他为人处事的实实在在，特别是对自己的认知。在学术上，周先生很注意"新意"，对自己的观点从不隐瞒，讨论起来也从不"谦虚"。周先生是较早为毛主席诗词做注释的人之一，他的注释得到了广大读者的赞同。胡乔木同志对周先生十分尊重。毛主席逝世不久，胡乔木同志就提议将毛主席已经发表和没有发表的诗词合起来出一个新的注本，于是由乔木同志出面，请周先生与人民文学出版社的同志一起来做。后来据说是因为体例问题，或是其他什么原因，周先生的稿子没被采用。这时恰好上海书店出版社约周先生写一本《毛主席诗词欣赏》，周先生就把书稿给了他们。

周先生最讨厌那些廉价的吹捧，更不喜欢脱离事实的拔高。1982年下半年，《编辑之友》的张安塞同志约我写一篇介绍周先生的文章。为了写好这篇稿子，我了解了一些熟悉周先生的同事和亲友。当时中华书局的一位同事向我讲了一件周先生在"批林批孔"时敢于同"四人帮"进行斗争的事。说周先生在一次"批孔"会议上，揭露了"梁效"写的《孔丘其人》这篇文章不符合历史事实，孔子从没有当过代理宰相，鲁国在公元前501年也没有发生过政变，更无所谓政变失败，"梁效"这么写是伪造历史，为此周先生还写了文章予以陈述。

这件事对于我写周先生当然是一件十分珍贵的素材。没想到周先生那样儒雅的一个人，竟然有如此的胆魄。文章写好后，我请周先生过目。周先生在稿纸旁写道：这些都是"四人帮"倒台以后写的，不是在"四人帮"倒台以前写的，否则早已被关进监狱了。这个时间点很重要。短短几句话，让我感受到了周先生的实在，看到了周先生的人品，心底充满了敬佩。

周先生一贯性格平和，很少生气着急，但在重大问题上，先生有自己的操守。周先生入党较晚，我是周先生的入党介绍人。20世纪80年代末，他听到一些不好的消息，非常激动地向我谈了他的真实想法，我切实感受到他内心深处是很有主张的。

写到这里，我又想到了很多人、很多事，包括我自己经历的一些事。能不能实事求是、客观公正，这是做人、做事的底线。我想，历史之所以扑朔迷离，是因为总有当事人因为各自的利益不断对过往进行修补。如果都像周先生这样抱着"求实"的态度，就一定不会有那么多扯不清的公案，这也是最后促使我写这本书稿的本意，希望我能尽量还原我所经历的这些历史的细节，不扭曲、不溢美。

"急功近利"与"扎根立足"

说实话，初到中华书局，我不知道其他新分配来的同事是怎么想的，反正我内心的压力是很大的，觉得自己在各个方面都与别人有不小的差距，真想一下子赶上去。

因为有压力，那时候的我，在现在看起来确实很拼——我每天都是提前到单位，拖地、打水、擦桌子等干杂活，尽量多干，之后就是一整天埋头看稿子。

每天下班后，我到人民文学出版社的食堂吃饭，之后就到我爱人的办公室——人民文学出版社古典部继续看书或写稿子。办公室晚上十点钟关门，我们都是十点准时从大门出去。那时下班后仍经常在办公室做事的还有外文编辑室的文洁若，她是萧乾的爱人。她每天比我们提前半个小时离社，每天临走前总是轻轻敲开我们的门，不厌其烦地嘱咐我们别忘记把走廊的灯关了。有时她也到我们的办公室来，让我们帮着查些资料。

本书作者与爱人绛云年轻时合影

正在我们努力拼搏的时候，我爱人怀孕了。我们觉得有了孩子一定会影响工作，商定晚几年再要更好。我向程毅中先生请假去医院，程先生问明缘由后说："工作确实重要，但也不必这样。你们年纪不小了，还是要了吧。"我觉得他说得有道理，便放弃了原来的想法。儿子出生后，编辑部的同志们都表示祝贺，一同商量着起名字。杨牧之提议叫"常青"，程毅中认为这个名字响亮，大家也认为很好，于是我儿子就取名"常青"。后来我和程先生聊起这件事，开玩笑说，是他保了我儿子的一条命。

本书作者与儿子常青（中）、爱人绛云（右）

应该说,对中华书局那几年的回忆,基本上是美好的回忆。有的老领导、老同事对我有一些批评的话,当时可能有些接受不了,但后来想想,他们的话是对我实实在在的关心。记得那次评职称,我对自己的工作做了一番介绍后,同事们对我说了不少赞扬的话,但一位老同志在肯定我的工作同时,说希望我不要急功近利。"急功近利"几个字让我感觉非常刺耳,耿耿于怀。可有了后来的经历后,再想起此事,感觉那位老同事确实是出于对"新人"的关爱,对年轻人来说真算得上是肺腑之言。当初我真的很拼,确实是想尽快出成绩,想被认可;但从人生的长远发展考虑,扎实打好基础、练好基本功是最重要的。后来成了"老人"的我,在与"新人"交谈时,也是从内心希望他们一步一个脚印往前走,耐得住清贫,耐得住寂寞,其实质内涵,同样是"不要急功近利",只是说得婉转一点而已。

回忆起来,老中华书局让我最受益的,一是编辑部的同人都是学者型的专家,人品又好。我是在向同事、前辈的学习中,在他们一言一行的影响下,才学会了做编辑的基本功。二是中华书局良好的学术氛围、文化人的责任担当,让我对出版这一行业有了更深的认知。三是周边同事刻苦钻研、孜孜以求的进取精神,让我看到了自己的不足,更加不敢有丝毫懈怠,时刻警示自己,学海无涯,应谦虚谨慎,戒除年轻时曾有的狂傲。所有这些,都使我心中长存对中华书局的感激之情。

在中华书局的 8 年,我积累了做编辑的实战经验。这 8 年里,经我编辑出版的有《离骚纂义》《天问纂义》《诗经原始》《历代诗话》《历代诗话续编》等。我个人点校出版的有《竹庄诗话》《诗林广记》《续夷坚志》,与其他同事合作出版的有《夷坚志》《词话丛编》等。另外,我还编了《先秦两汉魏晋南北朝诗人及篇目索引》,与编辑部其他人一起编了《康熙字典索引》等。后来当了社长后,我更多地忙于其他事务,很少参与编辑实战了。

数社之长：我的出版管理实践

新
时
期
出
版
人
改
革
亲
历
丛
书

　　1984年，我做出了一个重要选择，我放弃了外贸公司副总经理的职务，选择了现代出版社。

　　出版局的领导卢玉忆同志后来和我说，当她知道我对自己去向的选择这件事情后，觉得我的选择有些不同寻常。她说，人家都是往上跑，你怎么有了机会还往后撤呢？她还告诉我，因这个"拒高就低"的选择，我给宋木文等同志留下了好印象。

　　于是，从现代出版社的常务副社长、总编辑开始，到改革出版社的编辑部主任兼社长助理，再到中国旅游出版社的社长、总编辑，华龄出版社的社长、总编辑，我开始了数社之长的历程。

初涉管理

不同寻常的选择

1983年年底，为贯彻落实中国共产党十二届二中全会精神，在全党范围内开展了"整党"运动。1984年年初，中华书局总经理王春同志找我谈话，说我到中华书局后表现良好，为了培养我，准备把我借调到国家出版局的"整党"办公室工作。

国家出版局的"整党"办公室的具体工作成员是从出版局各个直属单位抽调来的，作为联络员，到各单位了解"整党"情况，便于局党组指导工作。分管我们的是人事司司长卢玉忆同志。中华书局、人民文学出版社、中国大百科全书出版社等都有人来，共有十几个人，每人被分配到不同的单位，我被分派到中国出版对外贸易总公司。出版外贸总公司于1982年成立，主要做图书、报刊进出口贸易，与成立较早的中国图书进出口总公司、国际图书进出口总公司相比，无论在经济实力上，还是内外业务的渠道上，都存在不小的差距。出版外贸总公司的职员主要来自新华书店、国际图书进出口总公司以及国家出版局其他直属单位等。

这次"整党"的主要目的是统一思想，整顿作风，加强纪律，纯洁组织；要求结合本地区、本部门、本单位的实际情况，通过群众给领导班子提意见，清除"左"的思想，彻底否定"文革"，促进经济发展。为了更准确地掌握情况,我到了外贸公司后,主要进行了调查研究,除了听他们领导班子的汇报,开座谈会之外,还与公司 80% 以上的人员进行了单独谈话。对于特别重点的人员,甚至谈了三四次。通过近一个月的了解,对外贸公司的"底数"基本掌握。当时,大家比较集中的意见是针对总经理娄明。娄明解放战争时参加革命,曾经在东北电影制片厂和文化部工作过,还驻外做过临时代办。回国后,到国家出版局任计财司司长,之后来到了中国出版对外贸易总公司做总经理。

我分析了一下大家对娄明的意见,归结起来主要有三点:一是不懂业务;二是请客吃饭太多;三是在使用干部上不听别人的意见。

从娄明的经历来看,他确实不是出版专业出身,在出版专业是个外行。至于吃喝问题,并不像有些同志反映的那样,从事外贸业务确实有不少应酬,这也是工作上的需要。那时,出版系统出身的同志,与国外打交道的机会较少,而娄明在这方面很有经验,作为出版外贸的窗口,一方面要同国内各个部门沟通,另一方面还要广交国际朋友,有朋自远方来,按照中国人的传统,总免不了一顿茶饭吧? 当时,中国图书进出口总公司背靠科技部,兵强马壮,财大气粗,称得上是图书进出口的"老大"。外文局直属的国际图书进出口总公司以对外宣传为主,每年国家拨款上千万元,在世界各地建有上百个图书销售店,实力超强。而"出版外贸"刚刚起步,且要"自筹自支"。可以想见,要与"中图""国图"分吃蛋糕是多么不容易! 至于用人方面,班子间有不同看法是正常的,娄明作为总经理应该有决断权,况且他使用的干部在公司职员中还都是比较优秀的,没有掺入个人私利,有些情况群众不了解,只是人云亦云,道听途说而已。当然,也有不少同事对娄明是肯定的,说他事业心很强,虽然业务不熟悉,但为了公司发展,千方百计想办法去拓展业务,受了不少累,吃了不少苦。我做联络员的半年多时间里,也亲身感受到娄明对公司的兢兢业业、勤勤恳恳。

我将群众提出的上百条意见归纳整理后，认为娄明做总经理没有什么大问题。业务上不熟虽然是客观现实，但他刚刚 50 岁，正是年富力强的时候，完全有空间弥补这个不足。

我把了解的情况和我的分析如实向国家出版局党组做了汇报，局党组认为我的工作深入细致，情况分析比较全面，实事求是。

"整党"即将结束时，娄明总经理找我谈话，希望我留下来，到公司下属的现代出版社任常务副社长兼总编辑，他自己兼社长。现代出版社成立于 1982 年，与公司的合作出版处是两块牌子一套人马。出版社外聘的一位总编辑，已经过了退休年龄，有六十六七岁了，其本人户口又不在北京，一心惦念着"告老还乡"。国家出版局规定，现代出版社的业务主要是代理全国出版社的对外版权贸易，出版对外发行的中国图书。让一家出版社代理全国所有出版社的版权，而且只许出版对外发行的图书，却不能出版国内版图书，这个规定现在看有些怪怪的，但它确实是特定历史时期的产物。当时改革开放刚刚拉开帷幕，一切都在探索中，经济领域的改革在"摸着石头过河"，出版文化领域的改革顶多是"走到河边"，虽然意识到今后可能要"下河"，但怎么下，从哪儿下，一时半会儿还弄不明白。绝大多数出版社对版权、版权贸易、对外合作出版仍处在懵懵懂懂中。况且版权贸易是要用外汇的。据我所知，那时有外汇的出版社全国没有几家，"出版外贸"由国家拨外汇指标，这恐怕也是授权现代出版社代理全国出版社版权的一个重要因素吧。

同时，中华书局总经理王春也找到我，说准备让我回编辑室做负责行政工作的副主任。我对"行政"不太乐意，感觉今后与专业要"分道扬镳"了，整天应付开会很无聊，如果在中华书局，与其做行政副主任，还不如当个编辑好。后来，外贸总公司的党委书记、副总经理刘海涛私下找我谈，希望我能留在公司，说与另外一位副总经理商量了，建议让我做副总经理。

这样，我就有三种选择，一是回中华书局做行政副主任，二是留在外贸公司，做现代出版社的常务副社长兼总编辑，三是有可能做外贸总公司的副总经理。那时我还一心想搞专业，是回中华书局还是留在外贸公司或现代出版社，心里非常纠结。为此，我专门咨询了周振甫先生，想让他给我出出主意。周先生说，搞专业当然好，不过做社长也不错。他觉得我有组织和协调方面的特长，但他认为大主意还是让我自己拿。

在做联络员的这段时间，实事求是地说，比起原来在中华书局做编辑，眼界开阔了许多。在与国外出版公司的交流中，我对中国出版的现状及今后的发展有了一些想法。面对选择，心想，趁着年轻，不妨闯荡一番，如果失败了，再回来重操旧业也不迟。况且现代出版社毕竟还是在整个大出版范围内，出版对外贸易总公司就不一样了，业务太多、太杂，虽然每天人来人往，热热闹闹，但没有一项是自己的产品，都是倒来倒去，我对这些既不熟悉，也没兴趣。做外贸总公司的副总，级别会比出版社副社长高，但徒有虚名有什么用？于是我答应娄明留在现代出版社。

艰难的起步阶段

现代出版社成立的初衷就是致力于促进中外文化出版交流，积极开展版权贸易、对外合作出版，从中华书局的中国古代文学领域到现代出版社面对当今世界出版，跨出这一步，给我的感觉是天地很大，想切切实实学习国际经验，把中国图书推向国外市场。

现代出版社是我从事出版管理工作的开端，这时我才真正对包含编、印、发在内的整个出版流程有了了解。

我一上任就一头扎进业务工作中，大到出版社今后的发展、定位，小到每本书的用纸规格、数量，乃至印刷厂的联络、印刷费的计算，等等，一天忙到晚，脚踏实地，努力熟悉出版的每个环节。这也是我在兵团养成的习惯，只要是自己不懂不会的，一定虚心请教、认真学习，直到钻研透彻。记得在兵团当司务长时，连队改善伙食要杀猪，全连只有一个"老魏头"会杀。有时赶上"老魏头"不高兴，改善伙食的计划就得泡汤。我决心拜"老魏头"为师。"老魏头"看我是北京来的学生，心里算计我学不成，嘴上却满口答应下来。到了杀猪那天，除了安排我挑水烧火，还让我用嘴对着猪蹄子吹气，面对着毛茸茸沾满泥土的猪蹄子，我二话不说，用手擦擦上面的泥土，抱起来就吹。从此以后，改善伙食再也不用为无人杀猪的事犯难了。

从编辑工作转向管理，我第一次感受到了做出版的压力。首先是因当时的现代出版社比较特殊，出版局要求出版社不能出版国内的图书，只能引进、输出版权，在这个过程中还必须赚到外汇。

由于当时引进、输出的工作还处于起步阶段，而出版只向海外发行的图书谈何容易，所以就出现了没有书可出的状况，让人感觉"巧妇难为无米之炊"。在中华书局，我们都是自己策划选题或者前沿专家的来稿，我是编辑，也不用从全社的角度考虑成本和发行，加上那时候大环境决定了每出一本书都能畅销。可是来到现代出版社后，因为出版范围受限制，非常缺稿子。之前的作者资源在这里都用不上，那些我认识的老先生的作品都不在现代出版社的出版范围之内。基于现代出版社的现状，我曾勾画过一个出版社长远发展的蓝图，那就是彰显"现代"特色，充分利用代理全国出版社版权业务、进行版权贸易的有利条件，将国内外引领潮流的最"现代"的图书引进来、输出去，想方设法突破现有的出版范围，争取可以出版在国内发行的本版书，只有这样，现代出版社在国内出版界才能有一席之地。非常遗憾的是，这个设想在我任职期间，尽管有所进展，个别选题以"一书一报"的方式出版了国内版，如由傅璇琮先生主编的《大文学史观丛书》，其中收录了陈书良的《六朝烟水》、戴伟华的《唐代幕府与文学》、葛兆光的《想象力的世界·道教与唐代文学》、张宏生的《感情的多元选择》、韩经太的《心灵现实的艺术透视》等，但囿于各种因素的影响，一直没有全面放开。加之 1988 年出版《河殇》所犯的导向错误，彻底终结了我的梦想。这也是我出版生涯中经受的最大挫折。

现代朗文：与外商的第一次合作

我上任的第二年，总公司给出版社定了年度考核指标，即"三个五"：年出图书五十种，创汇五万美元，实现利润五十万元。

现在看这个指标不算什么，可当年对我的压力还是蛮大的。现代出版社刚成立不久，又是两块牌子一套人马，真正做编辑的只有三四个人。出版社的业务范围规定，只能出版向国外发行的图书，对选题的要求很高。我没来时，社里只编辑了一本《中国出版发行名录》，版权卖给了英国朗文出版公司。出版社虽说可以代理全国出版社的对外版权贸易，但那时的出版社刚刚从"文革"中解脱出来，出版国内版图书还忙不过来，对国外做版权交易，一是顾不上，二是也不太明白，因此，每年代理的版权业务很少，收入更谈不上。（后来总公司积极推动与设在南斯拉夫的莫托文国际合作出版协会合作，就是为了增加版权贸易。）

正在我为完成指标发愁、找不到突破口的时候，机会来了。朗文出版公司驻远东总经理沈维贤先生来出版外贸公司访问，我陪同娄明总经理参加了会见。交谈中，说起《中国出版发行名录》的合作，双方都很满意。我还特别提到了朗文出版公司严格遵守合同，每年都有正式的销售报表给我们，按期支付版税，希望今后有更多的合作。沈先生是上海人，精明干练，其作风、气派都像一个标准的英国绅士，衣着讲究，谈吐仪态优雅大方，我对其印象深刻，后来我们成了要好的朋友。

沈先生当时对中国市场非常看好，认为中国人学习英语的热潮正在兴起，朗文公司特别想进入中国市场，开世界出版商进入中国的先河。沈先生表示，他已向总部报告，做出安排，约我们近期到广州进一步洽谈合作事项。对于沈先生的建议，娄明完全赞同，叮嘱我做好准备。很快我就接到了沈先生的邀请，安排在花园酒店会面。那是我第一次正式和外商洽谈，特地穿了西装，打了领带。为了表示重视，沈先生特地请了朗文公司副总裁专程从英国赶来。沈先生依然是西装笔挺，十分庄重，加上会见厅豪华的装饰，我不免有些拘谨、局促。

会谈前，我们只是就《朗文英语词典》的原版进口交换了意见。见到书后，我觉得如果购买版权在国内发行，会有更多的利润空间，继而在进口原版图书的基础上，我提出版权转让。沈先生觉得又多了一笔收入，也很有兴

1986年年初在广州（右二起：朱映南、谢志龄、门尤力、沈维贤、本书作者、黄昭贤、赵福坛）

趣。我又提出还可以考虑新编一本《英汉双解辞典》，而双解辞典的出版，一定会大大加强朗文在中国的影响力。我的"忽悠"，不但使沈先生更加兴奋，连那位副总裁也眼睛泛光，希望马上签个一揽子协议。虽然已是晚上八九点钟了，双方还是在现场谈起了条件。经过反复的讨价还价，最后两本词典我们都以百分之五的版税签下了十年的合同。

签订合同时，我们提出，为了体现双方的合作，书名中应加进"现代"两个字，成为《朗文现代英语词典》和《朗文现代英汉双解词典》（Longman Contemporary English-Chinese Dictionary），对方同意了我们的要求。

这两部词典出版后，很受读者的青睐，在业界也备受推崇，尤其是双解本，在保持原版释义部分的基础上，仅用两千英文常用词，因而文字浅显易懂，并汇集海峡两岸及香港地区翻译和例句的译文，准确、简明、通顺，又有国际音标英式、美式发音，另加 KK 音标，在当时的市场上独树一帜。加上现代出版社在全国范围内宣传推广，这两部词典很快就成为畅销书。

这套书的利润可观，使现代出版社在经济上站稳了脚跟，有了品牌影响力。1993 年我离开的时候，这部词典还在继续畅销，成了现代出版社拿得出手的经典。

后来我去香港多次见到沈先生，沈先生都非常客气，携夫人单独请我们吃饭。闲谈时，沈先生总说现代出版社很会谈合同，那部词典发行量这么大，他们只赚到一点零头。我笑着回应他："因为我们的推广力度大，使朗文在全中国知名，品牌有了，影响力有了，你们公司打开了中国市场，一点也不亏啊！"

与朗文的合作，让我学到了不少东西。比如我们签署的合同足足有 20来页，每一项、每一款都十分严谨，十分精细。其中不少条款，都是我们认为不可能发生的事，但合同中仍然"有备无患""丑话说在前头"，为日后我与多家海外公司的谈判合作提供了经验。又如印刷材料的使用，因为是词典，

作者参加法兰克福国际图书博览会留影

要时常翻阅，沈先生一再嘱咐我，不要为了眼下一点点小利而"节省"纸张，正文用纸要用既薄又韧的进口字典纸，封面要用 250 克的进口卡纸。我接受了沈先生的建议，果然效果很好。

现代出版社的一项主要工作是代理版权贸易，因此与海外出版机构打交道的机会多，出国的机会也多，这使我开阔了眼界。法兰克福书展、莫托文国际出版集团协会年会(Motovun Group Association)、新加坡书展、日本书展，我都参团考察过，有的还去过不止一次，让我看到了国内外出版的差距。比如图书的装帧设计，国外的图书，"富丽堂皇"，排版疏朗，开本变化因书而易；我们的图书，封面设计呆板拘谨，文字书以小 32 开本居多，为了节约纸张，整页排得满满当当，全然没有考虑读者的阅读感受。当然，那时印刷器材、制作工艺也落后，纸张的质量又差，这些都让我们这些参展者赧颜。眼界宽了，选题的策划思路也豁然开朗，所谓"图文并茂""漫画图解"的策划思路对我的冲击最大。日后与海外出版公司的具体合作实践中,比如后面将要提到的《中国一日》《俯瞰中国》《长征》等大型画册的编辑出版,他们的编辑思路、市场理念,更使我受益颇多。

来自澳大利亚的热气球

1985年9月，在中国风景最美的季节，瑞金、于都、黎坪、井冈山、娄山关、大渡河、大草地、延安等地，这些在中国历史上有重要意义的地方，首次升起携带着外国摄影师的热气球，20名中外顶级摄影师拿起相机，重走长征路，记录并全面呈现改革开放之初真实的中国——这就是现代出版社联合中国摄影出版社与澳大利亚威尔顿·哈代公司合作出版大型画册《中国—长征》时的情形。

这是新中国出版史上中外出版人共同策划、中外摄影师共同拍摄、中外出版公司共同出版发行的第一例。

重走长征路

1984年，为纪念中国长征胜利50周年，一些出版社都在策划相关选题。恰好当时澳大利亚首任驻华大使、号称"中国通"的史蒂芬·菲茨杰拉德（即费思棻，Stephen Fitzgerald）有意牵线中国出版对外贸易总公司对外合作。最初费思棻先生表示他可以联络默多克，促成电影、电视的合作，总经理娄明认为，与默多克合作，双方实力悬殊太大，影视也非外贸公司的强项，于是合作意图搁浅。后来，费思棻先生又找到澳大利亚的出版商凯文·威尔顿先生，希望同我们合作出版以中国为主题的大型画册。

威尔顿先生出身澳大利亚海军陆战队,他策划的《澳大利亚海岸线》发行得非常好,他的威尔顿·哈代出版公司资信程度也不错,值得信赖。有了合作的意向,于是我们想到了关于长征的策划主题,既能反映长征沿途的变化,展示中国的新形象,又能借助对方策划推广能力强的优势,面向全世界发行,取得不俗的影响力。

费思荣先生在澳大利亚与威尔顿先生接洽好后,专门写信给外贸公司,告知威尔顿公司愿意与中国出版机构合作出版关于长征的画册,澳方届时会派摄影师来中国,与中国摄影师一同重走长征路,展现这些地区改革开放后的新风貌,让世界认识当下的中国。

接到这封信后,公司内部的一些同志对此并不看好,讨论多次也没有统一认识。幸好不久后费思荣先生和凯文·威尔顿先生先后来北京访问,娄明与他们多次面谈后,对这一合作项目更加有了信心。于是,娄明不顾个别人的反对,开始游说中国人民解放军原总政治部、文化部、中宣部新闻出版局、国家出版局,推进难度非同寻常。

当时不少人之所以持反对意见,首先是因为这是一个红色题材,与外国出版机构合作,稍不留神,就会出现政治导向问题;另外,当时虽然提倡改革开放,但“文革”中的思想认识还没有彻底根除,而且正式邀请外国摄影师到中国实地拍摄尚无先例,需要打通许多环节,处理各种外事事务,能否审批通过,我们心中没底。

为了进一步了解澳方以及国外的出版状况,娄明总经理专门组团前往澳大利亚考察,再次与费思荣先生和威尔顿先生商谈合作计划及相关细节。威尔顿先生坦诚相待,派人陪同代表团了解澳大利亚图书出版和发行情况,还亲自驾驶他的私人飞机带娄明绕悉尼上空一圈,讲述他成功出版《澳大利亚海岸线》的体会,这一切,进一步坚定了娄明与之合作的信心。

回国后，娄明多次向时任中宣部出版局局长的许力以同志、时任文化部部长的朱穆之同志汇报，让他们了解了外方的出版意图和详细的编辑出版方案，最后，终于得到了朱穆之、许力以的支持，认为让外国人了解真正的中国是很有必要的。为了保证拍摄的顺利，取得军事主管部门的批准，娄明又找到了摄影家杨绍明，通过杨绍明向当时的中央军委副主席杨尚昆汇报，并得到了杨尚昆副主席的同意。1985 年 1 月，双方正式签署了合作协议，各项计划如期推进。

也就是在这时，我来到中国出版对外贸易总公司做联络员，有机会参与了《中国—长征》的策划、编辑和相关活动。

中国项目组由中国出版对外贸易总公司、现代出版社和中国摄影出版社组成，负责整个实施过程的组织协调和后勤保障工作，由娄明总负责，由魏龙泉副总经理、中国摄影出版社社长邓历耕协助。外方项目组由澳大利亚威尔顿·哈代公司组建，负责处理国外事务，厄尔莉女士是项目总经理。

合作一经确定，首先是在全球范围内挑选摄影师。澳方经过严格挑选，在来自世界各地的众多申请材料中，选出具有成功经验并为美国《国家地

时任全国政协副主席康克清（前排右四）接见《中国—长征》画册的部分摄影师和工作人员（前排右三为劳伦斯先生，右二为娄明先生，后排左三为本书作者）

理》拍摄过的 15 名优秀摄影师,加上中方选派的杨绍明、王文澜、狄祥华、刘小军、张赫嵩,共 20 人,分别来自中、英、美、法、德以及澳大利亚、新西兰、瑞士等多个国家,这是一支非常优秀的摄影团队。

在选择画册文字部分的撰写人选时,中外双方曾一度产生分歧。鉴于红军长征这一特殊题材,我方认为还是由了解长征历史的中国人来写更为合适,能够准确地把握政治导向。而外方认为,因画册要在全球发行,由了解长征历史、以英语为母语的西方人来写,既可以完整地反映长征的过程,又能够符合西方人的阅读习惯,适合全球渠道的读者群。

谈判桌上,外方的理由似乎也颇具说服力,而我们最担心的是政治导向问题,同时也担心外方写手不能全面准确地反映长征的历史。经过多次探讨交流,经请示,我们做了让步,同意让外方邀请作者,但终审权在我方,对图片及文字确定的撰写,我方有一票否决权。双方最终确定由前英国广播公司(BBC)驻远东记者安东尼·劳伦斯来撰写。我们邀请了军事研究专家、《星火燎原》主编王昊,军事博物馆前馆长秦兴汉担任历史顾问,著名摄影家、曾拍摄过毛主席给"抗大"学员讲课的珍贵镜头,并参与了《延安与八路军》《抗美援朝》《开国大典》等多部重要纪录电影的徐肖冰为摄影顾问,新华社的江宁生担任英文编审。

由澳方项目组拉来大东电报公司、和记黄埔公司、英国壳牌、柯达远东贸易公司、陆地漫游者、国际假日酒店等 11 家国际公司和品牌赞助,提供越野车、相机、胶卷、住宿等实物赞助和资金支持,我们为每位摄影师配备了翻译和向导,负责拍摄过程中的联络、安全、交通等后勤保障。

1985 年 4 月,中外双方共同组织的"先遣队",先对"长征"沿线进行了一次先期考察,历经江西、福建、湖南、广西、贵州、云南、四川、陕西、甘肃、宁夏等 10 个省、自治区,两个多月,实地了解当地的气候和交通条件,收集资料制作成幻灯片,由双方项目组根据考察情况,最后选定拍摄点和安排其他工作细节。

1985 年 8 月 29 日，中外摄影师齐聚北京，国家出版局局长边春光和文化部部长朱穆之在人民大会堂接见了全体摄影师，并给予该项目充分的肯定。9 月初，准备工作一切就绪，摄影师聚集在北京长城合影后，分赴井冈山、娄山关、大渡河、大草地、延安等 10 多个景点，拍摄工作正式启动。

在一个多月的拍摄时间里，中外摄影师用全新视角展示了红军长征途中的历史文化、风土人情、自然风光以及人民生活的发展变化，共拍摄了 10 万多张照片，回来后挑选照片并配文，在国外制版、印刷。

这册厚厚的画册装帧大气，从 10 万多张照片中优选出 250 张照片，很多照片或精美或震撼，即使是很多人们以往所熟知的自然风光或历史纪念标志，也被拍出了"陌生化"的效果。比如遵义的红军纪念堂，以夜晚俯瞰的视角，光影处理壮观而又神秘；在革命历史教育中不知多少次入镜的铁索桥，这次也有了崭新的视角。外国摄影师为了得到最好的效果，敲开对面居民的家，进入民居拍摄，于是镜头中有了不一样的铁索桥。广角镜头下，在画册中大跨页的视觉冲击和激情澎湃的文字中，向世界展示了长征这一艰苦卓绝的史诗，以及新时代壮美中华的自然、人文与风土人情之美。

这本画册定价 50 美元，同时在全世界发行。早在拍摄编辑过程中，我们就已经进行了宣传，也举行了各种新闻发布会。特别是负责发行的欧文先生，与世界各个国家联系版权，印制了英、法、德、日、意、西班牙和中文 7 个版本，首印 7 万册（共发行 24 万册），中文版首印 4000 册。《中国—长征》画册的出版，不仅在中国，而且在世界都产生了巨大影响，为改革开放后中国出版物走向世界及中国出版与海外合作交流提供了很好的借鉴。

座 位 难 题

《中国—长征》画册出版后，经多方协调，总公司决定于1986年9月26日在北京饭店召开盛大的新书首发仪式，邀请了当年中国工农红军各方面军的老同志和现任的一些领导同志，由我负责给老同志送请柬。当我去给中共中央顾问委员会常务委员程子华送请柬时，他很热情，仔细询问了画册拍摄编辑情况，还认真地看了参加首发式的人员名单。他问我："红一、二、四方面军都邀请了两位，红二十五军怎么只有我一人啊？是不是可以邀请一下刘华清同志？"程子华同志曾任红二十五军政委，对红二十五军的老同志感情深厚。在整个长征过程中，比起其他方面军，虽然转移距离相对比较短，但悲壮惨烈，对长征的贡献不小。临走，他还送了我一本内部编辑的《红二十五军战史》，询问出版社能否出版。

后来我们调整了名单，增加了刘华清同志。这次首发式，邀请了时任中央军委常务副主席杨尚昆，政协全国委员会副主席康克清，中央顾问委员会常委伍修权、程子华、萧克、李聚奎，海军司令、老红军刘华清，原二炮司令、老红军黄新廷，强渡大渡河的十八勇士之一、曾任铁道兵司令员陈再道，文化部部长朱穆之，前部长、老红军黄镇以及贺敬之、孙毅等。加上外方的费思棻、澳大利亚驻华大使馆的外交官，中宣部、文化部、国家出版局等国家机关的领导刘德友、边春光、许力以等，共150多位同志。

发布会安排在下午6点，会后设有便宴，我是现场总负责。后来才听说，那天下午，国务院、中央军委在一起开会，要散会的时候，杨尚昆同志随口说了句，晚上要参加中外合作出版的《中国—长征》画册新书首发式，参会的李鹏、余秋里、秦基伟几位领导，一听说有这么一个活动，都很感兴趣，于是跟随杨尚昆同志一起到了北京饭店。

杨尚昆、余秋里都是政治局委员，秦基伟是政治局候补委员，按规定，邀请政治局的领导参加的活动，必须事前报中办批准，我们当时报备的只有杨尚昆同志，还安排了贵宾室，准备会前请杨尚昆同志接见一下外国摄影师。当晚宴会的座位是我安排的，早在下午 5 点钟左右就将 15 桌的桌签全部放置妥当了。

这么多领导同志一来，大家都非常高兴。但原来的设计一下子被打乱了。我赶紧和饭店的工作人员联系，临时增加了一个贵宾室，招呼领导休息。接着就是准备桌签，重新排座位。那时的我，对于排座位这件事虽然已有些经验，可是对于一些老红军怎么排，我还是发蒙。特别是余秋里、秦基伟一来，主桌原来的人员就要动，随之二桌、三桌的人也要动。我把文化部原部长黄镇由原来的第二桌调到第三桌，黄部长的秘书来找我，问我为什么调桌。我还没来得及解释，警卫局的同志也来指责我，说你们怎么安排的？来了这么多中央首长，怎么不事先打报告，出了问题谁负责？我当时又紧张又委屈，说我们并不知道会来这么多中央首长，既然来了，我们就尽力安排。

警卫局的同志虽然有意见，但听了我的解释也没有办法，只好再三叮嘱我要加强安全意识。等他们走了，我还得处理黄部长的座位问题。一下子来了这么多中央领导，不调桌肯定不行，但这么调，若再有别的领导秘书来找我可怎么办。正在为难之际，我一眼看到旁边的杨绍明（著名摄影师，杨尚昆同志的儿子），对啊，让他来帮忙就好了。我把问题一说，他马上满口答应，说这好办，我来！他拿起准备好的桌签，很麻利地就排好了。别人再来找我，我就说，是绍明安排的，你们去找绍明好了——他帮我解决了一个难题。

刚刚解决了座位问题，贵宾室那边问题又来了。原计划杨尚昆同志接见国外摄影师，除了安排好的几位领导、外国摄影师，还邀请了电视台、报社来采访的记者，谁知临时安排到第二贵宾室的领导、老红军同志知道了杨尚昆同志在隔壁的贵宾室，便纷纷过来会面，第二贵宾室里只有原总政治部主任余秋里和孙毅等两三位同志，而第一贵宾室满满当当地挤满了人，还要现搬沙发。为了不使第二贵宾室的领导感到冷落，我只好招呼北京电视台的记者去采访、拍摄，调节一下气氛。

首发式最后总算圆满完成，领导对这次的中外出版合作评价很高，认为这有助于"世界人民了解中国、了解长征"，也赞扬画册"图文俱佳"。就是在这次会上，中外双方都希望能进一步合作，达成了《俯瞰中国》的合作意向。

中西出版理念初碰撞

《中国—长征》的合作，总体非常顺利，双方也很满意，因中外双方理念不同，出现分歧时，都会坦诚交流双方意见，最后找到双方都能接受的解决方案。比如，文字作者安东尼·劳伦斯在回顾历史时，受到国外学者的影响，特别是美国作家、全美作家协会主席哈里森·埃文斯·索尔兹伯里出版的纪实作品《长征——闻所未闻的故事》，这本书以新的视角，描述了 20 世纪 30 年代中国工农红军面临绝境，并艰难转移最终脱离险境的奇迹（三年后被译成中文由解放军出版社出版发行），出版后在国际上影响颇大，读者众多。作者采用了这本书里的观点，可里面涉及张国焘的问题，与我们掌握的史料不符。为了解决这一问题，王昊、江宁生带着劳伦斯到长征沿途多地实地考察，还采访了康克清同志，把我们手里的各种史料、证据摆给作者。劳伦斯经过反复求证，最终同意修改书稿观点，对这一部分做的修改，双方都很满意。

再有一些编排细节，比如书中有几页照片记录了一个普通穆斯林的葬礼，占用篇幅较多，还有几幅做了跨页处理。这不太符合中国人的审美习惯，但西方人的文化中一直比较能坦然地讨论死亡问题。对于这些，我们也接受了他们的观点，对此没做改动和调整。

　　除了这些理念不同的分歧，这本书还让我有不少收获。比如，书的内容编排理念对我有所启发，它与我们当时国内出版的宣传长征、纪念长征的书都有所不同，它不是直接从红一方面军、红二方面军、红四方面军和红二十五方面军等军方的介绍和回忆入手，镜头捕捉的都是最普通的人；再比如，对我们所熟知的"长征是宣传队，长征是播种机"的说法，在外国人的镜头和笔下，通过重走长征路，从当地居民的生活细节中展示长征的影响以及几十年的变化，比单纯的口号宣传生动多了。例如，有一张照片就给我留下了很深的印象。那是一张山区一位年轻的苗族妇女撸起袖子在河边洗菜的照片，妇女的手腕上带了一块手表——作者这样解读：连山区的少数民族妇女都戴上了手表，由此说明中国的经济有了很大的发展，人们的生活水平有了很大的提高。他们的观点都在点滴的细节中展现，并没有让人感觉到灌输式的硬性宣传，让西方人很容易接受。所以这也是本书发行量高、真正进入西方主流图书市场的原因。中国那时对外发行的图书是达不到这种效果的。

向世界全面展示

　　因为有了这次合作出版成功的先例，后来我们又共同策划了《俯瞰中国》。《中国—长征》的工作一结束，我们就开始了《俯瞰中国》的策划，试图利用航拍的形式，向世界展示中国壮阔美丽的山川大河。在全中国航拍，真算破天荒头一次，这必须获得有关部门的许可。中国的航路安全是由中国人民解放军来负责的，所以必须获得军方的首肯。因为有了上次项目合作的基础，并在《中国—长征》首发式上与杨尚昆同志提到过这个选题策划，杨尚昆同志表示这个策划很好,军方将给予支持,所以审批通过比较顺利。外方得知项目获得批准的消息后,异常激动,中方不但允许在大陆各个省份进行航拍,还可以提供用于航拍的军用飞机,这是他们做梦也想不到的。为了更加专业和严谨,这次我们特地邀请了解放军专事摄影美术的长城出版社加入合作团队。

从 1986 年冬到 1987 年春,双方主要为一些合作细节进行了沟通。外方提议了大约 140 个拍摄地点,中方又做了调整和补充,其中我们同意拍摄四川西昌的导弹发射基地和马王堆汉墓的木乃伊女尸两个点,让对方颇感意外。

参加拍摄的是全球著名的航拍专家,有瑞士的乔治·格斯特(航拍职业摄影师),英国的杰里·扬(最具造诣的热气球摄影师),美国的丹·布德尼克(荒野、自然景观摄影师)。另外还有香港的保罗·劳(负责近景照片,不参加航拍)。

1987 年 4 月,双方在北京正式会谈。根据需要,外方希望我方能够提供失速速度小、各个方面都有良好视线、舱门能在飞行中打开的上单翼飞机。我们经过慎重考虑,决定提供军用安–2 型飞机和米–8 型直升机,由外方提供一定数量的热气球,保证其他拍摄需要。

1987 年 5 月,确定了拍摄的 5 个主要区域——从东北三省向西穿过内蒙古,沿着丝绸之路到新疆,有两个拍摄区域;从北京到山东的中部平原,再向西穿过河南到湖北和四川为一个拍摄区域;四川、广东、广西、云南等亚热带地区为一个拍摄区域;上海到浙江、江苏、安徽平原地区为一个拍摄区域。

由于等待摄影师和天气的原因,正式拍摄自 8 月开始。这次航拍,全部由外国摄影师完成,中方只派了翻译李栋跟随。神秘的中国再次出现在西方人的视野中。外方著名航拍摄影师对这次拍摄很是激动:"乘坐中国人民解放军的飞机,飞越了中国大陆的所有地区,摄取的照片确实令人惊叹不已。"

早在1938年,德国飞行员卡斯特尔伯爵武尔夫·迪特尔出版《中国飞行》一书,书中披露了他自1933年至1936年勘察联结中国各大城市的新航线时拍摄的一些照片,"其中包括了目前其他人尚一无所知的内容"。此后,中国大地的形象再次消失在世界视野之外,就像《俯瞰中国》中写的:"3000年来,在其大多数年代里,中国是一片外人一无所知的土地,一个可望而不可即的神秘莫测的国度。"而这次,经全球顶尖的航空摄影师的拍摄,结合当时技术最高的航空摄影术和先进的彩照复印和晒印术,"中国雄伟壮观的风貌披露于世人面前。通过《俯瞰中国》画册,我们可以凌空观察这个辽阔的国家,欣赏人们前所未见的中国风光……古今中外前所未见"。

但这些拍摄点没有北京。因治安安全方面的法律法规的限制,除用作地理用途的航拍外,在北京航拍是不允许的。外方强调,如果《俯瞰中国》中缺少北京,就像人缺少了心脏一样。此话不假,但有关方面的法律法规我们也不能逾越。为此,我奉命多次找到中共中央办公厅及有关部门,他们的答复很明确:"绝对不能允许外国人在北京上空航拍。"为解决这个难题,中外双方也想了一些办法,比如查阅中国和世界各地的照片档案库,遗憾的是,哪儿都没有北京的航拍照片。外国人说:"从来没见到过北京中心上空有飞机。"最后,我们费尽九牛二虎之力,找到了北京的卫星照片,但只是一个城市轮廓,并不能显示出北京的美丽和独特风貌。中外双方一致觉得,这本画册如果缺少北京的航拍照片,会非常遗憾。万般无奈之时,我们找了杨绍明。绍明对摄影情有独钟,而且非常在行,他很理解我们的心情,表示愿意为我们疏通。很快,他告诉我们,杨尚昆同志说,航拍可以,只能飞一次,外国人在北京航拍是不被允许的,只允许中国摄影师上机航拍。于是中方派出了解放军画报社副社长周万平、长城出版社副总编辑魏铭祥两位专业摄影师上机航拍。飞机从西郊机场起飞,飞越了颐和园、北海公园、紫禁城、天安门广场和天坛,在北京上空完成了这次拍摄任务。

经过本书 150 多个拍摄场景,32 000 多公里航程的拍摄,国外摄影师们对中国风光不吝赞美之词:"中国大地犹如仙境圣地。神州疆域广袤辽阔,使人心弛神往的崇山峻岭之上,宝刹古祠兀自矗立。棋盘似的农田绵延不断,肥田沃土油墨灿亮。其葱翠苍茫,爱尔兰亦不可企及。"

《俯瞰中国》设计的初衷就是让外国人全面了解中国这片国土,画册主要内容为大地纵横、劳动生活、田园风光、城市概貌、历史遗迹等几大部分,向人们揭示了五分之一的人类如何维持自身的饮食需要,如何为自己提供居住之所,又如何创造了与古老的文明同样年代久远的农业经济。而策划当时正值 1986 年"七五"计划开始。在"六五"计划中,中央书记处和国务院常务会议就讨论了如何加强旅游工作的问题,当时发展国际旅游也迫在眉睫,这本书后来的发行在一定程度上也促进了中国旅游业的发展。

航拍的效果令人震撼,大家都认为这本书肯定会在国际市场获得好评,可是好事多磨,由于一些编辑技术问题,出版搁浅了。时任国家出版局局长边春光和娄明总经理去澳大利亚访问,与威尔顿公司签署了补充协议,于 1989 年才正式出版。虽然晚出了一年,但发行还是不错,6 种文本共约 8 万多册。澳方给了长城出版社 3000 册中文版图书,由外贸公司国内发行。此外,外方还支付了 8 万美元版税。

遗憾的《中国一日》

一九八八年五六月份的一天,《俯瞰中国》的项目接近尾声,中外项目组的负责人聚集在丽都饭店。这天,欧文提到美国柯林斯公司有个"一日"

系列画册的策划，已经出版了《美国一日》《苏联一日》《日本一日》《澳大利亚一日》等 8 个国家的"一日"，他问中方愿意不愿意与柯林斯公司合作出版一本《中国一日》。我和长城出版社总编辑魏铭祥当即表示赞同，后经请示，同意与柯林斯公司合作。由中国出版对外贸易总公司、现代出版社与解放军画报社联合组建中国项目组，我和解放军画报社的魏铭祥担任项目负责人，外方是美国柯林斯出版公司，由大卫负责。

所谓"××一日"，就是事先选定某一天，在这个国家或地区进行 24 小时拍摄，从各个角度、各个侧面，截取这一凝结历史的断面，反映人们真实的一天。显而易见，这次合作，比前几次的合作规模更大，涉及面更广，要召集七八十位世界著名的摄影师参与，由柯达胶卷、尼康相机、壳牌、丰田越野车、苹果电脑、北京丽都假日酒店、美国西北航空、美洲国际银行、联邦快递集团等提供赞助。

拍摄选在哪一天呢？按照中国人的习惯，我们建议选个节假日或纪念日，而外方希望这一天应该是最普通的一天，这样的记录才能更真实，更具有普遍意义。既然是随意的一天，那就采用最随意的方式。记得当时我们拿起饭店桌子上的台历，随手一翻：1989 年 4 月 15 日。好，就这一天了！

合作的要点确定后，中方开始制订周密的工作计划。参考《中国—长征》项目的运作，首先挑选拍摄点。由于这次的拍摄地点多，需要几十位中外摄影师，基本上属于单兵作战。为保障安全和拍摄顺利，我们以每个摄影师为中心，成立了几十个拍摄组，每个拍摄组由一个摄影师、一个向导、一个翻译组成，只要发生在这一天中的人和事，摄影师自己选择，没有任何禁忌，任何内容都可以拍摄。

在拍摄过程中，还会赠送给被拍摄者一件小礼物——一台小小的儿童用尼康傻瓜相机（被拍摄者也可以用这台傻瓜相机拍摄投稿，供画册在编辑时选用），整个项目共预备有几百台这样的尼康傻瓜相机。这次拍摄，要求摄影师必须全部使用尼康公司提供的专业相机,使用柯达公司提供的柯达牌专业反转片和胶卷,而数十台的专业相机和数千个反转片,以及数百台的傻瓜尼康相机,都是直接从海外运来。外方虽是免费赞助,但按规定,我们还是需要报关,如海关不批准,仍要上税,而且费用不少。领导要我去海关沟通,争取减免税费。原因很简单,因为1987年中国海关法公布时,我曾与海关合作,由现代出版社出版中英文版的《中华人民共和国海关法》,之后我又跟随由海关总署领导组团、十几个地方海关关长参加的《中华人民共和国海关法》宣讲团一起去香港宣讲海关法,因此与海关的同志联系比较多,比较熟悉。我找到分管器材进口的王洁平副署长,向他汇报了《中国一日》的策划准备情况,希望海关方面给予支持,王洁平副署长当即与相关同志协调,最终给予我们全部免税,帮了我们很大的忙。

1987年随中国海关代表团赴香港宣讲《中华人民共和国海关法》,参观敦豪快递公司(二排左起第三人为本书作者)

　　项目组还印制了带有"中国一日"标志的帽子、T恤、徽章、书包、纪念品,给工作人员统一配发。

　　距离拍摄的日子还有一个月,外方所有工作人员提前入住丽都饭店,将饭店的一个会议厅改为项目工作室,分割成二十几个工位,安装了二十多台苹果电脑。大家聚集在一起,讨论制订了详细而周密的计划,工作进程表标注了拍摄的具体地点、拟拍摄内容、人员配备、预计完成时间,以及可能出现的问题及解决的方案,等等。制订工作计划的事,魏铭祥同志费了很多心思,他功不可没。1989年4月,我们邀请了各方面的负责同志和两三百名小学生,在北京劳动人民文化宫大殿前举行了项目启动仪式,宣布"中国一日"项目正式开始。

　　让人意想不到的是,就在1989年4月15日晚上,也就是拍摄日的当天晚上,新闻联播节目播出胡耀邦同志去世了。我们下意识地担心:不要发生什么意外影响项目进行。我连夜与有关同志联系,了解一些动向,听说包括天安门在内的各大场所,只是有群众送花圈、贴些大标语表示哀悼,并没有什么异常。这才让悬着的心稍微放松踏实下来。

　　拍摄如期进行,分布在全国的几十个拍摄点同时开始工作。整个24小时,大家时刻与各地拍摄点保持着联系,虽然中间也有过一两个小问题出现,但通过沟通协调,很快都得到了圆满解决。当最后一组拍摄点报告结束时,我们长长地舒了一口气。翻译小张告诉我,大卫高兴地在地毯上折了个前滚翻,大声说,这是"一日"系列中完成得最完美的!

　　几天后,拍摄项目组全部返回北京,大家到天安门金水桥合影留念,我和魏铭祥因维持秩序耽搁了,没能与大家合影,觉得颇为遗憾,后来拍摄《北京一日》的时候,本想去天安门金水桥弥补这一遗憾,但天安门金水桥处又有了限制,只能在文化宫大殿前合影,也没能了却心愿。

　　《中国一日》的拍摄,全国几十个景点协调一致,没有一丝一毫的差池,确

《北京一日》部分摄影师与工作人员在劳动人民文化宫大殿前合影（前排右起第五人为本书作者）

实不易。几天后，我们在丽都饭店举行了告别晚宴。宴会上，大卫郑重地将一大瓶自己签名的"路易十二"洋酒送给我，大家畅所欲言，尽兴地庆祝项目圆满完成。

接下来，项目组把所拍摄的所有胶卷分类封好，按协议要求，发往美国，由柯达公司统一冲洗。5月初，开始进入冲洗、初选照片的环节，并计划八九月份出版，我们也计划于6月初去美国参加终审（按照合同约定，画册图片、文字的终审权在中方）。

5月初，初选的照片及文字稿的打印样传真给我们，封面选的是在包医二院拍摄的恬静的新生儿——当时很多摄影师奔赴医院，掐着点等到凌晨零点零分，拍摄刚出生的新生儿。这是一张很有寓意的照片，新生命的诞生，大自然新的一天的开始！比起《美国一日》皓月下西部牛仔的剪影，《苏联一日》喧闹庆祝的人群、灯光璀璨的莫斯科广场，《日本一日》一缕光照下微微颔首的日本艺妓，以及《澳大利亚一日》广阔蔚蓝大海一跃而出的少年，选这张照片作为封面，确实寓意更为深远，让人感觉到一个宁静、安详而又充满了希望的中国，效果不错。

另外，角楼上晨练的人们、西湖的烟雨蒙蒙、砍竹者、熟睡的女孩、西藏雪山下的喇嘛、自行车车轮光影中的天安门、毛主席纪念堂排队的人们、跳交谊舞的男女、大雨中的自行车车队、劳动的人群、赛马的汉子、骑着摩托车的小贩，还有学校、工厂、监狱，各行各业的场景……无不角度新颖，让人眼前一亮。我记得，有位摄影师绞尽脑汁，曾用400元外汇券请国内著名模特在天安门广场摆拍，但照片最终没有入选，由此看出西方人的理念，他们更崇尚顺其自然，而非人为苛求。

当时，我负责第一步的初审。因为有时间要求，工作非常紧张，几百张照片要一一仔细端详，同时还要把英文翻译过来的图片说明文字谨慎核对。虽然时间紧，但我心里明白，审稿是绝对马虎不得的，必须认真仔细。可是问题来了：有一张是邓小平的照片。照片本身没有什么问题，只是结合当时的政治环境，图注文字不恰当，如果散播出去，势必引起不正确的解读，对外影响很不好；有一张是在"北大"拍摄的照片，照片中是一张"大字报"，"大字报"的内容涉及很敏感的问题。外方对此还做了放大处理，做成了一个跨页；另一张是在新疆拍摄的"耍猴"的照片，猴子戴着绿军帽，挎着冲锋枪，有人认为其有损于解放军的形象，特别是此书全世界发行日期为八九月份，正值建军节前后，其后果可想而知。

这些文字和照片肯定都是要改写和不能选用的，在终审之前就要处理妥当。娄明按原计划已于6月3日飞往美国，终审前的沟通让我负责。

6月4日天一亮，我就往解放军画报社跑，通报有问题照片的情况。我骑着自行车，从家到画报社，沿途看见有烧焦的公交车和满地零落的标语，看着街上的情形，想着那几张照片不知如何处理，心中更是焦急。

经过请示，大家态度一致，就是坚决要求外方把北大和新疆的照片撤换，将邓小平同志那张照片的说明文字按我们的要求修改。可经过几次沟通,对方始终坚持照片是当日拍的,反映的也是真实情况。对邓小平同志照片的文字说明,对方同意略做改动。

正在这个当口,对方又传真给我们,说此书全球征订非常好,按照合同应该先预付给我们5万美元的版税。我拿着传真件去请示刘杲同志(时任新闻出版署主管出版业务的副署长),刘杲非常坚决地说:"这个钱不能要!"他说,对方没有按照合同约定的,尊重我们的终审意见,如果他们依然不同意调整照片,完全照我们的意见修改说明文字,我们就退出合作,这个时候,怎么还能收钱呢? 当时听了他的话,我还为损失这5万美元遗憾。事情解决后,我意识到,刘杲同志是对的,他站在出版的大局全面看问题,表现出一个出版工作领导者所具有的高度的政治意识、社会责任意识。

我们最后商定,退出"中国一日"项目,并发给外方一份正式的退出声明,全文如下:

Collins Publishers

This book was published by Collins Publishers in association with Weldon Owen Publishing, the China National Publishing Industry Trading Corporation and the Great Wall Publishing House. Due to a difference of opinion about the inclusion of certain photographs and next, our Chinese partners have made a formal request to withdraw from this cooperative effort. We gratefully acknowledge their invaluable contribution to this book and look forward to the time when our association can be renewed.

我们要求对方刊登在版权页上,对方同意照办。后来这本书全球发行十几万册,对方送了我们20套样书。

1999 年，我随国家旅游局代表团访美，在纽约一个旅游局官员家里的客厅和小休息厅先后看到两本书，一本就是《中国一日》，一本是我后来到中国旅游出版社任社长时，与美国列文出版公司合作出版的《壮丽中华》，心中颇为感慨。

合作促进成长

虽然最终退出了"中国一日"项目，不像其他图书一样顺利圆满，但这些合作项目，都为我积累了与外方合作的诸多经验。

这种合作模式的探讨、尝试，我认为在新中国对外合作出版史上都是具有开创性的，它对促进海内外的合作出版和文化交流起到了典范作用。现在回忆起来，这三四年，是我最累，但也是最开心、最活跃的日子，每天忙碌于各种策划工作、推进计划流程，工作满满当当，在家的时间很少，但各种新鲜的体验，在工作中不断获得的感受让人充满成就感。看到这些图书、画册的出版，三十几岁的我，早就把累抛到九霄云外去了。

这几本画册、图书的合作，首先在编辑理念上，对我就有很大的冲击和影响，打破了以往编排图书、画册时的程式化思维。以往我们出版的画册基本上是前面有个导言，后面或按时间，或按类别排列图片，附上图片说明。外方的编排理念则是整本书由一个四五万字的主文章贯穿，比如《中国—长征》，以叙述长征的主文章作为支架，然后将相关图片穿插其中，给人感觉整本书有个"脊梁骨"，能挑起全书的主要理念。我后来策划的《领一代风骚的伟人——邓小平画传》，就借鉴了这一思路。虽说是画传，但并不是单纯的画册，也没有按照时间的线索，而是按照邓小平同志思想理论形成的过程来编排，效果非常好。

　　另外,这几本图书的合作模式直到现在还有很多值得借鉴之处。一是在选题设计上,结合了国际市场需求与国外读者的阅读习惯,而不是凭我们自己想象来揣摩外国市场;二是在编排制作上认真听取国外合作方的意见,共同设计,共同把关,风险共担,利益共享;三是由国外作者撰写主题文章,符合海外阅读的习惯,我们坚持终审权利,保证不发生有损于国家形象、国家利益的事情;四是中外合作,可保证图书发行到国外的主流销售渠道;五是有国际知名赞助商合作,保证了经济上的利益。

　　在此之前,中国图书所谓的走出国门,绝大多数是在华人圈里转,主要依赖中国机构在国外设立的书店销售,或是海外华侨经营的书店销售,很少进入西方的主流社会,并没有达到以图书的形式让世界认识、了解中国的目的。《中国—长征》《俯瞰中国》《壮丽中华》的合作出版,在中国图书真正走向世界的历史上,是具有标志性的,它们都打入了海外的主流发行渠道。

　　因为积累了上述经验,后来杨绍明在上海策划出版了《上海一日》,我和朱宪民、刘雷在北京策划出版了《北京一日》,都获得了成功。

《中国—长征》《俯瞰中国》《中国一日》《壮丽中华》书影

那些年　那些书

相比于在中华书局做编辑时的按部就班，我在现代出版社、改革出版社时，出了一些有影响力的好书，也出了一些有争议、被主管部门严厉批评的书，给了我深刻教训。我到了中国旅游出版社和华龄出版社后，基本上远离了思想政治类的图书，策划选题都争取不越界。

关于《河殇》的事件

我1973年入党，对党一直忠心耿耿，在工作上可以说没有任何私心杂念。我在现代出版社任副社长时出版了《河殇》，后来受到了全国性的批判。当时，甚至有人说我站在资产阶级反动立场上，与作者同流合污，发泄对党的不满。时隔近30年了，我想就出版《河殇》的事说点真实情况。其实，《河殇》的出版非常偶然。

在一次选题会上，大家讨论如何体现现代出版社"现代"这块招牌的发展思路，计划出版一批代表最前沿的新思想、新潮流的"现代版"好书。于是谈到了当时已经家喻户晓的电视系列片《河殇》解说词的出版。有位年轻编辑提出他可以联系《河殇》的作者之一、北京广播学院的苏晓康老师。同时，他还提出，上海文艺出版社的"五角丛书"推广得很成功，我们是否能以《河殇》为突破口,借助电视片播出的热度,推出现代出版社自己的"一元丛书"。我当时觉得这个想法不错,《河殇》解说词虽然文字不多,但写得有激情、有文采,针对中国今后如何发展,提出的"蓝色文明"问题确实值得探讨。当时这部电视片可谓家喻户晓,如果出版它的解说词,也会有一定的市场。

确定选题后,我找到出版署的领导同志,汇报了出版计划,说想借此尝试一些国内版图书的出版。最后,得到了这位领导的首肯,同意让我们尝试一下。

图书《河殇》的印制很顺利。中央电视台也大张旗鼓地重播了两次电视系列片。期间,除了我们出版图书外,解说词也在各大媒体,包括《人民日报》《光明日报》《经济日报》《解放军报》先后全文刊载。在这种形势下,图书上市后很受欢迎,印厂持续加印了一两个月,发行量有七八十万册。香港三联书店还购买了版权,出版了香港版。这本书被评为当年全国图书"金钥匙"奖。"金钥匙"奖,是当时全国唯一采用读者投票方式选出的优秀畅销书奖。记得颁奖地在山西太原,责任编辑捧回了一座唐三彩孔雀造型的奖杯。

那段时间里,我每天上班的时候,看到街头的大小书摊都摆有我们出版的《河殇》,走到现代出版社门口时,看到很多书店采购员、书商都在排队取书,而且都是现场交钱,这些都让我非常有成就感。

《河殇》出版后,我们召开了新书发布会,会议地点在西单的"三味书屋",邀请了中央电视台副台长陈汉元,图书作者之一王鲁湘,中国出版工作者协会主席王子野,中宣部出版局局长许力以,著名作家刘绍棠,相关出版社社长周谊、许邦等。来宾纷纷发言,表示祝贺。

会前,我曾经去出版署邀请对出版《河殇》有帮助的那位领导,因为当时现代出版社的办公地点与国家出版署的办公地点在一个院子里,所以我自己去送的请柬,并汇报了图书的发行情况及社会反响,对领导的帮助表示感谢,希望他出席新书发布会。领导同志说:"听说外面对《河殇》还有不同看法,不知你听说没有?"我说:"是有些反映,比如北大的陈鼓应教授对此很赞赏,而中央的一位老同志好像意见比较大。"领导同志略略犹豫一下,说:"我还是不去了吧。"我说:"王子野和许力以同志已答应出席,您不去就不去吧,您已经给了我们很大支持了。"

确实,那时我们就听到了一些风声,中央的一位老同志认为《河殇》是搞自由化的政治宣言。后来批《河殇》时,还有人说它是"六·四"政治风波的导火索。新闻发布会后不久,总公司的娄明找到我,说署里对《河殇》的出版有些想法,并通知我,刘杲同志让我去他办公室。我去了之后,刘杲问我《河殇》的销售如何,我说,不错,开机后一直在加印。他说,到此为止,就别再印了。我问,为什么不印呢?我们现在还欠别人20多万的订单呢。刘杲没有回答,只是又重复了一遍。我说:"行吧。"虽然在卖得最火的时候停止加印,对出版社损失不小,但为了大局,还是决定不再重印了。至此,在我内心,还是觉得没有大事:不让印就不印了,除了这本书以外,我还有另外相关的出版计划需要马上进行。从署里回来,我马上让负责印制的刘燕川通知工厂停印。社里人员觉得虽然有些可惜,但总体还好,毕竟这本书我们确实是挣了钱了。

可后来势态就明显变了。娄明总经理对我说,上面要停我的工作了,嘱咐我各方面都要尽量低调小心,让我把精力转到"中国一日"项目上来。同时对现代出版社的工作做了调整:出版社的日常工作还是由我负责,从知识出版社调来王樵裕任总公司的副总经理兼现代出版社总编辑,主要负责书稿的政治把关。

其实,对《河殇》的不同认识,从电视片一播出就有,而大规模地从上到下的批判,是从1989年三四月间开始的,全国各大报刊都发表了批评文章,出版署领导和总公司也对出版社提出了严肃批评。随着时间的推移,批评的调子和语气逐渐升级。社内的责编、部门领导被这阵势吓到了,到我办公室里问怎么办。我内心当然也有些紧张,觉得势头不太对,但表面上装得若无其事的样子,说:"放心吧,没什么大事。我是社长,选题是我批准的,真的有事,所有责任是我一个人的。"

说到做到,之后,我自始至终作为唯一责任人被要求写检查。我那时年轻气盛,又刚刚经历过"文革",习惯了政治运动,心中并没有真正认识到问题的严重性。上面让我写检查,我就把书的出版经过如实写出来,并无悔过之意,也没有给自己上纲上线"扣帽子"。

平心而论,对《河殇》的思想内容,我确实没有看出有什么问题,总觉得"蓝色文明""黄色文明"不过是个思想上的认知问题,与"颠覆无产阶级专政""推翻共产党的领导"不沾边。因此,一九九三年三四月间,上级领导找我谈话,让我再次就出版《河殇》一事做出检讨,我甚至和领导当面争辩起来,闹得领导下不来台。多亏刘有志同志打圆场,否则我还不知道会有什么后果。确实,对《河殇》我没有那么敏锐的政治嗅觉,同时,我也坚定地认为自己不存在所谓反党一类的"政治立场"问题。出版《河殇》,从心底里我没有一丝一毫的政治目的。如果从学术角度看,我并不完全认同里面的一些观点,为此,我还私下邀请他人写反驳《河殇》的书稿。如果要说出版《河殇》超出了现代出版社的出版范围,在出版前我也请示过领导。

就因为我没有给自己上纲上线、乱"扣帽子",我的检查一次一次通不过,让我不停地学习,不断地写检查。我的检查写的都是实情,却接连受到质疑,好像我没有政治目的就不应该,就不符合逻辑。对此我非常抵触,领导越批评,我就越觉得自己受了冤屈,并且直到今天,我仍然还是之前的观点。出版《河殇》,本是一个正常的出版行为,来龙去脉清清楚楚,书稿档案、审稿记录明明白白,为什么有些相关同志却不面对这些事实,非要人为地去制造什么呢?!

这件事,让我最没想到的是,前后一直拖了五六年,最后竟不了了之。而这五六年对我的限制,对我的影响,没有人买单。

阴差阳错的《荒原风》

在出版《河殇》的时候，我们还准备策划出版一些国外法律、法规方面的研究专著。我找到了北大法律系的袁红冰等人来翻译国外法律等相关书籍。在与袁红冰交谈时，谈到了《河殇》。那时对于《河殇》，还是一片赞扬之声，袁红冰对《河殇》的观点却颇有异议，认为里面存在好多错谬。我很高兴地说，那好啊，您可以写一部批评《河殇》的书稿，还是由现代出版社出版，百家争鸣，大家来讨论，是很好的事。

袁红冰当即应允。随后又提出他有一部散文书稿《荒原风》，是前些年完成的，能否在我们现代出版社出版。我答应看了书稿再定。很快，袁红冰交来稿子，编辑部审读后交给我终审，我抽查了部分章节，感觉书稿意象荒凉而又慷慨激昂，体现出知识分子典型的清高与孤傲，整体内容上没有问题，就签发安排出版了。

事后我了解到：1989 年的那场学生运动期间，袁红冰成为北大教师后援团的关键人物，被直接点名。国家教委工作组进驻北京大学时，恰逢《荒原风》出了样书，袁红冰从出版社取走几十本样书，在北大三角地分发给学生（这书实际出版日期为一九八九年七八月间，版权页日期为 1990 年）。工作组中的工作人员就此事给教委写了报告，报告中提到书里面有对学生的煽动内容。时任国家教委的主要领导非常重视，认为这是一起严重的政治事件，立即做了批示。这一批示很快转到了新闻出版署，署里作为一件非常严重的大事来出版社调查，同时安排了专人审读。记得审读的同志找到我，他拿着一本《荒原风》，里面折了多处，一边翻开指给我看，一边十分严肃地说："这本书的问题太大了！这个作者确实有问题，他就是在鼓动学生与政府对着干。"

我与审读的这位同志比较熟悉,他是一位党性很强的同志,办事一板一眼,认真负责。于是,我如实向他讲述了这本书的出版情况,特别告诉他,这部书稿是1988年以前写好的,书稿的审读也是在1989年年初就完成的,因此,书中流露的激情绝非是为1989年才发生的学生运动而抒发的,这些情况都有档案可查。听了我的介绍,这位同志表示他会如实向有关领导汇报。当时,我还向教委驻北大工作组那位写情况反映的同志解释过。这位同志是一位刚刚参加工作不久的新人,特别是对出版的情况不了解。我说,书稿有二十几万字,不要说作者没有可能在几天就写完,仅按当时的出版印制能力,从审读、终审到排版制片,再到印刷、装订,十几天,甚至一两个月是绝对无法实现的,说这部书稿是专门针对政治风波的,从实际技术操作上也是不可能的。或许是我的这些解释,或许是完整的书稿档案起到了作用,使追查《荒原风》的事没有再生出更多的麻烦。然而这一惊,加上《河殇》的批判还在如火如荼地进行中,我还是没有摆脱焦头烂额的处境。

我成了署里的"常客"

前面已经提到,《中国一日》的图片拍摄非常顺利、非常成功,但谁知书中又出了政治问题,书稿终审未通过,导致无法出版中国版,这也算是一次政治事件。这件事发生后,我到署里给领导汇报,领导无奈地批评我:"常振国,你看怎么又是你!"这段时间,我成了署里的"常客"。

1989年,为清理当时去过天安门游行的人员,组织上让我重新填表,检讨其间的表现,以及确认有没有上街游行。因为当时有人说我参加过游行。但我确实没去,这当然要感谢《中国一日》,整日忙得"四脚朝天",确实没有时间顾及其他。6月3日那天，我们接到《中国一日》美国方面的电话，限时让我们审读传真件，看是否有需要调整的照片和文字。我要去和相关领导商量，但社里没车，于是搭乘了一段公司的面包车，中途下车找领导去了。请示完后，徒步走回了外贸公司。为此公司司机特地出示了文字写的证明材料，使我总算过了这一关。

虽然这事解决了，但因为上述图书的缘故，领导还是觉得我政治上不可靠，不能再继续做出版了，于是把我的工作做了调整。我名义上是总经理助理，出版社常务副社长，但分管展览部，更多的实际工作已经和出版若即若离，很多时间都在外面联系画家，组织展览。除此之外，还每年春秋两季带队去广东参加"广交会"，出版社的选题已由新来的总编辑负责。

1991年娄明退休，有人找我谈话，让我对前任领导工作中的一些错误和失误"揭盖子"。我不能昧着良心撒谎，娄明在职期间虽然有些小的失误，但公司总体发展良好，大家有目共睹。谈话没几天，我的总经理助理职务被免，被降到展览部做经理，但还保留了副社长的职务。

这件事发生后，我心中感觉很憋屈。1993年年初，中纪委驻新闻出版署的同志又找我谈话，再次把那几本书的事情提出来，让我做检查。我当时正从台湾回来，心中很是光火。当时邓小平已进行了第二次南行讲话，改革开放势头特别好，对此事重提，我觉得有些莫名其妙，于是在交谈的时候就表现出一些情绪。当时和我谈话的两个人，说起来我们还是中学校友，但因为观点不同，我们争论起来了。现在回想起来，我当时的反应有些过激了，重提此事，也可能是工作组的同志想就此事做个了结，而我则以为又是在重翻我的旧账。

我喜欢做出版，可眼下虽然名义上还是副社长，但出版这一块我不再负责了。平心而论，我在做展览部经理的这段时间还是尽力的。我一上任，就把所有的字画进行了拍照留底，并编号管理，这样，在推销画作的时候就不用再拿着原作挂来挂去,这一是方便展示,二也保护了原作。展览部是娄明提议建设起来的,由青年画家赵准旺联络了一批有潜力但尚未出名的中年画家。这批中年画家当时的字画收购价格比较低,公司选精品买下,同一些知名画家、书法家的作品一起,由出版社出版画册,同时,带着画册或照片组织其中的部分画家到国外办展览。那时已经有了主动营销的意识,展览前后都会做一些推广。比如新加坡《联合早晚报》,是新加坡影响最大的报纸,我们到新加坡办画展,就与《联合早晚报》合作,在报纸上打广告,吸引了很多观众去看展览。那时候比较有影响的画家,有吴冠中、吴作人、钱松岩、靳尚谊、韦启美、石齐、石虎、王明明、赵瑞、杨迎春、杨延文、聂鸥等。因为营销得力,展览部利润可观,领导对此也比较认可。

我1985年到现代出版社,从第二年开始,就实现了出书五十种、利润五十万、创汇五十万的"三五"计划,这在当时,对一个仅有几名编辑的小出版社来说,可以说变化巨大。

回想起来,在现代出版社的那个时期是我出版经历中最具活力、最有干劲的时期,每天都充满了憧憬,但同时,给我的教训也是最沉痛的。

短暂的改革出版社经历

我任国际合作出版促进会秘书长期间，结识了很多出版社的社长，他们对我的情况都比较了解。其中，北京出版社的社长郑潜老大姐，得知我的困境和想法后，便推荐我去找北京广电总局的李庭芝局长。见面后，李局长很热情，根据我的情况，当即提出两个地方让我选择，一是北京电视台，一是北京广播电视报社。因为我的工作经历一直在出版圈，对电视不熟悉，对《北京广播电视报》我又不太感兴趣，于是就都谢绝了。

在此之前，时任中国文联党组副书记兼秘书长的孟伟哉还曾想调我去中国文联出版公司任职，他在征求时任新闻出版署某位领导意见时，这位领导告诉他，《河殇》问题还没有处理。在当时的政治背景下，老孟只好作罢。后来，郑潜社长表示，如果我同意，她欢迎我到北京出版社。我从内心很感谢郑社长的帮忙，但担心我去可能会给郑社长惹麻烦，所以还是推辞了。

入 职 乌 龙

就在这个时候，我从体改委下属的改革出版社副社长、原出版署图书司副司长于庆林那里得知，改革出版社需要一位副社长。老于和我在工作中有过接触，对我的情况也比较了解，认为我到改革出版社挺合适。我也觉得改革社的大环境不错,就答应了,并请老于同改革社社长沟通一下,如果可以,我就向公司申请调离。没几天,老于电话里告诉我,他们谈过了,对方欢迎我过去。

大概是一九九三年的五六月份。我先后三次找了总公司周洪利总经理,软磨硬泡,公司终于同意我调走。几天后,一切手续办妥。我去报到的那天,改革出版社社长王占臣找我谈话。王社长话不多,对我的情况完全了解,几句寒暄后,就说:"这样吧,你先组织个编辑部,人你自己选,争取给社里多创效益。"我一听就蒙了,不是副社长吗? 怎么……我没好意思直接问社长,只得顺口应承说:"好好。"离开社长的办公室后,我马上去找老于,问是怎么回事。老于告诉我,他也刚知道,是他自己理解错了。社里是说要找个有能力的人过来,培养一段时间后做副社长。当时与社长谈的时候,两人没有说明白。老于抱歉地安慰我说:"反正你也刚来,还什么情况都不熟悉,先组织个编辑部熟悉一段时间,也好让大家对你加深了解,以后肯定不会有问题。"面对如此尴尬的局面,我真是无可奈何、啼笑皆非。可手续都办了,暂时也只有承认这个事实了。

改革出版社人不多,我很快就与大家混熟了。改革社的人总体上比较团结,这也与王社长的管理方式有关。王社长是个东北人,性格开朗,说话直来直去,按现在的说法,很接地气。社里透明度高,他本人的号召力也非常强。总编辑老金工作踏踏实实,为人正直。这两位领导很合我的脾气,加上全社的整体氛围比较融洽,使我的心情慢慢平静下来,几个月后,我决定留下来认真做几本书。

我在改革社工作了3 年,虽然到社里的第二年被提为社长助理,但始终兼任着编辑部主任。这段时间,由我策划、组织、编辑出版的图书、画册50余种,其中《尼采文集》《邓小平——领一代风骚的伟人》《北京一日》、插图本《莎士比亚全集》、插图本《中国共产党党史》等,在社会上有一定的影响,经济上也有较好的收益。《邓小平——领一代风骚的伟人》这本画册，打破了人物传记编写大多以时间为顺序、从童年到晚年的常规，以邓小平思想的形成发展为脉络，将其思想特点划分为几个阶段，采集不同时期、具有代表性的图片做说明，全面阐释邓小平理论的时代特色和重要贡献。画册的开篇即是"以经济建设为中心：历史性的转折"，之后为"走自己的路，建设有中国特色的社会主义——一个中心，两个基本点；治国思想的高度概括——'一国两制'，再造几个香港；超越时代事业的战略构想——一项具有世界意义的系统工程；构造充满生机和活力的新体制——实现'中华崛起'的百年民族宏愿，燃起社会主义复兴的希望曙光。"画册编辑体例和出版形式上的创新，对全党全国学习领会邓小平理论起到了很好的推动作用。出版后获得了"中国图书奖"，也是改革出版社首次获得的此类奖项。（颁奖的时候，已是1997

1997年参加"中国图书奖十周年纪念大会"（五排左四为本书作者）

年12月,我已调任中国旅游出版社社长。)

在改革出版社时,我还承担了审读抽查《文白对照全译·资治通鉴》的任务。我到改革社之前,改革社出版了沈志华先生主编的《文白对照全译·资治通鉴》。这套书与中华书局版的《资治通鉴全译》本相比,译文姑且不谈,仅从封面、开本、版式设计来看就更有质感。中华书局版封面依然是传统的淡黄色,虽然不失典雅,但若摆放在书店的众多图书中,很难立即吸引读者的眼球。再看改革版的封面,以明黄为底色,配以鲜明的云纹图案和大红色块,远远地就十分打眼,特别是古文与今译,采用双栏对照排版,更是新颖独到,非常方便读者阅读。改革出版社版《文白对照全译·资治通鉴》一上市就十分畅销,社会反响不错。可不久署里就接到群众来信,批评该书译文错漏太多,按照相关规定,应该下架处理。有关领导要求出版社先行自查,写出自查报告。因我在中华书局当过编辑,于是社里把审核的工作交给了我。这套书当时每年给社里带来数十万元的利润,能不能保住,事关重大。我为此做了大量的工作,对存疑问题、译文中有争议的地方,翻阅查找了不少的研究资料,并结合已出版的相关各种注释版本,进行比照,最后形成审读报告,充分肯定了这套书的价值、特点,同时指出了书中确实存在的错谬。报告中明确表示,就目前国内古籍释义水平来说,本书的译文是比较好的,错谬的地方可以在重印时改正。我的审读报告最终得到了署里的认可,此书也没有被下架处理,避免了社里的损失。后来,这套书的版权还卖给了台湾出版公司,收到3万多美元的版税。

狼性团队与人性团队

在改革出版社的时间虽然短，但对我之后的管理思路影响非常大。在现代出版社的时候，因为有外贸总公司做总的经营管理，新华书店做总发行，我主要在选题上发力。对人力、对如何让员工更有凝聚力等管理问题思考得相对较少。到了改革出版社后，王社长的管理理念、人事管理、职工福利、领导方式等方面的一些做法给我很多启发。

凡事应从实际出发，这是王社长最突出的特点。他考虑问题，总是从员工的切身利益出发，注意员工的福利。他不搞特殊，自己的福利同员工的一样。每年他都力主给员工做几件实实在在的好事，大家从心底拥护他。

另外，王社长对人事的处理对我触动很大，他对年轻人的处理，从来是与人为善。再大的事，只要在他的权限范围内，绝对不把人逼到绝路上去，给人留有改过的机会。比如，有个负责印制的同志，有一次支付印刷费用，经过核算，超支很多，社里便一直没同意支付。时间长了，工厂来追账，闹到了社里，将这位同志的问题暴露了。原来他借分管印制的便利，让印刷厂给他装修房子、买狗，而这些钱他让印刷厂都算在印书的费用里了。这些钱虽然不多，但说重了就是变相的贪污行为，大家觉得社里对此人肯定会严厉处罚。王社长了解情况后，经社委会讨论，对他进行了批评教育，让他做了检查后，同意了他的离职申请，而对此事的处理没有放入本人档案。人们都清楚，如果此事处理形成文字，进入档案，这位同志今后将有可能找不到工作。

实事求是地说，王社长在改革社对许多事和人的处理，让我悟出了不少书本上没有的道理。后来到中国旅游出版社和华龄出版社做社长时，我在两方面做了思考：即使现在狼性管理等管理方法盛行，我还是感觉，管理的对象就是人,应该有更多的感情融入,让职工真正爱上自己的工作单位,把自己作为其中必不可少的一分子,这样的管理才算是有效的。

　　既然管理的对象是人,那么给予职工好的福利和真正的关心是最有效的。作为一社之长,尽量多地解决职工的后顾之忧,这样,他们的心就会和你贴得更近,就能更加努力地干好本职工作。我担任社长后,帮员工解决了很多诸如孩子入托、入学、个人业余学习深造等问题,让他们减少后顾之忧,甚至有的年轻编辑想出国发展,我也尽力帮助促成,让他们更快地成长,发挥其才干。

激情重燃

我因一个偶然的机会,由改革出版社来到中国旅游出版社。

一天晚上,我在家里接到一个电话,对方说自己是国家旅游局人教司司长张振河,确定是我本人后,他说,有人推荐我到中国旅游出版社做常务副社长兼常务副总编辑。我向来与旅游局没有过联系,现在突然冒出这么个事情,所以略加思考后就婉言谢绝。当时的实际情况是,改革出版社已经向国家体改委写报告,准备任命我和另一名同志做副社长。我不想再折腾,谁知张司长并不罢休,说他们已经向何光暐局长报告过了,你不同意也没关系,但还是请你去和何局长见一面,我们也好交差。话说到这个份上,我同意约时间见见。

一 锤 定 音

没过两天,张司长打电话通知我去见面。张司长直接把我带到何光暐的办公室,留下我与何局长单独谈。何局长简单问了我的情况后,表示非常希望我到中国旅游出版社工作。我明确表示不太想调过来做副社长兼副总编辑。何光暐直截了当地问我:"那让你做社长兼总编辑怎么样?"当时我觉得自己还年轻,很想当一把手一施拳脚,同时,那个年代旅游业正是新兴的发展迅速的产业,也想尝试一下新领域,于是当即表示,做一把手可以考虑过来。何光暐没有一丝犹豫,说:"好吧! 就当社长、总编辑,再兼党委书记。"

他的当机立断和对我的充分信任,让我感到有些吃惊,实在出乎我的意料, 所以马上从内心深处涌出一种恰逢知己的感觉。我半开玩笑地说:"我可是'有前科'的。"于是向他说了出版《河殇》的问题。何局长说:"这事我知道。你马上回去做工作。你的主管不是乌杰吗? 如果需要,我可以帮你。"对于我来说,这是个多么重要的大事,没想到竟在不足半个小时的时间里全部敲定了。

何光暐是革命老前辈何长工的儿子,曾在部队多年,讲话办事都有一股军人作风,这种处事风格在我熟知的圈子里比较少见。就我个人来说,觉得何局长这么信任我,我可不能辜负了他,一定要拼尽全力敢于担当。临走的时候,何局长还有些不放心,嘱咐我说:"如果改革社那边不放人,你就对乌杰讲,何长工的儿子请你帮忙了。"

这招果然好使,回到改革出版社,我先找了王社长,告诉他我准备去中国旅游出版社。王社长极力挽留,说:"社里已向党组写了报告,要任命你做副社长,怎么能走呢? "

于是,我又到体改委找到了乌杰副主任,一开始,乌杰也建议我留下,说改革出版社的报告党组已经同意了,社里对我很器重,在这边发展也会挺好的,何必要再到一个陌生的环境重新适应。我对他详细说了与何局长见面的情况,说了自己内心的想法,特别又提到何局长说请他帮忙的话。乌杰考虑了一下,认同了我的看法。

于是,一九九六年六七月间,我来到中国旅游出版社,有了自己的一片天地,开始规划我心中出版社的发展思路并逐步实施。

"菩萨"与"泥胎"

我到了中国旅游出版社才发现,由于各种原因,社里员工思想波动比较大,很多人信心不足,庸碌涣散。我在实际工作中,深知人心的重要、信心的重要、团结的重要。现代化管理理念,十分强调制度与规矩,对此我不反对,但我认为,与制度、规矩相比,获得人心应是第一位的。道理很简单,因为所有的一切,都是需要人来完成的。如何赢得人心,怎样建立信心,用什么办法使大家团结一致,这是我当时比解决债务危机还要费心的大事。

因为是大事,就得下大功夫。为此,我做了认真思考:其一,要得人心,就要交心。交心最重要的就是坦诚。所以,"透明"是必须做到的,出版社面临的困难要让大家清楚,不必遮掩。其二,就是真诚地放下身段,让每一个员工和自己一起商量、研究解决的办法,要尽量让自己设计的办法能够在商量、研究时得到员工的认同,最好再有些补充或完善。其三,要将自己的信心以及树立信心的理由灌输到员工的思想里,形成勠力同心、同舟共济的氛围。问题想好以后,我用了近一个月的时间,同全社的七十几位员工逐个进行了交谈,了解他们的思想和经济状况、业务专长、人际情况、对社里今后发展的建议等。

初出版社一个半月时,我召开了第一次全社大会。会上,我讲的基本内容其实与员工们个别交谈时都沟通过了,可以说此时大家的心是相通的。最后,我当着全社员工的面宣布,一年之内,出版社不调机构,每个人工作岗位不变,原有的图书出版选题,只要不违规,一律照原计划不变。同时,我也给自己定了位:主要做好两件事,一是为出版社确定的发展方向出出点子,二是当好大家的"后勤"。我今后如果做好了、合格了,大家认为我还值得尊重,我就算是"菩萨";如果我没有做好,虽然可能还在社长这个位子上,但那就是"泥胎"一个。我的这个讲话,是"竹筒倒豆子",直来直去,问题、困难和盘托出,优势、有利条件分析到位,解决的方法步骤清清楚楚。一年之内三个"不变",虽然有点保守,但对稳定全局至关重要,也为我对出版社的整体布局发展赢得了时间。

　　经过现代出版社和改革出版社的锻炼,当时的我在经营管理、选题策划方面都积累了一些经验,也策划出了一些自己的品牌产品,让我信心满满。经过了解,我对中国旅游出版社也有了一个基本的认定,我深知,一个出版社成功的核心,就是一定要有自己的特殊产品和特殊渠道,做出自己的品牌特色来。

　　这期间我利用外出开会的机会到全国各大书店做市场调查,看书店的人流状况,看他们在看什么书,看畅销书的特点,思考能借鉴什么。经过对人和对业务的调查,我已做到了心中有数。

化 解 危 机

　　那时候,旅游出版社的摊子铺得比较大,不仅有不同类别的五六个编辑部、出版部、发行部、总编办公室、财务室、党委办公室,还有一个拥有 30 多辆出租车的汽车公司、影视部、照排中心、广告公司,等等。外表看起来热热闹闹,认真分析,则感觉主营业务薄弱,可以重印的图书很少,发展的后劲不足。

　　还有一个让我想不到的是,社里不久前刚刚有个官司输了,有 560 多万元的欠款要还,而且法院已经下达了强制执行通知。我这才明白,当时局里着急把我调过来,最主要的原因是中国旅游出版社已经举步维艰,原来的社长不干了,急需一个人把这个担子扛起来。

　　这起官司的起因是因为印制挂历。20 世纪 80 年代初开始,到 90 年代中后期,挂历销售非常火爆,很多出版社都在印制各式挂历发行。中国旅游出版社与一家个体文化公司合作,由出版社开具印刷出版委托书,在宁夏一家印刷厂印制了一批挂历。双方事前口头约定,印制费由文化公司支付。那家文化公司的法人是两兄弟,因为吸毒被抓入狱,挂历印好交货后,那家文化公司已无力支付印刷费用。印刷厂于是把出版社告上了法庭。法院最终判定中国旅游出版社支付560多万元的费用。据说,我到出版社之前,何光暐局长为此还专门给宁夏回族自治区政府的负责人写了信沟通协商,但没起作用。法院强制执行的通知直接送达出版社的账户银行,出版社的账当天就被查封,不动产(出版社的汽车等)也被贴上了封条。那段时间,所有外来汇款一来就被随时划走。这样下去,出版社根本无法经营,我纵有天大的能耐,也无力回天。

迫不得已的情况下,我与对方反复沟通,做出按时分期还款的承诺,得到对方谅解。同时,我们又新开了账户,并通知各大新华书店,把出版社的所有收款汇到新账户名下。由此,我们赢得了喘息的机会。之后,我们经过多方努力,加快图书出版的进度,再加上局市场司的鼎力支持,终于在不到一年的时间里,还清了债务,渡过了难关。

沙里淘金　创新开拓

俗话说,"新官上任三把火"。我到出版社还没来得及"烧火",正如前面讲的,外面的"债务之火"就先来了,我是在灭了外面的这把火之后,才点起全社员工心中的"希望之火"的,而且"烧这把火"的时间是一年。

出版,说到底是个产业,作为生产部门的出版社,成功与否的最终标准,就是产品,就是图书。按照当时的出版流程,要在一年内出版既有社会

参加北京国际图书博览会期间,本书作者(左)与香港出版同人亲切交流

效益又有经济效益的图书,谈何容易?

　　为了尽快出效益,我采用双线作战:一是"沙里淘金",一是"创新开拓"。"沙里淘金",就是从中国旅游出版社已经出版的图书中选出优秀的、有重印价值的好书,充实内容,突出特色,按类组合,重新包装,形成系列。比如,当时的图书编辑室出版了一些自助旅游的图书,尽管那时自助游还不太时髦,这些图书的内容也过于单薄,但从长远看,该选题是个"潜力股"。我分别同编辑部的唐志辉、潘笑竹一起,就图书内容、开本大小、封面设计等多次进行讨论,最后将这个系列定位为出版社国内旅游重点丛书,起名"走遍中国"。

　　我到出版社之前,《走遍世界》这套书的版权代理商多次与社里协商,希望我们将这套书引进到中国来。当时的社领导出于多种考虑,始终没有同意。我了解了情况后,仔细翻看了样书。这套书日文版是从 20 世纪 80 年代开始出版的,已经出版了 100 多种不同分册,书中配有大量地图,内容更新也非常快,是非常实用的自助旅游工具书。日文版一般每一两年就修订再版,其中修订的内容很多,照片等更新量比较大。结合中国旅游市场,我认为，这套书内容实用、细致，细节周到，又适合东方读者阅读，出版后可能马上会风靡全国，不断再版。果然，后来这套书成了中国旅游出版社的"看家书"，还获了奖。

当然，要想实现我的目标，仅仅"淘金"是远远不够的，还必须"创新开拓"，才能真正使中国旅游出版社不愧于"中国"这个冠名。我虽然在出版这个领域工作了一些时间，但那时我对旅游这个行业还是比较陌生的。不了解情况就没有发言权，这是千真万确的真理。为此，我组织出版社分几个组到全国的新华书店、各个旅游景区做认真的市场调查。我自己也带队跑景点。调查中，我亲眼看到中国旅游市场大有希望，只要努力，旅游图书将会有一个庞大的读者群。我们已经出版的图书，大多没有开发到位，依据市场的需求，还有很多图书，包括画册，开发空间巨大。这就是时代提供给我们的机遇。

根据调查组汇总的报告，领导班子统一了思路，决定开发两个新系列：

一、以立体开发的形式，与各省旅游局合作，推出各省旅游礼品图书

比如，一个省市，我们既可以出版这个省市著名山水的画册，同时以旅游读本的形式出版图书，还可以配合画册、读本出版导游地图，利用旅游局的优势，再出版一张介绍全省或市的 CD、VCD 光盘。几个产品打包成一个礼品包，供各省市旅游局对外宣传推广。而这些单个品种的信息作为出版社的资料保存，为今后的进一步开拓打下基础。这个项目得到国家旅游局的充分肯定。我向何光暐局长报告后，何局长当即批准，并划拨了 200 万元启动资金给予支持。为慎重起见，我们初步选定了四个省市作为第一批试点：云南、广东、重庆、上海。之所以选择这四个省市，主要是它们都是重要的旅游省市，省市领导重视，而且愿意投入部分资金。经过一年多的努力，广东、重庆先后完成了设计项目，合作双方非常满意。云南、上海则因为我的工作调整，没有继续完成，确实非常遗憾。

二、编辑出版《中国旅游全览》丛书(中英文版)

　　我到旅游出版社后,看到上级领导对我如此信任,确有一股"士为知己者死"的冲动,很想借旅游行业方兴未艾的大好势头,在旅游出版领域干出一番事业来。我暗下决心,鉴于旅游出版社的实际,化整为零,一个一个项目地做,一步一个脚印地走,积累资源,3 至 5 年,让出版社真正成为旅游出版的"龙头老大"。开发《中国旅游全览》系列,我分了三个层次:一是出版社自己组织开发,以高大上的画册为主。像后来修订出版的《锦绣中华》,成为外交部的国家礼品书;与美国列文公司合作出版的《壮丽中华》,既销往了海外,也列入了外交部国家礼品书系列。二是与各个旅游景区合作,以景区销售为主要目的,市场化操作,既要保证布局覆盖,还要有一定的经济效益。像画册《布达拉宫》《黄山》《峨眉山》等,都是与当地景区的管委会合作。这些景区的旅游画册,当时基本上只有我们一家的产品。这种方式,除了销量大以外,结款也比新华书店快,双方都得益。三是与重点景点合作,这类产品完全依靠市场,开本设计、价格定位、图片选择,都依市场变化而定。像《故宫》《颐和园》《雍和宫》《秦兵马俑》《九寨沟》等,这个系列的产品出版了二三十种,有不少是重印时列进来的,主要是想形成一个规模效应。当时个别同事不太理解整个意图,有点意见,沟通后进展得比较顺利。由于这套丛书收罗了中国最著名、最有游览价值的名胜古迹、自然人文景观,满足了当时大热的旅游市场,成为市场经典长销图书。在兼具社会效益的同时,也为社里带来了很好的经济效益。

　　现在回看那段时间出版的图书,我们还确实有一些创新点。由于当年我多次参加国际图书展览会,学到了不少国外排版同行的好经验,尤其是对市场需求的关注,对图书开本设计多样化理念的更新。因此,在旅游出版社诸多新系列画册的策划中有了彰显。我们当时出版画册,有 8 开本、12 开本,还有 64 开本,不但形式多样,更重要的是适合了不同档次、不同需求的读者,得到了市场的认可。

　　筹划选题项目的同时,在局领导的支持下,我与国家旅游局市场司加强了合作。他们需要的一些旅游产品、礼品,比如一些多文种用于对外宣传的小册子(配音像资料),市场推广司全部交给我们来做。因为是外宣产品,我在这么多年的对外合作中,对国际市场读者的口味还是比较了解的,所以设计比较到位,整体既有中国特色,又具国际化审美要素。我至今非常感谢杨文珍、祝善忠两位司长。自从我任中国旅游出版社社长后,市场司每年对委托出版社编辑出版的旅游宣传品都资助一千万元以上,在经济上给了出版社很多的帮助。而他们两个人,乃至市场司的其他同志,我除了说声"谢谢"之外,从未给过他们什么"回报",甚至连顿像样的饭也没请过。我之所以能在不到两年的时间里还清了欠债,有了调整布局、制定规划的时间和经费保障,是和国家旅游局领导、市场司领导的帮助和支持分不开的。

旅游出版物的开发与立体出版

　　加强旅游出版物的出版,首先要搞好旅游出版物选题的开发。而要做到这一点,当时我们在几个方面进行了思考：

　　1. 要强化前瞻性。所谓"前瞻",就是要有超前意识。旅游已经成为世界了解中国、中国了解世界的重要窗口。我在策划选题时,时刻站在这个角度去认识、去思考,使自己的观念始终跟着时代的步伐,合着世界发展的大趋势,使自己的心中始终了解"饱和点",眼睛始终寻找"空白点",计划始终围绕"增长点"。

　　2. 要有系统性。中国地大物博,不仅有众多世界著名的自然风光,而且有大量的具有重要历史文物价值的遗迹和人文景观。对这些丰富的旅游资源的宣传介绍，应该作为一个个系列整体推出，并且通过整体间的内在联系，使那些分散的景点由点到线，由线成面，形成多层次、多角度、多方位的宣传体系，从而营造出大市场，实现较大规模的效益，而决不能仅仅是一山一水的"零打碎敲"。

3. 要有知识性、趣味性。旅游出版物，大多要围着风景名胜、自然野趣、民族风情、地理气候、科技知识、人文景观转。无论是专题介绍，还是全面论述，都应该寓教于乐，努力把有益的文化知识、深厚的文化内涵传达给读者。

4. 要注意实用性。旅游出版物的主要销售对象是旅游者。旅游者除了需要以休闲、娱乐为主的一些知识性读物外，更多的还需要有助于旅游中吃、住、游、行、购、娱等六个方面的实用性强的读物。这些读物的特点应该是准确无误（主要指书的内容）、简洁易读（主要指文风、文字）、使用方便（主要指编排设计、装帧、开本）。

5. 要有较高的艺术性。如何表现我国名山大川，如何反映我国社会主义建设日新月异的巨大变化，如何让海内外旅游者自然而然地受到我们出版物的感染，这在旅游读物中，尤其应当引起重视。因此，在选题开发的同时，一定要事先考虑到与之相关的文字、照片，以及整体的装帧设计。选择好诸方面的作者，以达到文字的优美流畅、照片的高雅传神、装帧的精美新颖，使出版物不仅有丰富的内容，而且有较高的艺术性、观赏性，有保留和收藏的价值。

另外，结合我国国情，在旅游出版物选题开发中，还要非常关注几个问题。

1. 封建迷信不是历史文化的精华。在旅游读物中，对封建迷信、封建糟粕的宣传屡禁不止，而且大有愈演愈烈之势。丰富人民的精神文化生活，满足广大人民群众日益增长的精神文化生活的需求，传播一切有益于经济和社会发展的科学技术和文化知识，是我们出版工作者义不容辞的责任。对历史文化的传播，一定要有益，而不是有害，绝不能将封建垃圾当作历史文化的精华。

2. 要全面、正确地表现民族风俗和传统习惯。我国形成的几十条旅游热线涉及许多少数民族及少数民族地区。民族特色，在一定意义上，就是我们国家的特色，也是我们旅游业的特色。有计划地组织开发反映我国各族人民的精神面貌、民俗风情的选题是旅游出版的重要课题。在策划时，我们掌握的原则是"全面""正确"，切记不要因猎奇而违反民族政策，伤害少数民族的感情。

3. 加强多品种开发。针对旅游出版的现状，我提出了"立体开发""立体出版"的思路。经过大量调查研究发现，当时我们的旅游出版业已大大落后于旅游事业，远远不能适应我国旅游业的发展。改革开放以来，我国的旅游事业有了飞速发展。1996 年，全国接待海外游客 5163 万人次，居世界旅游业第七位；接待国内游客 6.3 亿人次。与此相比，旅游读物的出版却相对滞后。据不完全统计，当时全国每年共出版各类旅游读物 1000 至 1500 种，发行 500 万至 1000 万册，仅占海内外旅游人数的 1/70 至 1/50。如果不把印数最多的导游图、明信片计算在内，那么，图书、画册所占的比例更是微乎其微了。另一方面，旅游出版物的品种也非常单一，纸制品的图书、画册、导游图、明信片等占据着绝对主导地位，这与当时旅游者的多种需求极不适应。有鉴于此，我认为，旅游出版业要走"立体出版"的路子。

所谓"立体出版"，就是一个选题多个品种，全面推进。随着国际旅游业的发展，现代科学技术的创造和更新，人民物质生活水平的不断提高，旅游出版物单一结构面临着严重的挑战。开发选题时，着眼点不应仍停留在旧有的模式上，而要放开眼界，解放思想，侧重抓好出版产品的多元化立体开发。即在编辑图书时，同时考虑到利用该图书出版资料的画册、CD、VCD、CD-ROM 等进行编辑出版，甚至考虑到电视、电影的拍摄，工艺品、纪念品的创作等，以期达到由点到面、全面开花的效果。

随着高科技在出版领域的应用，多媒体电子出版物凭借其容量大、体积小、容纳信息种类多、表现力强等特点，在海外许多发达国家和地区已相当普及，其出版的品种也由 1989 年每年生产一两千种，发展到 1996 年的两万种以上。当时我国电子出版物才刚刚起步，其品种和数量仅占全国出版物的 1/60至1/50，而旅游方面的则更少。从当时海内外旅游的势头分析，我国的旅游业一定会同国际接轨，那么，之后几年，出版与旅游图书、画册、导游词、明信片等相配套的多媒体光盘，显然是有着光明前景的。

我给中国旅游出版社的定位，应该是我国旅游出版业的"主力军""国家队"，可当时的现状与这一身份还远远不相称。多出精品、创出特色，是出版社生存与发展的关键所在。"立体出版"应该是中国旅游出版社的一个特色。我们针对当时出版业出版产品的结构单一，出版媒体的综合经营水平偏低，图书、音像、电子出版物各自为战的问题，根据自身条件，制订了近远期大力发展制作配套多媒体光盘的计划。三年后，出版社不仅还清了外债，

1996 年"国家旅游局春节联欢会"上，中国旅游出版社表演大合唱（指挥为本书作者）

账上还剩余 1400 多万元。全社上下，可谓团结一心，士气昂扬，各项工作呈现出新气象。

尚未完全实施的布局

经过近三年的拼搏，原有图书的重新整合已经纳入轨道，新开发的两个系列也初具规模，全社上下同舟共济，形成了奋发向上的氛围。最重要的是，社里已储备了 1400 多万元的现金，有了覆盖主要市场的生产能力。没有了债务，账面上还"躺着"这么多钱，我感觉轻松不少。其实，从一开始我到旅游出版社来，心里就有了一个总的布局：三年时间，除了还清债务，还要为出版社今后的整体规划打下基础。

我的设想已经非常具体，那就是在旅游出版物这一块做大做强，做出创意产品来，搭乘旅游业快速发展的"列车"，把我们的书做出特色。我开始关注中国物质文化遗产和非物质文化遗产。我想，除了在图书领域领先市场外，还应把两项遗产的评比申报制作承包下来。这样我们不仅会有更多的出版资源，还会带动旅游市场，为中国的物质、非物质遗产做出贡献。

20 世纪 90 年代，旅游业迅速兴起，很多人想走出家门、走出国门看世界。我们的《走遍中国》和《走遍全球》两套图书可以说，基本满足了刚刚走出去或者准备走出去看中国、看世界人群的基本需求。

这两套书都打出了品牌，在市场上有了地位。但这个优势很快被跟风而上的其他自助游图书打破。这个当口，我们必须在巩固现有"阵地"的同时，另辟蹊径，做出别人没有的东西。有了资金支持，心中也有了总体布局，我野心勃勃地想在旅游出版市场开创辉煌。然而，就在这个时候，局里对出版社的班子却做了调整，而我的所有雄心壮志顿时成了"一枕黄粱"。

风云突变　梦想破灭

1999 年春节刚过,我踌躇满志地来到办公室。

我从发行、出版、财务调来各种数据,准备开一次全社动员会。正当我准备讲话提纲的时候,局人事司来电话,让我马上到小会议室开会。我急忙赶到会议室,已经有三位领导等在那里了。我有些茫然。彼此简单打了个招呼后,一位副局长说话了,他三言两语肯定了我近三年的工作后,话锋一转:"根据工作需要,局党组决定对旅游出版社领导班子进行调整,××同志任中国旅游出版社社长,常振国同志任中国旅游出版社总编辑。"局党组的这个决定太过突然,犹如晴天霹雳,我听后脑子里顿时一片空白。这时,这位副局长又说话了,让我对局党组的决定表个态。我说:"能告诉我个理由吗?""就是工作需要。"回答非常干脆。我无语了,只好说:"服从组织决定。"对于我们这一代人来说,面对这种情况,个人唯一能够表示的也只有这六个字——"服从组织决定"。

我的憋闷和委屈是当然的。回到办公室,我越想越觉得不可思议。一气之下,没有预约,我径直去找何光暐局长讨说法。恰巧他办公室有人,我只好到何局长秘书小彭的屋里去等。我与小彭还算熟悉,说起刚刚发生的一切,说着说着竟忍不住哭了。我一生中,在工作岗位上,虽没遇到过什么天大的困难,但小的麻烦还是碰到过不少,然而我从未落过泪。而这次我不仅落了泪,而且哭得格外伤心。三年里,我没日没夜地奔波,整日满脑子里想的都是选题、资金,想着出版社如何做大做强,梦想着旅游图书市场的"一统天下",现在,总算还清了账,日子好过些了,眼看着"万事俱备",就要扬帆启航,谁知一句"工作需要",就如千斤铁锤,将这一切"美梦"砸个粉碎!

后来,我在与何光暐的交谈中,毫不掩饰地诉说了我的苦衷和对这次工作调整的不满。何光暐直截了当地问我:"你有没有借社长之职领取审稿费?"我一听,原来问题出在这里。我到旅游出版社之前,出版社的总编辑、副总编辑终审,按规定确实可领取一定标准的审稿费。为了大局的稳定,我上任后没有取消这个规定,因此,我终审的稿件,财务按标准也开了审稿费。而我自己觉得,作为总编辑领取这笔费用不是十分合适,但我如果不领取,又会影响到其他领导,于是与财务处处长白树勤说好,其他领导的审稿费仍按原来规定办,但我的审稿费我不要,记在财务账上,如果社里有些不好开支的费用,就拿这个钱支付,而且嘱咐白处长不要对别人讲。事到如今,我只好如实地向何局长坦白了这件事。何局长说:"我们原来没有一起工作过,彼此了解得不够。你现在还是业务上的一把手,别背包袱,好好干,你的情况我知道了,今后还有机会。"

与何局长谈话后,我的情绪稍稍平静了些,但心中总觉得有股气堵着出不来。后来,从不同的渠道传出我工作调整这件事的原因,有的说是社领导班子中有人写了上告信,告我轻视党的工作,只抓业务,不抓党建,使出版社党的工作无法开展;有的说我有经济问题,给自己开审稿费;有的说是上边有关领导为了安排亲属,局领导顶不住,没有办法而为之(我印象中何光暐是个敢坚持原则的人,这个信息不大靠谱);还有人说……总之,事情已无法挽回,对各类信息我也不再关注、验证,既然何局长说了还有机会,就尽可能配合新社长吧。

新社长对出版业务似乎是个门外汉,几个月下来,对出版社的今后发展没有什么想法,对先前的选题计划也不积极,基本采取推着干的办法。我们个别交谈了几次,总感觉隔着一层。渐渐地,我就敬而远之了。当年9月,局安排我去中央党校学习,我对出版社的事过问得就更少了。就在这期间,出版社发生了一件事,社里的每个部门、除了新社长以外的每个社领导都收到了一封举报信,内容是说新社长不懂出版,不会管理,浪费了许多钱,等等。我因为在党校学习,当时没收到举报信。可是,有个别人从中借机搬弄是非,在私底下散布说这封信是我指使人写的。新社长不辨是非,反而信以为真。我人在党校,更是蒙在鼓里,直到何局长亲自向我询问时,我才如梦初醒。好在这次让我有了提前申辩的机会。

其实这位新社长人并不坏,只是由于我们之间缺少了信任,一些人有了挑拨的空间,"三讲"时,我们两败俱伤,而出版社也因此丧失了发展的最佳时期,日后虽然调换了五六任社长,却始终没有干出个样子来。

我在旅游出版社的这段经历,让我对干部的使用管理有了一些新的认识。出版这个行业,相对来讲,还是个专业性比较强的领域,委派社长要充分考虑到这个因素,决不能当作干部安排的"蓄水池"。负责任地讲,能干好不容易。公平地讲,这不是这些社长的问题,而是领导部门的问题。另一个问题是,使用干部就要信任他,加强对干部的监督检查是应该的,关键是不要有一点风言风语,或是一封举报信就轻易采取组织措施,特别是还没与当事人沟通就做决定。在一线工作的干部,面对的是许许多多的具体问题,面对的是许许多多的各色人群,处理时很难众口皆碑,个别人有意见一上告,组织上没做细致工作就简单决定,这对我们的干部伤害是很大的,甚至是致命的。我后来之所以坚决离开,不得不承认与对我的那次调整有直接关系。我感谢何光暐对我的信任和支持,但我对他这次的轻信和草率有些不满。

低调华龄

我总是说，从 50 岁开始，自己人生的脚步突然变得慢了起来，慢得从容了，慢得低调了。从进入华龄出版社，无论从心态还是实际行动，都从以前激越的基调转为平稳、低调。

几经周转斡旋，2000 年春节刚过，我到中国老龄协会报到，出任华龄出版社社长兼总编辑。

到 2015 年年初我退休离开，这 15 年，全社整体步伐稳健，基本都是渐进式的发展，不张扬也不突飞猛进。接受以往的教训，这期间我始终与上级领导保持了很好的沟通。这里也是我工作时间最长的出版社。

又是一个"烂摊子"

谁承想，这次来到华龄出版社，又接手了一个"烂摊子"。

报到当天，中国老龄协会副会长、分管华龄社的袁新立同志陪我一起来到华龄出版社。汽车停在西黄城根北街的一座院门口，走进去正好看见特地在此等候我们的出版社办公室主任孙瑞兰。新立会长问："你们什么时候搬到这里的？"原来他也是第一次到这里。孙主任说，这里是中央直属机关管理局招待所，为了省钱，出版社在这里租了四五间地下室办公。孙主任边说边领着我们下到了地下室。走下楼梯的瞬间,我的心顿时凉了半截,后悔来之前没有好好了解一下情况。要说对华龄出版社一点不了解也不尽然。早在现代出版社时,我当时很想引进《第三次浪潮》的版权,后来得知该书的版权被华龄出版社拿到了,因此华龄社在我的印象中还是不错的。可如今怎么"混"得到地下室办公了? 这在出版界可能是绝无仅有的,却偏偏我赶上了。

孙主任带我们来到社里,先召集大家开会,社里全部人员只有十三四个,见面会就在丁洪章社长的办公室召开。袁新立副会长宣读了对我的任命后,丁社长做了个表态性的发言。程序过后,袁会长回了老龄办。我深感眼前的困难不少,应该尽快进入角色。这时孙主任告诉我,我的办公室还没腾出来,可以先到他的办公室坐坐。孙主任的办公室不足 10 平方米,办公桌椅都很陈旧。我坐下来与屋里的同志聊了一会儿,看到一位女同志一直在旁边站着,有点局促的样子。我说:"坐呀,您怎么不坐?"没想到她为难地说:"社长,您坐了我的椅子。"社里竟穷到了这般地步,连一把多余的椅子都没有。

华龄出版社成立于 1989 年,隶属中国老龄协会。主要出版有关老年人的图书,包括老年法律法规方面的图书,经济上自筹自支。由于中国老龄协会与全国老龄工作委员会办公室在编制上是两块牌子一套人马,而按照有关规定,中国老龄协会只是作为对外交往时使用,国内工作中,统一称全国老龄工作委员会办公室。出版社成立之初,老社长丁洪章出了很大的力。丁社长毕业于山东大学中文系,曾在中央办公厅信访局任处长,后来做过党史出版社副社长。他来到华龄社后,出版社不断发展壮大。1997 年,出版社因为出版了《转法轮》,新闻出版署责令停业整顿,这一整顿竟长达 3 年。3年里,不能出书。可想而知,一个自筹自支单位,没有了产品自然就没有了经济收入,只能靠积蓄和卖原有的库存书维持生存。

我到华龄出版社时,账上的现金只有 6 万元,库存书能够销售的已基本卖光，仅仅能维持一两个月的正常运转，此外，还外欠了不少印刷费、纸款、稿费等，已经到了"弹尽粮绝"的关头。（这导致我退休的时候，特别注意资金问题，要提前考虑到接任的人如何开展工作。）据说，当时中宣部与新闻出版署已经决定要撤销华龄出版社，丁社长得知消息后，通过当年在中办的老交情，请宋任穷、薄一波等六七位中顾委老同志联名写信给中宣部部长丁关根，要求保留华龄出版社。正是由于这几位老同志出面，华龄出版社才得以保住，但要求必须更换法人。我就是在这个时候补的"缺"。

立规矩——重中之重

我上任半个月，新闻出版署就下达了"解冻"通知，按照当时的规定，每个编辑每年核发 5 个书号，给华龄社共核发了 60 个书号。有了书号，大家的积极性空前高涨，编辑们纷纷组稿，原来积压的书稿也拿出来重新加工。一天，编辑部主任赵功义双手捧着一大摞书稿来到我的办公室，往我办公桌一放，迫不及待地说，社长您看看，签个字我就去印了。我一愣，这厚厚的一摞书稿，足足有两三百万字，即使是终审抽看，也不是马上可以完成的。我说："先放在这，我看看再退给你。"没想到赵主任很不以为然，说："您签个字就行了，以前都是这么办的。"他的话让我很不高兴，但碍于初次打交道，我还是耐着性子说："我还是看看再说。"这是一部年度中篇小说选，由一家个体文化公司编选。我打开编辑的审读报告，总共两三百字，仅仅交代了书稿的编选者，罗列了部分被选入中篇小说的篇目，至于这些小说被选入的缘由，只有一句话：深受广大读者的喜爱。一般讲，这样一部书稿，编选者非常重要，一定要有权威性，其次，既然是要结集出版，应该有每篇小说作者的授权。更让人啼笑皆非的是，书稿的初审、复审都是一个人，违背了新闻出版署关于"三审制"的有关规定。

第二天,我将赵功义找来,对他进行了严肃的批评。没过两天,又一位主任送来书稿要求终审,这本书稿更有意思,连审读报告都没有,事后我经过了解才知,整个出版社的编辑出版流程压根就没有个明文规定,特别是停业整顿以后,3年没出书,管理上十分松散。鉴于这种情况,立规矩、建立相关制度,尤其是尽快出台一个详尽的出版流程成了我的当务之急。

我到华龄出版社后,中国旅游出版社的一些同志出于对我的信任,多次找我,希望能和我一起工作,但我都婉拒了。我从到华龄出版社就认定,绝不把原来在旅游出版社的人带过来。一是觉得,这么多人都要过来,凭华龄出版社当时的经济状况是养不起的,这么多干部,都做编辑部主任,华龄出版社也没有这么大的摊子;如果挑选着让几个人过来,让谁来谁不来,都不好平衡。即使这些问题都解决了,还有一个新人与老人的矛盾问题。二是因为,我不用老的团队,不希望给人"一朝天子一朝臣"的感觉,不愿意让华龄出版社的同志产生不必要的误会,也不愿意让旅游出版社的新班子认为我在挖他们的墙脚,我希望能从原有的团队里发掘人才,如果还需要,就用社会招聘来解决。而且我自信,我可以经过努力调动起现有人员的积极性,充分挖掘出他们的潜力,成为合格的出版人。能在原来基础上打造出"能打硬仗"的团队,这才是我的能力。

陶敏同志的调入是个特例。我内心知道,我的这些想法没有错,但眼下的混乱必须在最短的时间内理顺。迫于压力,我最终同意了旅游出版社总编室主任陶敏的调入要求,理由只有一个,她对出版流程的管理十分熟悉。事后证明,她在这方面发挥了重要作用,使社内版权负责人、三审三校负责人、印制流程负责人的责权很快厘清。不到一个月,出版社制定出了编辑出版管理流程,使大家有章可循,有规可遵,逐渐走上了正轨。这对我腾出手去抓项目帮助很大。

不仅要"沙里淘金"，还要"借鸡下蛋"

社里刚刚恢复业务，没有像样的书稿，这是个难题，但如果临时组织编辑，也是"远水解不了近渴"。我采用在旅游出版社的办法，先"沙里淘金"。可华龄出版社已是3年没有出书，连"沙"都没有，"金"更是难上加难。正在我万般无奈的时候，一天，国际合作出版工作委员会召开主任会，我向在座的各位报告了工作调动情况，原建筑工业出版社老社长周谊建议我，能不能出版一套贴近老年人学习生活的书，同时配制一台便于移动的小车，使老年人不用出门就可以随时阅读。我觉得这个建议很好，回到社里后，几天我都寝食不安，脑子里反复琢磨，这些图书怎么才能组织起来呢？现实情况是，只靠华龄出版社一家肯定不行，只有"借鸡下蛋"，从全国所有出版社已出版的老年图书里选，这样既可以解决品种问题，又有权威性，丛书名可以叫"华龄书架"，借机打出"华龄"的牌子。问题是，正如前面讲的，当时出版社穷得叮当响，书出版后怎么销售？销售渠道不解决，就是再好的项目还是不能上。

在全国老年工作办公室主任会议上，我了解到一个信息，民政部当年正在全国大力推行"星光计划"，在社区建老年活动中心，内设娱乐室、阅览室、医疗保健室，等等。我在参观老年活动中心时，专门留意了一下图书阅览室，绝大部分只有些报纸杂志，图书极少，适合老年人阅读的更是凤毛麟角。情况摸清了，我去找分管副部长李宝库同志，他也刚好接手"老龄办"工作，兼任全国老龄委办公室常务副主任。李部长非常支持我的想法，让我找民政部具体负责这项工作的陈春林司长。陈司长觉得我的这个建议对完善"星光计划"很有帮助，当即拍板，让我与副司长闫青春商量并写出报告，由

"星光计划"项目中分两批拨款资助。

销售渠道解决了，我安排出版社的同事到全国书市上收集各个出版社的图书书目，集中在一起，从已出版的2000多种老年图书中初选150种。准备工作就绪后，我邀请了李宝库副部长、时任新闻出版署副署长杨牧之、时任中宣部出版局副局长张小影、时任中组部老干局局长傅思和、时任中国人民解放军总政治部老干局副局长周绪银、老龄问题专家邬沧萍及部分部委老干局局长20余人组成了评委会，对初选的150种老龄图书进行评选，最后以不记名方式投票选出了47种，丛书名称为"华龄书架"。47种图书中，华龄社仅有4种。

会后，我们又对社外的图书分别与相关出版社联系，以支付版税的形式取得了使用权。这套丛书我们分两年出版了5000套，配送给各省市的老年活动中心，受到老人们的欢迎。与此同时，出版社也有了一定的经济效益。

2000年，正值新闻出版署制定"十五"图书出版规划。我意识到这是个强化出版社特色、促进出版社长远发展的大好时机，于是发动全社员工共同讨论，制定出华龄版老年图书的五大系列：中国老龄理论书库、中国老龄政策学习指南、国际老龄事业管窥丛书、老年生活百科全书、托起明天的太阳丛书。在此基础上，根据出版社的实际，我们从五个系列中选报了51种，经新闻出版署批准，全部列入署"十五"图书出版规划。2005年，我们经过不懈的努力，克服了资金紧张、书号不足的种种困难，51种图书全部保质保量地完成了。

新闻出版署在关于"十五"国家重点图书出版规划执行情况的报告中，特别对华龄出版社进行了表扬。我们也在落实规划项目的同时，进一步坚定了以老年图书为特色的出版方向，培养了作者队伍，取得了读者的信任，有了相对稳定的销售渠道。在这些图书中，有不少是老龄图书领域的开先河之作。《21世纪的朝阳产业——老龄产业》《家庭养老制度的传统与变革》《提高老年生活质量对策研究报告》《老龄工作新范式的探索》《老龄社会引论》《中国养老保障研究》等，从不同角度反映了老龄工作的最新研究成果；《新世纪老龄工作实用全书》被中宣部、新闻出版署确定为迎接党的十六大百种重点图书之一，并成为第一部指导老龄工作实务的大型工具书；《老龄工作文件选编》是20余年来第一次由国家有关部门将党和国家关于老龄工作的政策、法规、文件汇编成卷；《老龄工作干部读本》是我国第一部系统培训老龄工作干部的教材；《中国老龄工作年鉴（1982—2002）》，无论其涵盖的内容，还是时间跨度，都成为老龄图书之最；《军队老干部工作概述》是军队老干部工作的第一部大型工具书；《老龄工作调查与研究》是全国老龄工作系统第一次结集出版的优秀调研报告；《第二次老龄问题世界大会暨亚太地区后续行动会议文件选编》是管窥国际老龄社会的集大成者，也是20年来老龄事业国际交往中，首次全面系统地反映国际老龄事业的发展历程，客观地介绍发达国家及发展中国家老龄工作的经验。

　　随着党和国家对老龄工作的重视，出版社也在不断发展。每年的重阳节期间，全国各地都要开展一些为老人服务的活动。我们在上级宣传部门的支持下，利用节日活动的机会，有针对性地出版一些实用性强、简单易懂易操作的宣传品、挂图、手册等。2013年新的《老年人权益保障法》颁布，我们与全国人大内司法委合作，及时出版了《〈老年人权益保障法〉解读》，绘制了适合社区张挂的挂图。为提高老年人的生活质量，正确地保健养生，我们与卫计委合作，出版了《中国老年人健康指南》。我们还与公安部合作，出版了《中国老年人防诈骗指南》等。这些图书的出版发行，大大提高了出版社的知名度，为出版社带来了很好的社会效益和经济效益。

　　每年六一儿童节前夕，新闻出版广电总局有一个"向全国青少年推荐百种优秀图书"活动，对儿童出版物的出版发行推动很大。几年前，我曾向

2004年，作者荣获第五届"全国百佳出版工作者"称号（左一为本书作者，左二为原中国少年儿童出版社社长海飞同志）

有关领导建议，能否每年也向老年人推荐一些适合老年人阅读的优秀图书。2013年，吴尚之同志就职新闻出版广电总局副局长不久，据说是落实蒋建国同志的意见，责成图书管理司与老龄办一起，举办了首届"老年优秀图书推荐活动"。华龄出版社承担了推荐活动办公室的工作。我是非常愿意承担这项工作的，因为从整理各社推荐的图书中，我们可以得到很大启发，拓展思路，学习到不少新东西。

作为老龄图书出版社，保健类图书肯定会占很大比重。如果不出版保健类图书，何谈"专门从事老年图书的出版社"？尽管保健类图书的审核非常严格，但我也不想放弃。向总署申请后，多方争取，最后也得到了批准。虽然老年保健图书市场很大，竞争很激烈，我们还是有了自己的一席之地。此外，我们还拓展了老年法律和老年工作理论的出版，不仅填补了这类图书的市场空白，而且专业性强，出版后，很快就独步市场，成了"华龄"特有的品牌。

2015年年初，我正式从出版社的领导岗位上退了下来。回想起数十年的编辑出版生涯，还是有不少感触的，其中最重的一点就是：品牌特色是出版社生存、发展的根本。

做真正适合自己的品牌

企业要在市场竞争中取得优势,必须拥有自己的核心竞争力。这关系到一个企业能否可持续发展。我来华龄出版社之前的 1998 年,是中国图书市场明显转型的一年,图书市场的销售增幅已经开始放缓,由以前的"短缺"的卖方市场向"过剩"的买方市场过渡,图书市场的竞争也进入白热化的阶段,众多出版社面临着生存和发展的挑战。混战中,由于不少出版社眼光短浅,急功近利,使得出书范围逐渐趋同,专业分工越来越模糊。这个时候,作为出版社的领头人,更需要头脑清醒,审时度势,静下心来,认准自己的产品特色,坚定不移地突出自己的核心竞争优势。

面对老年人口的日益增长,随着老年人知识群体的扩大,老年阅读人群也在扩大。同时,在互联网时代,对老年读者来说,实际上电子图书对纸质图书的冲击相对较小。从市场角度看,出版社出版的纸质老年图书更多的应该是机遇。

与赫赫有名、员工人数几百人的大社相比,华龄出版社显然很不起眼。它建社时间短、底子薄、出书范围窄、编辑人员少。但我并不气馁,国外成熟的出版结构是大中小型出版社并存,经过残酷竞争后生存下来的,都各有各的生存之道,大社有资本、有实力,小社也该有自己的克敌制胜法宝——快捷灵便的运行机制、独到精深的专业素质、锐意进取的创新精神,这些都可以让"华龄"在自己的领地有所作为。

华龄出版社是全国唯一一家以老年人和老龄工作者为主要读者对象的综合性专业出版社,在这个意义上,可是说是出版老年图书的"国家队"。从 2000 年中国进入老龄社会,老年人所占人口比重越来越大。面对这样一个规模颇大的群体，出版界不是没人思考过这方面的选题，但重视的程度不够，明确地说，专为老年人出的书简直是微乎其微。这同时也说明了一个问题，那就是，面对书海，老年人实际需要的是什么，出版社并不知道。我上任之初，带领骨干编辑，首先对全国的图书市场进行了调研，走访了 30 多家书店，向近万名老年读者征集意见，仔细观察老年读者到书店看什么样的书，买什么样的书，真正搞清楚老年人的需求。

经过实际调查掌握的第一手情况分析，老年读者最需要的图书重点包括三大类：一是生活实用类、保健类图书。老年人年事已高，他们对自己的身体非常注意，对包括老年常见病诊疗用书和生活护理用书等生活保健、医疗保健等方面的知识非常需要，这类图书最受欢迎。二是老龄政策、法规用书。不仅研究老龄问题的专家、学者需要这类图书，广大老龄群众或即将步入老年行列的中年人也对这类书有强烈需求。很多老年人虽然已从工作岗位退下来了，但他们对于国家的方针政策依然很关心。一些政策性的、法律性的、咨询性的图书，老年读者很需要。三是学习类图书。这也是他们所需要的。有文化的老年人不甘心落后于时代，"活到老，学到老"仍是很多老年人恪守的信条，简洁、实用的学习类用书很受老年读者的欢迎。

我曾经在一家书店看到一位老者在书架前转来转去，最后手捧一本厚厚的像字典似的精装书仔细翻阅着。当时书店里人很多，老人也没有坐的地方，站在那里翻书显得很是辛苦。我上前询问才知道，老人要找的是关于心脏保健的书，没有看到单本的小册子，只好在这本"大全"里翻，但这本书又厚又重，书上密密麻麻的小字根本看不清，最后只好放弃了。

这件事对我触动很大，回到出版社，我与有关同志商量，决定出版一套大字号的系列小丛书，每册相对薄一点，分类相对细一些，价格相对低一点，专为老年读者使用。书出版后，老年读者很欢迎。后来这种大字号的老年图书成为华龄出版社出版物中的重要"标准"，也成为其一大特色。

在多年的老年图书评比活动中,华龄社的图书都受到好评,取得了很好的成绩。我也多次参加图书评比活动,在这些活动中,拓宽了我的思路,其他出版社的很多图书给了我很多好的启发;在和专家的沟通中,得到好多专业性的意见。每年推荐的老年优秀图书中,华龄社都能入选两三种以上。

"华龄阁"名家书系的文化情结

2000年,周振甫先生去世了。他的外孙周海涛把先生的一本《〈史记〉札记》手稿交给我,希望能出版。这是周先生晚年的著作,密密麻麻似蝌蚪般的小字,凝聚了先生的心血。我相信,它对《史记》的研究非常有价值。但那时候华龄出版社刚刚起步,资金非常紧张,而此时出版学术著作绝大部分都是要赔钱的。我身为社长,不想因为周先生是我的导师,就让社里拿钱补贴,即使这书有出版价值,而我刚刚任职不久,很可能会被误认为营私舞弊。于是我将这部书稿压下了,想等社里经济状况好些再安排。此事一直记在我的心上,未敢忘怀。

后来社里经济有了些许好转,我再次拿起这部书稿,想起先生一生不求名利,全部精力都用在学问上,数十年的研究成果最后却因经济问题无法面世,心里很不好过。由此我还想起了许多的书和人,不禁唏嘘。出版社已经改制,社会上对图书价值的认定,不少时候是经济价值先于社会价值的,这种思潮导致一部分学术价值很高的著作无法出版。但作为一个真正的出版人,我一方面要顺应整个社会的大环境,保证出版社的生存,另一方面,传承发展中华文明也是一个真正出版人义不容辞的社会责任和历史担当。现在社里有了些基础,就应该为那些不善于营销自己、一心只为学问的专家、学者出一批他们的原创学术著作——文化的发展、传承,离不开他们。主意已定,我决定任性一次,为那些有价值的书,为这些值得尊重的人策划一套书系。

经社委会几次讨论,我们策划启动了"华龄阁"名家书系,将周先生的《〈史记〉札记》列入其中。当我满心高兴地把这个消息告诉海涛时,他告诉我,凤凰出版集团已经决定要出周先生的全集,也要将这本"遗著"收录进去,所以就不在华龄出版社出版了。我放下电话的那一刻,心里很不是滋味,晚上,想起周先生对我的帮助、关心、教诲,我整夜未眠。它成为我永远的遗憾,同时也更坚定了出版这套书系的决心。

整个书系第一辑收录了王文宝先生倾尽毕生精力写就的《中国民间游戏》,汤炳正先生《楚辞》研究的代表作《屈赋新探》,程毅中先生的《古体小说论要》,邵祖平先生的《七绝诗论·七绝诗话合编》,向仍旦先生的《中国古代文化知识》,白化文先生的《汉化佛教三宝物》等。其中程先生的书稿,本打算在中华书局出版,听了我的想法后,他非常支持,觉得难得有这样的文化情怀,慷慨地把书稿给了我们。汤炳正先生已于1998年离世,治学60多年,曾受业于章太炎先生,被章先生认为"承继绝学唯一有望之人",我从先生后人汤序波手中约了《屈赋新探》这部书稿。本书的出版,可谓"望重学林,成为研治先秦文学(尤其是《楚辞》)者之案头书"。同为章太炎高足的邵祖平先生,其七绝诗论与诗话在诗歌研究领域有重要价值。北大教授向仍旦先生的《中国古代文化知识》也是一本中国传统文化研究的力作,横跨上下五千年,对古代民俗、典章制度做了系统、简要的总结。王文宝先生1955年毕业于北大中文系,毕业后一直致力于研究中国民间游戏,此书从文献记载的古游戏说起,做了大量的研究整理工作,对研究中国民间游戏的形成、变革、发展,以及对解读、分析、研究中国社会政治、经济、文化的影响有很大价值。白化文先生的《汉化佛教三宝物》深入浅出,是普及汉化佛教知识的精品。

"书系"出版后,读者对此普遍反映不错,经济上比预计的要好,王文宝先生的书还意外得到了北京市出版局的奖励。原计划是将不断组织新稿,扩大影响,我也联系了一些专家,但"计划总没有变化快",上级突如其来的一纸决定,让"书系"夭折。

管理的学问在"心"

我在多年的出版管理实践中,有了一套自己的"定式",在"定法"与"无定法"中,要有规章制度的约束,同时,一定要兼顾情感上的因素,始终要把握好分寸,掌握好一个度。

我认为出版管理的内容可分三个层次:一是在重大问题、重大选题上出好点子、做好决策,定好社内运转流畅的一套行之有效的制度;二是用好干部;三是要做好员工的后勤工作。作为社长,不仅要策划大的选题,还要策划整个出版社的未来,只有把策划做好,才能把控整体的发展方向。任用干部首先看能力,不要怕性格上的问题,就怕没有思路、没有执行力,能把事情做好是根本。方向定准了,干部选对了,社长常常要考虑的是如何当好员工的"后勤"。除了主动帮员工解决一些个人诉求外,还要主动思考如何在可能的条件下,提高职工的待遇,增加职工的福利。作为管理者,对所有员工都必须一视同仁,不感情用事;不要擅用公众给你的权力;对自己,在经济上绝对不能贪,不能把清廉当作口号;生活上要有节制、有底线、有标准。整个管理过程中,核心在"心",要让员工把单位当成家,每天把上班当成愉快的事,而不是"上刑场"。我的这些想法不止一次地在大会小会上讲,一是让大家时时记住建社目标,二是为了让大家监督我。在基层单位,"一把手"如果自己不时时"如履薄冰""慎始如初",再拒绝别人的监督,怕别人

2012年,组织华龄出版社部分员工赴泰国旅游(后排左七为本书作者)

监督,不出问题才怪呢。在管理上,用人也大有学问。发现了可用之才,一定要用人不疑,疑人不用。

我做社长期间,每年都会组织职工出去旅游,每年两次,一次近郊,一次省外。这对一个企业来说,花费不多,但这些活动都会使职工增加凝聚力,使他们有文化认同感。与在办公室的工作氛围不同,同事们在这些活动中的相处,更增进了人与人之间的感情交流。在办公室,大家都是把社会性的、最好的一面留给别人,而在这些活动中,从一些日常生活细节,我也对每个员工有了深入的了解。

小时候我母亲总是说,妈妈打孩子的时候,手高高举起,轻轻放下。高高举起是为了让孩子记住,错了就要承担后果,轻轻放下是因身为长者的慈悲心。我对犯错的员工也是这样,我批评员工的时候也是不留情面,就事论事,但不记仇,不重复唠叨。

对于奖惩,要结合实际平衡。比如,出版社每年每人都有出版任务,如果有些人因为一些客观因素完不成,但他的工作又为社里做出了贡献,或者出的书有显著的社会效益,我都记在心里,年底的时候,社里设立了"社长红包",我会根据情况与年终奖再做一次平衡。

我还有一个原则就是"要公平,不让老实人吃亏"。所有聘任的人员,都与编制内员工一样同工同酬,无论临时还是长期,无论是谁介绍的,有户口还是无户口,都一视同仁,于是解决了人心浮动的问题,很得人心。俗话说,"会哭的孩子有奶吃",可在我这里行不通,我不会让只会做表面文章的人赚便宜,也不会让踏实做事的人吃亏。社里的人都有个普遍的信念,那就是"社长有数"。只有这样,他们才能放心、没有包袱地做事,愿意主动去做事,做事不挑挑拣拣。

在规章制度逐渐完善后,我把社内的人事权等一些权力下放,给予副总编及其他干部很大的自主权。但我反对在团体内部搞小帮小派。一个出版社就是一个大家庭,作为社里的领导层,个别领导自觉不自觉地搞"小圈子",甚至对少部分人偏袒。对这种情况,我只要发现苗头,就坚决制止。我经常给社领导班子的同志说,全社30多个人,个个都是我们的"兵",你把一些人拉到身边成了"哥们弟兄",客观上就会疏远另一部分同志,我们的整体力量不是减弱了吗? 对自己、对社里都没有益处。

在员工给我送礼的问题上,我的原则就是坚决不收。很多人认为,你不收他的礼物,就是不信任他,看不起他,或者对他有什么想法,但即使这样,我也不怕"伤感情",因为收了以后更会"伤感情"。不仅在华龄出版社,在其他出版社我也都是这样。在旅游出版社的时候,一次社内进行调整,有一位员工想调动,为了能顺利调成,一次晚饭后,他给我打了一个电话,说要来我家聊一聊。我说,那明天我们到社里再说吧,不着急这一个晚上。他马上说,我现在就在您楼下呢,让我上去吧。他这样说,我不好让他回去,就答应让他上楼了。

他进屋后,送了我几本书,还有一个"步步高"学习机。那时候学习机非常流行,可能他觉得我孩子的年龄正好用得着。走的时候,我说这几本书我留下,学习机您一定要拿回去。但他非常坚持,与我争执好久,放下东西就离开了。第二天上班我把学习机带上,把他叫到办公室要还给他,但是他还是不拿。没有办法,我只好把学习机留在办公室。后来我调离前,再次把他叫到办公室,终于把学习机还给了他。

我到华龄出版社不久,腰疼犯了,一位员工知道后,特地买了"五行针"送给我,说既可以针灸也可以拔罐用。我不收,说我已经用了止痛膏,并正做着按摩,已经快好了。可她放下就走,我追着送出去,可她已经迅速离开了。这套"五行针"放在我办公室,我每次看到都觉得是一桩事。为此,我和爱人专门上街,比照着"五行针"的价格,买了巧克力和图书送给她,了却了我一桩心事,获得了良心的清净。

通过这件事,让我觉得这样不是办法,太费心费力,于是在社里不同场合公开表示,绝对不要给领导送礼,送不送礼都不会影响任何决定。我态度非常明确,于是几乎所有人都不再会有送礼的念头。

因此,在我任华龄出版社社长的 10 多年里,华龄出版社基本上没有给上级送礼的风气,员工不再为如何购买礼物、买多少礼物、收了会不会得到照顾、不收是不是不办事等费心,领导也不会纠结于收不收礼、收了怎么对待这些问题。对于收礼和送礼双方来说,永远是个矛盾体。以我的理解,就员工来说,很少有真正心里想送礼的,送礼是为了有所求。如果领导秉公办事,不会因为送不送礼受影响,并且明确表示不收礼之后,就省却了好多麻烦,节省了团队中永远不能平衡的内耗力。

我自己不收礼不收回扣,我要求社里其他人也要做到。遇到别的合作单位送的礼物实在推不掉的,我都交到社办公室做登记,或者下次送给别的需要偿还的合作单位，或者作为员工的福利。很多同事见我这样，也上交了收到的礼物或回扣，我便在春节的时候，拿出其中的一部分做奖励返给他们，这样，社里形成了风气，大家首先不吃、不拿，真的推脱不下的，就上交社里。

在福利问题上，以前社里社长和员工差别大。这不符合我的理念。我觉得身为社长，按有关规定，本身就有很好的待遇了，比如有自己的办公室，出门办事有车，有专门的司机，还有公费出国考察之类，我觉得这都是其他人没有的，不应该要求比员工更多，所以，在社里的福利上，我也把自己的福利降到和员工一样。同时，我作为个人，要懂得知足，公私分明，因私事请客吃饭绝对自己花钱，但因公事的支出，花多花少都应当报销。在社长、总编辑的位置上，要多做点实事，在管理上除了规章制度外，要更多一些人性管理。这是我学习了改革社社长的经验，再加上几年的摸索，觉得行之有效

2006 年 7 月，出访印度（右起：印度朋友、中国老龄协会会长李本公、本书作者、中国老龄工作委员会办公室副主任肖才伟）

的工作方法。

管理学是一门非常专业的学问,对此,我并没有深入研究过,在多年实践中,我只是本着自己的一些实践感悟做管理工作,以人为本,以己度人,对事不对人;同时,自己上不违纪、下不越矩,踏实做人、认真做事,做好表率。明确了规章和制度,让人心踏实下来,少内斗、减内耗,融洽团结,向一个目标奋斗,在我看来,这就是最好的管理。

我在华龄出版社的十几年,整个团队对我都很信任,大家非常团结,有凝聚力。华龄出版社虽然员工福利好一点,但总体工资不是很高,然而,与全国其他出版社相比,人员的流动率非常低,保持这点非常不容易。在老龄办整个系统中,华龄出版社的团结一致也是出了名的。

除了我自己的努力,老龄办的领导们,从主任到分管我们的副主任,都对我非常支持和信任。老龄办不是权力部门,虽然在经济上很难对出版社有大的帮助,但在政策上对我的支持很大,放手让我管理经营。在对我进行严格考核、加强监督的同时,又给了我充分的干部任用权。我们遇到什么麻烦,他们每次都鼎力援助,这样才有了华龄出版社的不断发展。在华龄出版社的十几年间,我多次被老龄办评为先进个人,还被民政部评为优秀党员,立三等功一次。

我"看"出版

出版需要智商、情商、财商。这需要出版社的领导者们同时具备文化与商业的头脑。

《出版参考》的记者伍旭升曾经采访过我。他在文章中总结了我对出版的体会，我觉得虽文字不多，也不乏溢美之词，但总体上真实传达了我这些年对出版工作的体会。

常振国：体验智性出版

□ 本刊记者 伍旭升

《出版参考》上登载的文章

出版界真正的"忧郁"

1998年,中国出版业已经经历了改革开放20年,有人开始谈论出版社的"忧郁"。我当时任中国旅游出版社总编辑,在《出版参考》上发表了《关于出版社的"忧郁"》,探讨了当时出版社面临的真正的"忧郁"。

直接促成其文的是同年6月20日《文汇读书周刊》刊载的王有布先生的《出版社的忧郁》。该文就改革开放以来,出版社面对中国经济体制发生的巨变,无论在思想认识上,还是在图书销售、组稿编辑上,对受到的冲击和"前所未有"的困难表示了种种"忧郁"。这些"忧郁"都是客观现实,理应认真思考。但我同时认为,当时出版社真正的"忧郁"还不仅仅是这些,还有"出版社出书范围的划定""地方政府参与的区域经济保护",以及"对出版物商品属性的认定"等问题的认识和解决。

首先,当时全国绝大多数出版社已经由事业单位转制为企业单位,由计划经济转向市场经济,由粗放经营转向集约经营。根据出版社的企业性质,它的经营方式,毫无疑问也应该按照市场规律办事,要在市场竞争中求生存,求发展,从此形成自身的特色,并围绕这个特色来决定出书的范围和品种。如果在这种情况下,仍然强行划定出版社的出书范围,实际上就干涉了出版社的企业经营权,就是政企不分。这样做,绝不是对出版社的保护,而是人为地造成了不平等的竞争。无论主观意愿如何,在客观上限制了出版社的发展。

其次,条块分割、地方保护问题。出版业面对日益激烈的国内、国际竞争,组建和发展一批有相当实力的出版企业集团势在必行。但如何组建,如何发展,至关重要。当时,一些地方已经组建了出版集团,由于体制上、经营战略上存在着种种先天不足,表面上看,虽然热热闹闹、轰轰烈烈,而实际上并没有真正形成集团优势,并未改变出版业固有体制与产业架构。相反,在一定程度上，加大了市场分割、地区封锁、贸易壁垒的弊端，阻碍了全国统一大市场的形成，加大了出版产业深化改革的难度。实践证明，没有一个全局性的总体布局和战略性的整体思考，要形成一个真正经得住国内外市场竞争风浪冲击的出版企业集团是十分困难的。

最后，对出版物商品属性的认定问题。随着计划经济向市场经济的转轨，我们越来越认识到，出版物的商品属性是它的基本属性。现在的问题是，一些同志过多地强调出版物的社会效应并以此作为区别于其他商品的特殊性来否定或改变其基本属性。我们应该看到，所有商品都会产生一定的社会效应，但这个效应不能改变它的基本属性。对出版物来说，基本上也是如此。当然，如果个别出版物确属政策性的"特殊"，那么就应由政府实行政策性保护，而不能与一般市场经济下的出版物相提并论。

与大象一起跳舞

出于自己的认知与个性，我对出版一直比较有信心。无论是改革开放还是加入世贸组织，一直到现在的互联网时代，我一直比较坚定地认为，出版业确实存在着一些问题，但还不是夕阳产业。每一次变革，只要应对得当，不但不会垮台，也许还会借势有一个大的发展。在这个过程中，小的出版社该如何生存与发展呢？

我离开中华书局后，历任现代出版社、中国旅游出版社和华龄出版社社长，这些出版社都不大，与那些实力大的出版机构相比，我们只是大象群中的小不点，但在经营过程中，我有了一些自己的经营体会，觉得小出版社是可以与大象共舞，活出自己的精彩的。特别是后来中国加入 WTO 后，有的同志担心，觉得中国那么多的中小出版社将很难生存下去。我不这么认为。每一次变革都是一次机遇，对于现在受到网络影响的中小出版社来说，也是如此。

我曾经在 2002 年第 3 期的《出版参考》中发表了《入世后中小出版社的生存与发展》，里面就当时的形势提出了四种看法。现在看来并不过时。现摘录如下，并针对现状讲点自己的看法。

首先，我们面临的一个巨大挑战就是国际化。国外出版资本的进入已是必然，三年也好，五年也罢，只是时间问题。但国外资本的进入，也一定会同其他产业一样，首先选择的是那些出版市场占有率大、获利高的领域，而对专业性强、市场份额小、获利微薄的领域，在相当长的一段时间里，国外的出版商是无暇顾及的。这实际上比起那些首当其冲的大出版社，中小出版社就有了更多充实、调整、完善自己的准备时间。只要掌握运用好这段宝贵的时间，就可以在观察、探索中得到发展，战胜面临的危机。

其次，入世后的另一个巨大挑战是市场化。相比较而言，准确的市场定位始终是中小出版社赖以生存的重要因素。一般来说，中小出版社出版范围比较窄，专业性较强。从表面看，这似乎束缚了出版社的手脚，殊不知，这种专业化的细分，使出版社对选题的策划会更加精心，对市场的了解会更加透彻，从而也更好地服务于对这一层次具有特殊需求的读者。入市前，国内的一些大出版社在扩张时，完全有可能与中小出版社竞争一二，但入世后，大出版社面临巨大的国外出版入侵的压力，将会全力以赴对外，捍卫自己的领域，短时间内，很难再分力与国内的中小出版社在这个领域一比高下。因此，从近期发展态势来看，这块有限的市场，外国出版商眼下还顾及不到，国内大出版社目前也是力所不能及，仍然会成为中小出版社的生存空间。当然，这个生存空间保留的时间不会太长，中小出版社绝不可以掉以轻心。

再次，入世后，国外的各类出版物无疑会越来越多地进入国内，国外出版商先进的出版管理经验也会潜移默化地渗透进来，这当中一定有许多值得我们学习和借鉴之处。相对而言，中小出版社人员少，包袱小，中间环节简单，学习国外经验，转变容易，掉头快，能够较快地适应不断变化的市场需要，可编辑出版更符合市场需求的图书。

最后，出版社的发展最终要看自身产品是否为广大读者所接受。很显然，现代读者的购买需求更加个性化、多样性。因而，出版社的图书类别也随之会更加细化。美国有出版机构 8 万余家，近 30 年来，美国的出版社数量增加了 3 倍（当时数据）。尽管一些大的出版公司不断兼并、联合，如德国贝塔斯曼集团，并购了美国著名的出版公司兰登书屋，继而将其与矮脚鸡–道布尔戴–德尔公司合并，形成一个多学科的超级出版公司，从而扩充了实力，但仍然有相当数量的中小出版社非常活跃，在图书市场上占有一席之地，而且发展前景十分乐观。2000 年，中小出版社的年销售额达 50 多亿美元，占全美图书年销售额的 20% 左右。中国人口众多，即使是一个极小的层面，也有成千上万的读者。这样巨大的潜在市场，为中小出版社的生存和发展提供了极好的成长土壤。

综上所述，原本认为中小出版社的种种劣势，其实恰恰都是它的优势。关键在于如何认识，如何把握，如何审时度势。我个人认为，当前中小出版社面对入世的新形势，一方面不要被一些危言耸听的分析弄昏了头脑，乱了自家的阵脚；一方面要扎扎实实，一步一个脚印地做起，方向要选准，特色要鲜明，不求一时之利，要筹长远之谋。据有关资料显示，韩国自 1993 年逐步对外开放出版业后，经历过零售、批发、有比例合资办出版社等几个阶段，前后共 6 年的时间。这中间除了政策性的因素外，我想，欧美国家与亚洲国家之间在语言、风俗、文化、思想及生活方式等各个方面的差异障碍也是一个非常重要的原因。我们国家地大物博、历史悠久，东西方思想文化方面的差异,决不会比韩国小。欧美出版业要想真正克服这些障碍,需要的时间恐怕不会少于韩国。如果说也是五六年的话,那么在这段时间里,我们一定要做好这样几件事:一是二次定位,确定目标。要根据新形势、新变化,扬己所长,避己所短,重新选择好自己的位置。既不要妄自菲薄,也不要妄自尊大。实事求是,切忌盲目。二是打造精品,树立形象。精品是出版社生存之本,也是出版社形象之源。要打造精品,一定要痛下决心,耐得住寂寞,耐得住清贫,埋头苦干三五年,真正生产出有品位、有创意、有包装、独一无二的产品来,进而树立起出版社的品牌。三是加强营销,培养人才。营销策略对不对头,是出版社能否做好销售的关键一环。由于我们刚刚步入市场经济的轨道不久,对于产品销售往往还没有一个真正意义上的营销理念,对此必须引起高度重视,在实践中努力探索。同时,我们还要特别注意人才的培养,到任何时候,最终的竞争是人才的竞争。我们讲培养人才,不仅是在技术上、专业上培养,还要在精神上培养,使他们从心里热爱出版社,热爱中华民族,热爱我们的国家。

《入世后中小出版社的生存与发展》这篇文章已经发表15年,现在看来,很多中小出版社,已经从入世后激烈的竞争中走了出来。我在几个中小出版社的经验,也正是遵循上述的理念,逐步使其有了自己的特色和优势。

见证中国图书"走向世界"

　　"文革"结束后,作为以文化传承为己任的出版人,在挣脱种种束缚、突破条条框框的努力中,除了不断恢复国内出版工作,全力解决"书荒"外,同时积极探索,尝试与海外出版业的交流与合作。由于工作关系,我涉及这方面的事情较早,许多人和事至今难忘。

"走向世界"的开始

20 世纪 70 年代末,改革开放刚刚开始,由于国家对对外贸易有严格的管理规定,特别是图书、报纸、期刊、音像制品的进出口更是严之又严。那时,这些产品主要由共和国成立初期就成立的国际书店(20 世纪 80 年代初更名为"中国国际图书贸易总公司")和"文革"前由中国外文书店演变成的以书刊进口为主的中国图书进出口公司(1981 年更名为"中国图书进出口总公司")经营。

加入对外图书贸易的行列

20 世纪 80 年代初,新成立了"中国出版对外贸易总公司",是国家出版局的直属单位,随之加入了对外图书贸易的行列,同时开展版权贸易和对外合作出版。之后,教育部又成立了"中国教育图书进出口总公司",侧重于教育图书的进出口。到20世纪 80 年代末、90 年代初,图书出版的对外贸易基本上由上述 4 家经营。

那时出口的图书绝大多数是中文书,海外的销售对象也主要是华侨。经销商除了在海外开书店的华侨外,还有国际书店几十年苦心经营的中文书店,据称在世界各国有上百个。销售的图书是中文版,销售的对象是华侨,这样的产品及销售模式决定了我们的图书基本上是进入不了欧美国家的主流社会的。

海外图书的进口,当时主要是进口一些科技类的学术著作和期刊,生活娱乐类的图书、期刊寥寥无几。这主要有两个原因,其一是国家当时经济紧张,对外汇控制很严,要用有限的外汇满足最需要的科学技术方面的需求,这是最主要的。其二是国内出版社对著作权、版权方面的认知有限,对如何通过版权贸易出版海外有价值的图书还处在懵懂阶段,况且绝大多数出版社根本没有外汇,即使想引进海外图书,也没钱购买。1986年成立的世界图书出版公司,是中国图书进出口总公司的子公司,它利用总公司的外汇资源,得天独厚,购买了不少海外公司的版权在国内出版,在海内外有不小的影响。

至于版权贸易,基本上是以版权输出为主。1989年,由国际合作出版促进会组织的第一个全国性的对外合作出版洽谈会,签订正式版权贸易协议90项,其中版权输出占80%以上。这种情况,在我的记忆里,一直到20世纪90年代中后期才开始有所变化,版权的引进逐年增加。当时对外合作出版的项目,也是以介绍中国为主题,如与日本讲谈社合作的《中国之旅》《中国博物馆》,与前南斯拉夫"南评社"合作的《中国》,与日本平凡社合作的《中国石窟》,与澳大利亚威尔顿公司合作的《中国—长征》《鸟瞰中国》,与美国柯林斯公司合作的《中国一日》,等等,都以多种文本发行了几万册,甚至十几万、二十几万册。其实,出现这种情况是非常正常的。那时,"闭关锁国"了几十年的中国刚刚向世界开放,世界各国急于了解中国的愿望可想而知,因此,中国的图书,尤其是一些画册、摄影作品广受读者青睐是很自然的。据有关资料记载,1979、1980年这两年,国内各出版社与国外出版商签订了120多项出版合作协议,合作出版书刊400多种,涉及的国家有日本、南斯拉夫、美国、英国、法国、联邦德国、意大利、瑞士、澳大利亚、奥地利、荷兰、新加坡。涉及的图书内容都是有关中国的历史和现状、旅游、考古、地图、体育、工艺美术、医学卫生、建筑、烹饪、动植物，还有词典工具书，等等。

　　1979年以前，中国出版界一般都由文化部外文局下属的国际图书贸易总公司代表到国外参加书展。1979年以后，国际图书贸易总公司开始组织各个出版社直接参展。后来，中国图书进出口总公司、中国出版对外贸易总公司也组织相关出版社参加世界各地举办的书展。特别是每年在德国法兰克福举办的国际图书展览，大家更是积极踊跃。法兰克福书展是目前为止世界上最大的图书展览，1949年由德国书商及出版商协会创办。据相关资料显示，每届书展都有100多个国家、数千家出版商参加，参展的图书、音像制品新品种就有三四十万个。全球版权贸易总量的75%都是在法兰克福书展上成交的。因此，该书展有"世界文化的风向标""出版界的奥林匹克"之称。据说，早在1956年，在党中央号召"向科学进军"的大背景下，我国曾组团参加过法兰克福书展，之后未见文献记载。自70年代末至今，我国每年都组团参加，而且规模越来越大，组团单位也不再是"一枝独秀"，参加书展的渠道、形式更是多种多样。2009年，中国作为书展的主宾国，设主题馆和展品展台，分别占地2500平方米和1000平方米。内地272家出版社、台湾26家出版公司、香港15家出版公司参加，参展人数达2000人，展出新书品种7600余种。版权输出2000余项。主宾国期间，时任国家副主席的习近平同志出席了书展开幕式，举办了与出版相关的各类论坛、展览、新书发布会、座谈交流、文艺演出、非物质文化遗产表演等600余场，可谓盛况空前。我在1987年参加了法兰克福书展，记得代表团有30余人参加，我任代表团秘书长。那次参展，我们一共租了二十几个展台，连在一起。现在看，基本上没有什么特别装饰，只是用不干胶纸做了中英文对照的参展单位的名称贴在展台前上方，个别出版社制作的图书招贴介绍就算是很打眼的了。如果一定要说有什么特别的，就是在展台入口处挂了两个大红宫灯。参展的图书,暂且不论内容,仅从外观的印制装帧上看,与国外参展的图书相比,差距甚大,就是与我国台湾、香港的参展图书相比也差一个档次。各社参展的图书都是中文,除少数几家外,连带去的图书书目也全是中文。那时出国极不容易,大多数单位把出国当作一种待遇,所以,代表团成员几乎是清一色的领导,绝大多数不懂英文,个别人懂一些,但口语不行,照样无法交流。受各种因素的限制,30多人的代表团只有一个翻译,按要求要随时陪在团长身边。因此展台上尽管大家守在那里,但真的有些国外出版公司来展台交流洽谈,常常是语言不通,尴尬异常,双方虽然手足并用,也无济于事,只好遗憾地离去。整个书展结束,输出的版权有一二十个就相当不错了。

20多年过去了,国家高速发展,经济实力大增,出版业各个方面更是成绩斐然。前后相比,我这个过来人深有感触。除法兰克福书展外,20世纪80年代前后,相关部门还组织参加了伦敦书展、莱比锡书展等,之后随着视野的开阔,世界各地的书展几乎都有中国出版业者的参与。特别值得一提的是,自1986年开始,中国图书进出口总公司在北京举办了首届"北京国际图书博览会",将大批国际出版业同行"请进来",对加强中国图书出版业与国际同行的交流合作起到了重要作用,产生了巨大影响。时任中国图书进出口总公司总经理的陈为江同志功不可没。

"摸着石头过河"的先行者

中国出版的对外交流与合作,始终伴随着我国改革开放的步伐,与国家的政治经济紧密相连,同时,绝对需要奠基者和擎旗人。20世纪70年代中后期,整个国家刚刚从"文革"的噩梦中醒来,一切都在"摸着石头过河",出版人自然不会例外,我们不能忘记那些敢为天下先、带头"摸石头"的先行者们。

　　推动中国出版"走出去"的首位功臣当推许力以同志。许力以同志长期从事新闻出版工作,"文革"结束后,先后担任国家出版局副局长、中宣部出版局局长。我与他接触共事近 30 年,最大的体会就是他思想开放,实事求是。正是因为他思想上不保守,眼界开阔,处理事情总是从实际出发,身体力行,再加上他多年的工作经验和所处的领导位置,使得我国出版界较早地迈出了国门。他主持起草了《中华人民共和国版权法》,主持召开了首届中国对外合作出版座谈会议,主持起草了《关于加强和国外合作出版的报告》《加强对外合作出版管理的暂行规定》,这些法规的出台都在政策上推动和保障了对外出版合作的开展。同时,他还在外出考察期间,亲自参与推动与海外出版同行的合作。1978 年年底,他代表国家出版局与香港资深出版人蓝真签署了内地与香港合作出版的协议,使内地与香港的出版合作翻开了新的一页。1979 年,他出访日本,经多方协调,最终促成了人民美术出

作者与许力以(右)合影

版社与日本讲谈社对《中国之旅》的合作。同年,他在出访南斯拉夫期间,又同南斯拉夫"南评社"负责人托马舍维奇共同策划,使"南评社"与上海人民美术出版社合作出版了大型画册《中国》。1984年,他牵头与英国培格曼出版公司合作出版了英文版《邓小平文集》,因在文集中阐明中国改革开放政策和对世界的观点与看法,引起极大的轰动。他还将书中"我是中国人民的儿子,我深情地爱着我的祖国和人民"摘出来放进该书的"序言",使这句饱含深情的话脍炙人口传遍全世界。他是国际合作出版促进会的主要创建者之一,是"首届海峡两岸图书展览"的剪彩人,是打破禁锢两岸文化交流40年"坚冰"的"破冰者"之一。2008年,许力以同志去世时,在中宣部为其起草的生平征求意见时,我加了两句话:许力以同志是中国出版界"走出去"的奠基人;许力以同志是海峡两岸出版合作交流的开创者。我觉得这个评价,许力以同志当之无愧。

在对外合作出版的开拓上,时任中国出版对外贸易总公司总经理的娄明也做出了突出的贡献。我前文提及的《中国—长征》《鸟瞰中国》《中国一日》的对外合作,娄明既是策划者,也是领导者和组织者。没有他的努力、他的坚持、他的联络协调,这些项目是很难完成的。娄明同志也是"首届海峡两岸图书展览"的积极筹划者,为书展的举办出了大力。此外,娄明同志充分利用中国对外出版贸易总公司有外汇指标和可以组团出访的有利条件,积极支持有志于"走出去"的各地出版社,为他们提供机会,帮助他们支付外汇版税,这在当年是非常难得的。

建筑工业出版社社长周谊同志,当年在制定出版社发展战略时,就将对外合作作为出版社长期发展目标之一。正是因为有了这个目标,加上几任社长和大家的共同努力,才使得建工出版社至今居对外出版合作的前列。

此外,像时任中国图书进出口总公司总经理的陈为江,中国出版对外贸易总公司的继任者吴江江都是有功之臣。

国际合作出版洽谈会的工作人员（左一为本书作者）

　　在初期的对外交流中，还有许多做具体工作的同志非常优秀，我们应该记住他们。乔虹同志，当年在现代出版社做翻译，他的业务能力很强，翻译水平与同声传译不相上下。更可贵的是，他对业务的钻研，对交办任务的认真负责，得到大家的高度认可。我同他出国多次，每次出去，他就只提个旅行袋，后来换成了双肩包，里面只有一本随身携带的词典和几件换洗的衣服。旅途中交谈的全是准备与外商洽谈的项目，研究洽谈中可能出现的问题。一次，由于航班时间过长，一下飞机他就呕吐不止，脸色苍白。到了宾馆，我劝他休息，没想到他到房间换了件上衣，洗把脸，又参加了洽谈。许力以同志曾对他赞赏有加，多次对我说，小乔这个同志难得啊。还有陈红、张俊国、赵之援、张三杰、张慧珍、孟超，等等，都给我留下了深刻的印象。

结缘莫托文

说起国际合作出版，有必要介绍一下前南斯拉夫的一个国际出版组织——莫托文国际出版集团协会。莫托文(Motovun)是前南斯拉夫、现克罗地亚的一个地名，莫托文组织由于在此地成立而得名。其创办者为前南斯拉夫国家出版社"南评社"社长托马舍维奇(铁托游击队队员)以及美国麦克劳–希尔总裁爱德华·布赫、日本著名出版人青木日出夫、意大利出版商约翰·克拉克、瑞士出版人尤尔根等人。自1977年以来，他们积极联络欧洲和世界各地一些中小出版社，在南斯拉夫亚得里亚海的一艘游轮上，成立了莫托文国际出版集团协会，在瑞士洛桑注册。美国《出版商周刊》记者罗特曼曾撰文称："莫托文是图书出版商和包装商最广泛构成的图书俱乐部，是一个由严肃从事艺术和图画书的创作人和出版人组织起来的协会。"

从一封电报开始

1975年5月，中国驻南斯拉夫大使馆给国家出版局发了一份电报，讲南斯拉夫共产主义联盟的主要出版机构"南斯拉夫评论社"希望同中国出版机构合作，共同出版书籍，宣传中国。当年6月，国家出版局派许力以同志与上海人民美术出版社社长李槐之出访南斯拉夫，并第一次参加莫托文国际出版集团协会的年会。许力以、李槐之同志的到访,受到南评社的热烈欢迎。南评社社长托马舍维奇始终陪着许力以、李槐之同志,在交谈中,双方策划合作出版一本名为《中国》的大型画册。在贝尔格莱德,许力以、李槐之还受到了南斯拉夫社会主义联盟主席库尔托维奇的接见。1980年,莫托文集团协会应邀来华访问,时任国务院副总理、中宣部部长王任重接见了他们。之后,连续几年,中国都派代表团参加莫托文集团协会年会。我在1986、1987年连续两年参加了年会。

记得1986年第一次参加时,我是代表团团长,虽然是初次与"莫托文"成员见面,但大家的热情让我至今未忘。莫托文城堡,位于亚得里亚海伊特里丘半岛古城普拉的小山上,已有一千多年的历史,因此这里是一处旅游景点,前来游览的人不少。年会选在这里召开,使与会者感到轻松、休闲、愉悦。代表团到达的当晚,当地的市长举办了丰盛的晚宴,在一棵参天的古树下,

1986年6月,率中国出版代表团赴前南斯拉夫参加"莫托文国际出版集团协会年会"(右起:"南评社"出版销售部经理米拉尤、本书作者、"南评社"社长波博特、辽宁美术出版社副社长张秀时、中国林业出版社社长钱彧境、中国展望出版社副总编辑林斌声)

用两块近 10 米长的整木并排架起的餐桌,周边悬挂着各色彩灯,代表们分坐两侧。市长首先做了热情洋溢的致辞,随后一群当地年轻漂亮的青年男女表演欢快奔放的民族舞蹈。托马舍维奇、尤尔根坐在我身边,他们不停地敬酒,不停地向我介绍参会的各国代表。在第二天全体大会上,托马舍维奇热情地向各国参会代表介绍了我,又由我介绍了中国的各位同志,与会代表对我们的到来报以热烈的掌声。会议期间,南斯拉夫国家电视台还特意对我进行了采访,对中南友谊给予了高度评价。

这次莫托文会议期间,我和代表团的其他成员一起,每天要工作 16 个小时以上,大家连会议安排的电影都顾不上看。在所有参展的国家中,中国的展台最大,展出的图书最多,气氛也最热烈。由于代表团成员的共同努力,在短短几天时间里,中国代表团就分别同英国、日本、南斯拉夫、瑞士、比利时、意大利等国的出版商对 39 个合作出版项目进行了洽谈。莫托文集团执行主席托马舍维奇说:"要想了解中国的变化、改革,从你们代表团身上就可以看出来。你们是越来越活跃,越来越开放,工作也做得越来越好了。"

我参加莫托文会议时,深感莫托文成员对中国代表团是十分尊重和友好的。有时候莫托文会议的大会仅有一次,而在大会上发言的又只有三个成员,这三个成员当中就会有中国代表。各国代表乐意同我们接触、交谈,听取我们的意见。一次,法国贝尔芳公司的代表在离开莫托文的前一天晚上,特意找到中国代表团。她说她回国后要写文章介绍这次莫托文会议的情况,因此非常想听听中国代表团对莫托文的看法。日本讲谈社是一家比较有影响力的出版社,中国代表团一到莫托文,它的代表吉崎东洋彦便主动同我们接触交谈。当莫托文集团准备扩大成员时,莫托文执行主席托马舍维奇事先主动来征求我国代表团的意见。外国出版商不仅对我国古代的文化艺术、食谱、中医、陶瓷、珍禽异兽等感兴趣,而且十分关心我国当前的

与许力以（中）一起，向托马舍维奇主席赠送纪念品（右一为本书作者）

情况。南斯拉夫方面提出的合作出版的选题当中，就有中国的《十四个开放城市》等，他们的青春社对我国当时发表的小说《新星》等也表示出了很大的兴趣。

　　我认为，那时中文图书进入国际市场还存在不少问题，东西方文化的交流还有待于进一步加强。如何抓住时机，积极有效地开展工作，是摆在当时对外合作出版工作中的一个重要问题。莫托文的东道国南斯拉夫对中国十分友好，在许多方面给我们提供方便；另外，南斯拉夫同西欧各国有着各种各样的交往。因此，我们在莫托文开展工作，占有地利、人和之优势，所以我们一直努力充分利用这些条件，将莫托文作为东西方文化交流的桥梁，积极地、切切实实地开展工作，以期中国图书更多、更快地进入欧洲市场，促进东西方文化交流。

"因为你是中国人"

我参加莫托文会议期间,发生的很多小事,让我感受到前南斯拉夫人民对中国人民的友好。

有一件事使我记忆犹新:

一次会议结束后,好客的主人热情地邀请我们到斯普利特海滨浴场游览。这里地处亚得里亚海湾,无边的大海湛蓝而平静,透明得像一块巨大的蓝宝石。岸边三四十米内水深不过两米,往下望去,水底青黄的岩石和碧绿的海生物清晰可见。

我爱游泳,这湛蓝碧绿的海水,一下子就把我迷住了。换好泳裤,我第一个下水了,顿时觉得整个身心似已融入蓝天碧海之中——好舒服呀!畅游十几分钟后,当我正欲上岸稍事休息时,岂料双脚刚一踩地,就觉得脚板被什么东西狠命刺了一下。啊,真疼!我往水底看去,只见脚下平展展的岩石上潜伏着四五个毛茸茸的海胆。我不禁暗暗叫苦,因我深知此物的厉害!当我一跛一拐地上了岸,搬起脚一看,嘀!两只脚前脚掌全扎满了黑刺,密密麻麻一片,轻轻一触,疼痛钻心!我一时没了主意,好不为难!

忽然,有人在我肩上轻轻一拍。扭头一看,是位不相识的老人。看上去,足有六七十岁吧,高高的个子,戴副宽边眼镜,额上刻满深深的皱纹,慈祥的面孔上堆着亲切的微笑。由于语言的隔阂,他伸出手指,指指自己,又指指我的脚,然后摊开双手,示意让我跟他走。我呢,毫无头绪地望着眼前这位素不相识的老人。他见我不动,又把刚才的手势重做一遍,并用迫切的目光凝视着我。这目光,是那样恳切、友善……我终于站了起来,一阵剜心的疼痛使我忍不住咧嘴"哎哟"叫着,老人伸出大手一把托住了我的胳膊,几乎是架着我往前走去。

我被老人送到海滨医疗室,他小心翼翼地扶我躺到床上,由一位上了年纪的女大夫为我治疗。常言道,十指连心,其实,脚掌也连着心呢! 老人一声不响地站在我身边,不时地拍拍我的肩膀,摸摸我的脸,或亲昵地对我歪歪头、挤挤眼,示意我坚强些。尽管女大夫特别小心翼翼,但每剜挑一次,我还是不由自主地紧咬牙关;有时太痛了,双腿不由得抽缩起来。这时,女大夫总要直起身子望望我,露出抱歉的表情。就这样,30多根海胆刺,终于一根根全部挑出来了。时间整整花了一个半小时。在这难耐的90分钟里,老人始终陪伴在我身边,寸步不离。

在老人的搀扶下,我又回到海边。这时同志们正在到处找我。我讲述了所发生的一切。当我拉着老人的手再次向他表示感激时,老人微笑着,紧紧地把我搂住,像是搂住自己的孩子。陪同我们此行的南斯拉夫朋友乌莱打开照相机,为我们留下了永远的珍贵回忆。

"这位老人对我真好! "归途中我对乌莱说。他笑了,就像揭开一个小小的秘密似的指指我的旅行箱,那上面印着英文字母拼写的"中国",然后一本正经地说:"因为你是中国人! "

我又想起在贝尔格莱德参观"铁托生前所藏文物"展览时,那位女馆员特意指着我国政府送给铁托总统的两件艺术品,深情地说:"南斯拉夫人民始终把中国人民作为自己最好的朋友……"事实确实如此,在南斯拉夫,对中国人来说,充满友好情谊的事情举不胜举。每当我想起这一切,每当我想起内涵丰富的这句话——"因为你是中国人",心中更是激动不已,久久不能平静。

国际合作出版促进会的成立

经过与莫托文国际出版集团协会的多次交往与合作，国内的出版社一致认为，"莫托文"这样的组织形式很好，如果国内也能有这样一个团体，将有利于团结国内出版社对外开展多方位的合作。

在大家的不断呼吁下，由许力以、娄明等人牵头，经过反复酝酿，终于在1988年2月25日，在中国出版对外贸易总公司成立了国际合作出版促进会。时任中国出版工作者协会副主席王仿子、秘书长王业康到会祝贺。选举许力以为会长，娄明、王业康、许邦为副会长，龙文善为秘书长，我为副秘书长。参会的人民文学出版社、人民美术出版社、文物出版社、新华出版社、解放军出版社、北京大学出版社、建筑工业出版社、中国青年出版社、中国少年儿童出版社、电影出版社、北京出版社、展望出版社、现代出版社、摄影出版社、林业出版社、国际文化出版公司、轻工业出版社、解放军画报社，这些出版社的陈早春、田郁文、王代文、许邦、杨向欣、麻子英、周谊、蔡云、杨永源、邝锦宽、王宪铨、阮波、邓励耕、钱彧境、肖耀先、赵荫华、周万平以及中国出版对外贸易总公司副总经理魏龙泉和王仿子均当选为理事。

2008年，国际合作出版促进会更名为"国际合作出版工作委员会"，许力以因年事已高，退任顾问，会员代表大会选举我担任委员会主任。副主任为王志刚、王斌、李学谦、张惠珍、张增顺、胡守文、胡国臣、徐修存、程孟辉、彭松建、管士光、魏国栋。顾问为许力以、周谊、杨德炎、海飞。秘书长为张三

第一届国际合作出版促进会领导及部分理事、工作人员（右一为本书作者）

2008年1月6日，国际合作出版工作委员会换届。新闻出版总署和中国出版工作者协会领导与当选的新一届顾问、主任、副主任及部分代表合影（第一排右起：彭松建、王志刚、本书作者、张增顺、杨德炎、刘波、于友先、许力以、阎晓宏、吴尚之、王自强、陈英明、周谊、陆本瑞）

杰。2013 年换届时,我虽力辞主任一职,但因最终未有合适人选,我只好勉为其难,任职至今。

促进会成立后,众多出版社加入进来,成为促进会的会员和理事成员。每年都召开各种座谈会和研讨会,沟通海内外的情况。我与促进会共始终,也目睹了促进会的发展、与海外交流的加深以及中国图书的一步步成长。从促进会成立初始,我们走出国门时的拘谨和时刻都感觉到的新鲜感,到在不断探索中与海外合作逐渐加深;从中国图书走向世界市场时,面对国际市场的各种不适应,到逐渐占一席之地,我可算其中的一个见证人。

国际合作出版促进会的第一次亮相
——海峡两岸图书展览

举办海峡两岸图书展览的想法源于杨尚昆同志。1987 年 5 月,杨尚昆率团访问美国,在纽约市举办的美中关系中国委员会的午宴上,杨尚昆同志向台湾方面表达了希望两岸进行文化交流,欢迎台湾到大陆举办书展的愿望。他的这个表示当即得到了洛杉矶华文长青书店总经理刘冰先生和在美同业友好人士陈文英女士的响应。20 世纪 80 年代中后期,中国出版界通过多种渠道,已邀请许多国家,包括日本、联邦德国、美国、英国、法国、荷兰、加拿大、澳大利亚、新西兰、新加坡、苏联、菲律宾、印度等到中国举办书展,有的还搞巡展。当我们得知杨尚昆同志的这个表态和刘冰先生的支持后,自然十分兴奋,积极筹划,准备在上海举办。后来我们了解到,刘冰先生为此专门致信台湾图书出版事业协会负责人。据台湾图书出版事业协会秘书长陈恩泉回忆,台湾版协为此召开过四次会议研究此事,决定来大陆举办书展。

1987年7月,台湾当局发出解除戒严令,但1988年5月又宣布维持所谓"三不"政策不变,即"不接触、不谈判、不妥协"。正在书展筹备的紧张时刻,台湾方面又传来消息,台湾方面只允许少数出版人以探亲的名义来大陆,而且不许携带图书。在这种情况下,台湾出版人来参展就会有不小的风险,届时能不能回台也未可知。况且,如果没有了台湾的图书,"两岸书展"从何谈起?台湾出版事业协会秘书长陈恩泉了解到这些情况后,表示他与香港的台湾图书代理商吴中兴先生是好友,可以帮忙协调。吴先生也认为这是一件好事,答应从他在香港的"中兴记"书店选取三千多种、一万余册图书,由中国出版对外贸易总公司购置入关参展。参加书展的台湾出版人,在大陆有亲属的,就以探亲的名义参加,没有亲属的就化整为零,以旅游的名义到上海,有的甚至绕道日本,在我国驻日大使馆取得签证后飞抵上海。

就这样,克服了种种困难,1988年10月20日,"海峡两岸图书展览"终于在上海福州路中国科技图书公司的三楼正式开幕。两岸参展图书共计

1988年10月,首届海峡两岸图书展览在上海举办(前排右一为许力以同志;右三为汪道涵同志;致辞者为娄明同志)

8000种，展场面积700平方米。时任上海协会会长、上海市前市长汪道涵，中国版协副主席、合作出版促进会（出于政治方面的考虑，在有台湾方面参加的各项活动时，"国际合作出版促进会"只称"合作出版促进会"）会长许力以共同为书展剪彩，促进会副会长、中国出版对外贸易总公司总经理娄明主持展会。

为书展成功举办起了重要作用的美国洛杉矶长青书店经理刘冰先生和台湾贸易公司的陈文英女士也参加了开幕式。台湾出版界参加展会的朋友有：台湾出版事业协会秘书长陈恩泉、光复书局董事长林春辉及夫人林江银莹、新学友书局董事长和发行人廖俊荣及夫人廖苏西姿、正大书局总经理傅樟荣、维新书局总经理林建豪、天下杂志社副总经理刘庆聪、著名文学家柏杨等。

这次书展非常成功。两岸隔绝近40年，大陆读者第一次看到那么多台版图书，兴奋不已。展台前人头攒动，真可谓水泄不通。台湾朋友同样如此，他们一边翻看大陆版图书，一边不停地相互交谈，恋恋不舍。

这次书展，还要感谢中国台湾同胞联合会、上海市新闻出版局、中国科技图书公司等单位的支持帮助，成就了两岸图书出版的"破冰"行动。

这之后，1993年在北京还举办过一次大规模的"台湾书展"。大陆、台湾互办书展是当时两岸出版界的共同呼声，但双方承办单位要承担经济上的压力。特别是这次台湾书展，台湾提出全部捐赠，授赠方全权由我们决定。我仔细审查了这批书的书目，政治、经济、历史、文化各个方面的都有，为慎重起见，捐赠给科研单位或大学比较合适。因此，我提议捐赠给北京大学。经请示同意后，我与北京大学出版社社长麻子英联系。麻社长对此很积极，他很快请示学校领导，之后又经教育部批准，同意接受这批书。考虑到这批书的特殊情况，北京大学还决定专门成立一个"港澳台图书阅览室"，按内部图书阅览办法管理。

承办这次书展,中国出版对外贸易总公司和中国图书进出口总公司都比较合适,但因为参展的图书要全部捐赠,不能销售,所以承办这次书展要承受较大的经济负担,如果没有长远的眼光,没有一点社会担当,那肯定是不愿意接受的。为此,我与许力以商量了多次,最后决定由许力以亲自与中国图书进出口总公司总经理陈为江会面。之所以决定找陈总,主要有两点:一是中国图书进出口总公司实力比中国出版对外贸易总公司强;二是从陈总以往的做事风格看,他有眼光、大气。果然,那天我陪许力以同志与陈总一谈,陈总当即表示同意。这次书展,影响当然很好,但也让"中图"花了近百万元。不过,由于"中图"办了这个书展,自然而然地成了承办在台"1994大陆图书展览"的首选。这或许也算是个补偿吧。

莫托文出版集团协会(1989)的中国年会

1988 年 5 月,国际合作出版促进会成立不到 3 个月,莫托文出版集团协会执行主席巴托·托马舍维奇来中国访问。在招待托马舍维奇的宴会上,托马舍维奇提出,希望一九八九年四五月间率领莫托文出版集团协会的成员访华,并在中国召开莫托文出版集团协会年会。对于莫托文出版集团协会成员访华,与中国出版界的朋友一起交流合作,我们当然求之不得,但要召开年会,按相关规定申报比较复杂。后来双方商定,还是以访华洽谈合作出版的名义比较方便。10 月,我在参加法兰克福书展期间,再次与托马舍维奇确定了来华的时间及相关细节。12 月 8 日,经促进会理事会讨论,欢迎莫托文出版集团协会 1989 年 4 月 25 日至 5 月 9 日访华。访问路线为:北京—西安—成都—重庆—宜昌—上海,由上海出境。我负责组织安排,并与乔虹、陈红全程陪同,陪同期间由我总负责。

　　为搞好这次接待,我们可谓煞费苦心。首先我们要考虑莫托文出版集团协会年会的特点。"莫托文"年会与我们理解的年会不同,从以往我们参加的情况知道,它的整个会议都相当休闲,虽然大本营在前南斯拉夫的莫托文,但也经常会找个度假胜地开会(后来南联邦解体,会议几乎是每年换一个地方),大家聚在一起,叙旧谈天,同时也交流一下出版选题,看看有没有合作的机会,可以说,有很大成分的休假旅游性质。针对这个特点,我们在设计路线时,充分照顾了"旅游"。此外,参加会议的成员,除了日本青木先生,都是欧美国家的出版人,他们绝大多数是第一次来中国,因此尽可能多地安排中国著名的景点,但总体设计又要与出版合作紧密结合,不能让国内出版社这次难得的与欧美出版商接触的机会错过。所以,除了在北京、西安、成都、重庆四地安排了四场出版座谈会外,我们特意花了29万元包下了可以容纳200多人的"白帝号"豪华游轮,安排了"长江游"。不仅国外朋友上船,国内出版社的代表也按一定比例上船,三天三夜,为大家提供了充分洽谈交流的机会。

　　到访的莫托文出版集团协会成员共有46人,来自美国、英国、法国、联邦德国、荷兰、瑞士、比利时、加拿大、挪威、芬兰、意大利、以色列、日本、前南斯拉夫等14个国家的30多家出版公司。这次活动,是我国出版界与莫托文出版集团协会建立联系后最热烈、最成功的一次,国内外都非常满意。当年6月,莫托文出版集团协会执行主席托马舍维奇致函许力以同志,对访华期间受到的热情接待表示感谢,认为这次访问非常成功。他还提议:1.拟邀请中方精通业务和英语的编辑,每年派出少数几个人到"莫托文"成员的公司进行培训,时间2~12个月;2."莫托文"成员每两年在中国举行一次业务洽谈会;3."莫托文"成员将捐赠他们各自的图书给中国,办一个"莫托文"图书馆。他的建议得到促进会的积极响应,许力以专门复函表示赞同,但由于1989年的那场"风波",西方国家对我们产生了不少误解,几年间中断了联系,使这些建议最终都没能落实。

　　这次活动虽然办得比较圆满,但也有几个小插曲,让我至今回味。

　　从西安飞往成都,我们包了"专机"。事情是这样的,按原计划,我们在莫托文国际出版集团协会代表来中国前,就预订了西安飞往成都的航班。4月27日下午,我们带队如期从北京抵达西安,晚饭后,随我一起来西安的陈红与西安机场联系,再次确认30日上午飞往成都的航班,没想到,机场售票处告知,因为"战备"需要,飞机被借调去运送物资,航班取消了。虽然我们反复沟通,机场方面只有六个字:没办法,改航班。而下一个班次要在一周以后。这个消息让我们负责陪同的3个人顿时陷入困境,真是又急又恼又没办法。第二天一早,我们再次联系机场,据理力争,机场仍是以"战备"为由,表示无能为力。我们又与陕西新闻出版局联系,局里想了很多办法,还托了些熟人,可最后也没解决问题。中午用餐时,我将这个突然的变故向托马舍维奇"吹了风",表示我们还在努力争取,并希望他暂时保密。托马舍维奇毕竟是个老"游击队员",又在驻外使馆工作过,所以,尽管眉头紧皱,还是友好地拍拍我的肩,一方面表示理解,一方面鼓励我们再多想想办法。下午组织大家参观兵马俑,刚下车,兵马俑景点的一位负责同志前来迎接,我一眼认出他就是前不久接待过我的那位同志。那次我陪娄明到陕西的法门寺,因为该寺刚刚发现了一枚佛指舍利,轰动了全国,乃至世界,现代出版社为此准备出版一本关于该寺的画册,向全世界做一个介绍。当时陕西省政府很重视,特意安排了主管文教工作的副省长孙达人同志一同前往。我猛然想起,能不能请孙副省长出面协调一下航班的事? 主意已定,我与那位景点负责同志简单地做了交接,由乔虹、陈红带着团队参观,我找了安静点的地方与孙达人省长联系。孙省长竟然还记得我,了解了情况后,表示尽量去沟通解决。我当时真是感动,说了不知多少遍"谢谢"。

　　当天晚上9点多,孙副省长的秘书来电话,说民航方面已经答应帮忙协调,具体情况让我们再与民航商量,并告诉了我民航的联系电话。第二天刚吃过早餐,我便与民航联系。对方说,他们已经做了协调,决定专门调一架飞机运送我们这批客人,但要我们负责飞机的油料费用3万元。3万元的费用虽然超出了预算,但保证了全团的整个行程。我将这个情况报告给了在北京的娄明,娄明当即同意。后来,我们又将准备参加"洽淡会"的陕西出版社的代表也请上了这架飞机,弥补了一些损失。

我清楚地记得,托马舍维奇知道为运送我们这批客人安排了"专机",兴奋地伸出了大拇指。日后,他不止一次地在各种场合称赞促进会:为了"莫托文会议",既包了游轮,又包了"专机",真是了不起!

另外一个插曲是西安郊区的"厕所"。接待"莫托文"集团,我们事前做了不少"功课",然而根据实际情况和具体变化,我们也不得不做一些调整。做计划时,我们特别注意"宴请"。一是因为中国自古好客,对于远道而来的客人,总想尽办法希望他们吃好;二是因为中国美食文化源远流长,也想展示一下中国饮食的丰富多彩。还有,那时我们出国到欧美国家,很多人总误认为我们是日本人。在他们的印象中,中国人很穷,很落后。为改变他们心里的成见,那时招待外宾,都想在吃住上尽可能提供最好的,向他们展示一下我们的经济状况,证明我们的物质并不匮乏。同时,我们每次参加"莫托文"年会,对方都招待得很好,我们这次也怀着回报之心。

大家知道,中国的宴会,时间一般都会比较长,每次午宴从12点开始,都要搞到下午两点左右。这样一来,下午的行程往往要压缩,参加会议的朋友就难免有些意见。开始我对这些意见还有些不理解,后来站在对方的立场一考虑,觉得有道理,就对午餐时间做了压缩。下午的时间充裕了,有代表提出想看看中国的农村。经与省外办联系,决定去西安市郊区一处经济情况比较好的村子看看。去之前,省外办还打了招呼,让村里做些准备。到了现场,外宾们纷纷下车,大部分成员还好,按照接待人员的参观路线参观,但也有些成员看哪儿新鲜去哪儿,我们担心出状况,连忙分头去招呼。这时,"南评社"的对外部主任艾尔玛女士参观完一家农户后,提出要去上厕所,老乡随手朝房后一指,说"在那边",艾尔玛顺着手指的方向走了过去。这一幕,就发生在我的眼前。我已经意识到不妙,但对方要去上厕所,是无论如何没法阻拦的。大约过了两分钟,正在我忐忑不安的时候,就听"嗷"的一声惊叫,艾尔玛如同见了鬼一般从那间厕所里冲了出来,脸色惨白,连连摆手,说"不去了,不去了"。

艾尔玛为什么号叫着逃出来,我心知肚明。那时候,农村厕所的卫生条件我这个在兵团生活了七八年的老知青太了解了。作为主要的陪同人员,面对此情此景,那种尴尬可想而知。我后来担任中国旅游出版社社长时,在全国旅游局局长会议上,我对全力解决旅游景点的厕所卫生问题举双手赞成。

还有一个插曲就是在重庆,吃过午饭,大家回到重庆出版社,准备稍事休息后乘车去码头上船。清点人数时,我们发现新闻摄影师约翰·菲利普斯夫妇不见了,问当地陪同人员,说吃饭时还在,返回时忘记清点人数了。约翰·菲利普斯是世界知名的摄影师,早在二十世纪三四十年代,他拍摄的反映欧美上流社会和社会底层生活强烈反差的照片就引起强烈轰动,特别是他拍摄的德黑兰三巨头会议的照片已载入史册,成为纪实摄影作品的经典(由于这次结识,1992年经托马舍维奇介绍,许力以帮忙,约翰的摄影作品选集《此生见我》由新华出版社出版,时任新华出版社总编辑的程克雄亲自操刀,为该书的出版做出了贡献)。一到中国,托马舍维奇就向我介绍了约翰夫妇,嘱咐说他们已年过七旬,言外之意我心里清楚。可现在,恰恰是这两位倍受"关照"的人找不到了。

这一天是1989年的5月5日。大家知道,那一年的这一天不仅仅是传统意义上的"青年节"的第二天,还是全国各地正在闹学潮的敏感时段。我作为总领队,这个时候丢了人,焦急的心情可想而知。我急忙安排人去各处

1989 年 5 月 5 日,在重庆举行的欢迎莫托文出版集团协会座谈会上(讲话者为托马舍维奇先生)

寻找,我自己也坐车沿着刚才吃饭的路线一路查找。当时街上时不时涌出一排排学生游行队伍,一些主要街道已经戒严。我们的车只好不断地绕道拐弯,好在司机是当地人,对道路比较熟悉。好不容易绕回了中午用餐的"小洞天",可门前空空荡荡。我下车四下张望,发现右前方正有一队游行队伍经过,队伍后面,一个高高大大、戴着鸭舌帽、身着红毛衣、外套褐色摄影背心的老头正在专注地拍照。我当即认出那就是约翰,立马飞奔过去。当我们四目相对时,约翰先是一怔,然后高兴地和我抱在了一起。

事后我了解到,午饭后,约翰在与其他客人等车时,出于职业习惯,他到邻近的地方去拍照,没想到回来时,大家都走了。他人生地不熟,语言又不通,但他认定我们一定会回来找他,于是就在附近一边拍照,一边等我们。事实证明了他的判断是正确的,由此也看出约翰确实是个"人物"。

"合作出版洽谈会"始末

国际合作出版促进会成立的初衷，是为了"扩大对外合作出版业务，加强我国出版界与国际出版界的交往，向世界各国介绍出版中国优秀的科学文化和艺术作品，适当引进国外有价值的各类书籍，促进和发展文化交流"。本着这个宗旨，促进会成立之后的第一次理事会议上，大家就议定向新闻出版署报告，以促进会名义在1989年年初组织一次"国际合作出版洽谈会"。

对于洽谈会选在哪里开，一些同志建议在北京。道理很简单，北京是首都，国内主要出版社都在北京，参展方便。许力以同志建议在深圳，他说，深圳是我国改革开放最早的城市，海外朋友都好奇深圳的巨大变化，希望到这里看看，寻找商机。它又紧邻香港，海外朋友进出十分方便，也便于我们邀请。既然是个国际性的会议，是第一次，首先当然要考虑海外朋友的需要。经过讨论，洽谈会的会址定在了深圳。促进会刚刚成立，一文不名。开会的经费怎么办？几家"老大"出版社二话不说，纷纷表示分担。为了感谢他们的贡献，经会长会批准，开会时，在会标主办方下面将资助会议的出版社列为承办方。后来的多届洽谈会都采用了这个办法。这些出版社有中国出版对外贸易总公司、人民文学出版社、商务印书馆、中华书局、人民卫生出版社、中国少儿出版社、中国青年出版社、新华出版社、大百科全书出版社、建筑工业出版社、北京出版社、北京大学出版社，等等。当然，促进会在外地举办的活动，各省的新闻出版局、相关的出版社更是义不容辞，出钱出力。那些年，促进会无论举办什么活动，召开什么会议，从未为钱发过愁，都是理事单位积极支持，他们毫无怨言，绝无计较。现在回想起来，真的要感谢他们。

申请举办"国际合作出版洽谈会"的报告很快得到了批准。第一次筹办全国性的国际会议,我没有一点经验,好在许力以、娄明这些领导对秘书处充分信任。五六月间,我和新华出版社的赵支援同志带着新闻出版署的批件到了深圳。经建工出版社周谊社长的介绍,我们认识了时任深圳建工书店的经理陈锦涛同志。陈经理十分热情,与我们一起跑前跑后,帮我们与深圳市委办公厅联系,最终得到市主要领导的支持,并与市文委接上了头。为了保证洽谈效果,我们比照"莫托文模式",计划会议参加的海内外出版单位按 1:2 的比例,控制在 100 家左右,参展代表的住处与展场放在一起,给参展单位每家提供两张桌子摆放图书。当时深圳符合这些要求的宾馆很少,一两家五星级大宾馆倒是可以,但费用太高,国内出版社对出差费用,国家有明文规定,住五星级宾馆根本不可能。比来比去,最后选定了越华酒店。

1989 年 2 月 28 日至 3 月 2 日,第一届"国际合作出版洽谈会"在深圳召开。时任深圳市委书记兼市长李灏、副书记秦仁俊、宣传部部长杨广慧等出席开幕式。参加洽谈会的海外出版公司有来自美国、加拿大、荷兰、日本、新加坡、马来西亚等国家以及我国香港、台湾地区的 40 多家。我国内地出版社有 70 多家。经过几天洽谈,共签署正式出版合作协议 90 项,意向协议 160 项,取得了可喜的成果。更重要的是,通过洽谈会,海内外出版业的同人交了朋友,为今后深入交流合作奠定了基础。会后,在我陪许力以同志分别看望李灏、杨广慧同志时,他们一再表示对促进会在深圳举办这样的国际会议非常感谢、非常支持,希望今后在深圳继续办下去。

按计划,1990 年 3 月初,促进会在深圳举办第二届"洽谈会"。第一届"洽谈会"赢得了国内外出版同业的一致认同,我们会后认真总结了经验,找出了方方面面的不足。在会场的安排上,展品的展示上,合作出版项目信息的交流上,代表的住宿上,我们都做了调整、完善。再加上"洽谈会"后,我

1990 年第二届合作出版洽谈会会场

们又接待了"莫托文出版集团协会"的访华,交流中介绍了"洽谈会"的情况,又有 10 多个"莫托文"成员表示要参加第二届"洽谈会"。谁知 1989 年的"政治风波"严重影响了欧美出版公司对中国的认知,到 1989 年年底我们向对方确认是否参会时,他们都婉言回绝了。后来,包括日本、韩国、新加坡等出版公司也以各种理由表示不能参展。面对如此困境,我们开了好几次会议研究,发动促进会理事单位各显其能,积极向相关海外出版同行做工作。当时台湾当局虽然也借机捣乱,声称来大陆不安全,但经我与陈恩泉秘书长数次的电话沟通,陈先生最终同意组团参会,并表示,如果台湾当局阻挠,他们也会想办法克服。日本、马来西亚、新加坡的一些老朋友在理事会成员的多方疏通后,也大多有了转变。这次"洽谈会"有来自日本、新加坡、马来西亚等国家以及我国香港、台湾地区的 47 家参加,我国内地近 110 家出版社参加,签署出版协议 39 项,意向协议 80 个。台湾出版同业不仅有近 20 家参会,光复书局、锦绣文化企业、淑馨出版社、华一书局等还专门租了展台。香港的文化教育出版社、新加坡的泛太平洋出版公司也租了展台。

第二次"洽谈会"的成功，让我们积累了更多的办会经验，更重要的是，让我们增加了对台湾出版事业协会的认知和对陈恩泉先生的了解，这个认知和了解对日后海峡两岸出版的进一步推进起到了非常重要的作用。

1989、1990、1991年连续三年，"洽谈会"都是在深圳举办的。三届"洽谈会"应该说是越办越好。究其原因，我想主要有三点：其一是，海内外几十年的信息封闭，大家急于沟通了解对方，而"洽谈会"恰逢其时地提供了交流的平台。其二是，新闻出版署和深圳市委、市政府给予了积极的支持和帮助。连续三届新闻出版署外事司都派专人参会，对"洽谈会"的组织安排以及遇到的问题，都能及时地进行指导和协调，并且从第二届开始，新闻出版署就主动提出，今后每年举办"洽谈会"时不必再重新申请，会后写出报告即可。深圳市委、市政府的主要领导不仅出席了开幕式，还明确指示各相关委办局为会议提供方便。其三是，目的明确，针对性强，会务的服务到位。会前我们将海内外拟参会的出版单位、准备洽谈的项目介绍和联系人、联系方式印成小册子发给参会单位，会议期间，我们及时将海内外代表的住处、房间号码通知大家，使参会代表及时见面洽谈，尽快开展业务。另外，在收费上，也得到代表们的一致认可。我们当时的原则是，代表们的费用均按实际消费收取，促进会不多收一分钱，所有会务人员的费用都由促进会解决。我们那时的工作还是比较细致的，每次会后，都会对签署的协议分类统计，由此分析出海内外图书市场的变化与需求，然后再以简报的形式发给参会出版社。

第四届"洽谈会"是在广西桂林举办的。三届"洽谈会"后，国内各省市要求承办的积极性很高，海外的朋友也希望举办地能够每年有些变化，因为他们来次中国也不容易，想借参会的机会游览一下大好河山。促进会审时度势，决定采纳大家的意见。果然，桂林的"洽谈会"非常成功，美国、日本、韩国、新加坡、马来西亚等国家以及我国台湾、香港地区的70多家出版公司与会,签署了正式出版协议 136 项,内地出版社仅预收的版税就超过 10 万美元,各项统计数字均超过了深圳。

在浙江杭州举办的第五届"洽谈会",是 11 届"洽谈会"中影响最大、与会的海内外出版公司最多、成果最显著的一届。这届"洽谈会"共有海内外近 200 家出版单位的 500 多名代表参会,除了美国、日本、新加坡、马来西亚等国家及我国香港、台湾地区一些老朋友外,又增加了英国、法国、加拿大等一些新朋友。台湾方面来了 60 多位出版人,重要的出版公司几乎都到了,连一些印刷公司的老总也专程跑来考察,准备在内地投资建厂。据统计,海内外与会代表共带来 5000 多种合作项目,共签署了正式协议 344 个,意向协议 400 多个。

浙江出版总社副社长宗文龙同志受省新闻出版局、出版总社指派,全面负责会议的筹备工作。文龙同志为此可谓殚精竭虑、全力以赴,甚至在身体发着高烧的情况下,依然兢兢业业、日夜操劳。在他的策划下,促进会第一次为"洽谈会"专门设计了会标等;所有代表无论是乘飞机还是坐火车,一下旋梯,或一出车门,在停机坪,在站台上,就会受到礼仪小姐的热情欢迎;"洽谈会"代表的住处分别安排在刘庄、汪庄和浙江宾馆,三处驻地间安排有三四十辆免费交通车供代表使用;从机场、车站到驻地的主要街道两边,还悬挂起会议召开的彩旗,贴出醒目的海报。会务的精心安排,再加上会务人员细致入微的服务,赢得了海内外与会代表的高度赞誉。

会议期间,还组织了以"电子出版的现状与发展"为主题的研讨会。中国电子出版社、四川出版集团、香港商务印书馆、台湾光复书局、台湾知音出版社的代表在会上做了发言,并且现场进行了多媒体电子出版物的演示。日本电子出版协会主席前田完治先生专门介绍了日本电子出版业的发展情况。他们的演讲,受到大家热烈的欢迎。据我所知,这也是国内第一次举办如此规模的有关电子出版的研讨会。这么一次成功的会议,听说会后却有人向新闻出版署举报,指名道姓地谴责宗文龙,不仅说会议操办得铺张浪费,甚至怀疑宗文龙借办会徇私舞弊。署里有关领导向我了解情况,我如实做了反映,充分肯定了宗文龙的工作。但不久,我就听到宗文龙要辞职的消息。我为此借去浙江出差的机会,特地与宗文龙有过一次几乎是彻夜的长谈。说到举报的事,他叹了口气,无奈地说了一句:"关键是有的人还相信。"从我对宗文龙的了解,他当时的辞职,不会与此事一点关系没有。2014年9月,宗文龙去世时,刚刚七十出头。得到噩耗后,我心里非常难过。想当初,他被出版界称作"一条龙","升天"后,骨灰按他的意愿最后安放在了少林寺的塔林中,他为什么这样处理身后事,一定有他的道理。

从第六届到第十一届"洽谈会",分别在青岛、成都、台北、昆明、长沙、西安举办,各地的领导及出版社都出了大力,海外出版业的朋友们也一如既往地大力支持,尤其是台湾同人,成了参会的主力。自2001年在西安举办第十一届"洽谈会"后,促进会会长会议召开数次,就"今后还举办不举办'洽谈会'"进行了反复认真的分析讨论,鉴于国内出版社与海外交流越来越广泛,沟通渠道越来越多,北京国际图书博览会由隔年举办一次改为一年一办,版权贸易已成为该博览会的重要内容之一,因此,"洽谈会"原有的搭台沟通作用已经没有什么优势,如果坚持再办,不是为出版社提供服务,而是增加了麻烦。最后,经会长会议决定,"洽谈会"暂时停办,采用其他形式和活动继续为出版社提供服务。

成功举办11次"洽谈会",会务组的同志功不可没,会务组一般就是五六个人,最多也不过七八个人,承担着两三百人的全部会务服务,从报名到会议材料印制,从接送站到住宿安排,从介绍内外宾洽谈对接到会谈成果统计分析——整整11届,没有出现一个大的纰漏,现在想起来,真是不易啊!前几次会前的考察,定点大都是赵支援同志和我去落实,后几届主要是张三杰同志和我负责。会议期间,陈红、张俊国、郭文路、张慧珍、沈建林等大家一起合作，同心协力，配合默契，不畏辛苦，任劳任怨。会议也使大家建立了友谊，每每相遇，聊起那段往事，依然十分留恋。

主办《出版参考》十七年

1994 年 8 月上旬的一个下午，我到许力以家里汇报工作，一是关于 9 月初在北京召开"两岸三地图书合作座谈会"的准备情况，二是台湾出版事业协会秘书长陈恩泉先生提出建议，希望两岸成立"华文出版联谊会"，我们对这个建议如何应对。两件事情谈完后，许力以同志对我说，前两天出版科学研究所所长袁亮同志找到他，讲研究所创办的《出版参考》经营上出现了问题，他们不准备办了，问我们促进会能不能接手。

《出版参考》我看过几期，是个信息类刊物，文章大多短小精悍，实用性很强。促进会成立后，与海内外的联系越来越多，人员内外交流、出版社间的版权贸易、合作出版日渐活跃。据我了解，当时的很多出版社非常需要及时把握新闻出版方面的政策、法规，尤其是需要更多、更及时的关于海内外图书出版的信息。如果我们有了这样一份自己的刊物，作为沟通海内外出版信息和开展国际出版合作的桥梁和服务平台，一定会对今后更好地推动中国出版走出去大有益处。因此，我当即表示了赞同。许力以同志问我，促进会主办，经济上行吗？我肯定地说：没问题！

没过几天，许老和我通电话，讲《出版参考》的主编陆本瑞同志建议，如有可能，最好还是促进会与科研所共同主办为好，因为陆本瑞退休后编制在科研所。许老认为这样也未尝不可，他想再与袁亮同志商量一下，我们接过来没问题，合办也行。合办如果经济上有亏损，可以由促进会给予补贴。我完全同意许老的意见。

后来，双方向新闻出版署期刊管理司报送了关于《出版参考》调整主办单位的申请报告，1994 年 10 月 17 日，署期刊司批复："原由中国出版科学研究所主办的《出版参考》增加中国版协国际合作出版促进会为主办单位，并以中国版协国际合作出版促进会为主要主办单位。"之后，双方就《出版参考》的分工、管理进行了约定，确定由许老主持《出版参考》编委会的领导工作，任编委会主任。袁亮、邬书林、阎晓红和我任副主任；龙文善等 17 人任编委；陆本瑞任主编。

改刊后的《出版参考》每期篇幅由原来的 8 页增加到 12 页，内容和栏目也做了较大的调整。在继续突出"新、准、快、短"特点和原有栏目的基础上，加强信息量，扩充报道面，及时为出版业界同人提供新鲜、准确、实用的信息。

1995 年 1 月，许老专门为改刊扩版的《出版参考》撰写了《开阔视野，博采风韵》一文，希望该刊能够更好地为出版工作者和广大读者服务。

为了增加刊物的销量和收益，促进会多次召开会长会议和理事会议进行研究。记得有一次在松鹤楼酒楼，促进会专门为征订《出版参考》开会。会议由我主持，陆本瑞主编简单介绍了刊物的征订情况后，让参会的理事单位认订，在场所有单位都当众报了数，最后一统计，竟有 2000 多册。会后陆主编高兴地说，一次会上订购的数量竟占了全年的一半。此外，我们还联络有实力的出版社在刊物上做广告。我就曾找过商务印书馆总经理杨德炎，老杨非常支持，答应每年拿出 8 万元在刊物上做广告，以商务印书馆名义买下刊物赠送中国出版工作者协会的每位理事。还有中少社、中青社、电子社等，当时都做出了贡献。正是有了促进会成员单位的支持，《出版参考》很快便摆脱了经济上的困境。我想，现在不少当事者还在，大家不会忘记这段历史。

对《出版参考》方向的把握、内容质量的提高，是当年分工时促进会的主要任务，许老自担任编委会主任以来，始终紧紧抓住这两点不放松。直到 2010 年 12 月 6 日晚上，他去世的前两天，在与原《出版参考》主编陆本瑞同志通话时,他仍然关心着《出版参考》的办刊走向。陆本瑞同志在《深沉怀念〈出版参考〉掌舵人许力以》一文中说:"作为《出版参考》编委会主任的许老,是这个刊物的核心人物和掌舵人。他对统揽全局、把握方向起着重要的作用。许老思路开阔,看事情精明洞察,处理问题沉稳机智。他借助促进会在出版界的影响力,组织了一个阵容强大的编委会,每次都是他主动提出并亲自召开编委会座谈会,听取编委们的意见,探讨刊物内容质量和影响力的提升,不断提高编辑的策划能力和资讯的贴近性、鲜活性、参考性,进一步拓展读者的覆盖面。"陆本瑞同志对许老的这段评价,准确精当,实事求是,一点也不夸张。

　　在与科研所合办《出版参考》的十五六年里,许老主持的座谈会我几乎都参加了,除了陆本瑞同志上述的以外,给我印象最深的还有三点。一是办刊一定要定好位,办出特色。突出海外相关出版信息报道,是《出版参考》的一大特色,失去这个特色,刊物就会黯然失色。二是信息量要大,文章要短。许老甚至提出,每期千字以上的文章,没有特殊情况,不能超过两篇。三是办刊要考虑经济效益,但绝不能两眼只盯在钱上。眼睛只盯在钱上的人办刊一定办不好。许老的办刊理念和办刊原则,大大提升了刊物的质量,被出版界同人视为"案头必读"。

　　《出版参考》随着形势的变化,版面、栏目、篇幅也随之有过几次调整,其中伍旭升同志接手办刊后的 2001 年改版影响最大,封面由原来的单色胶版纸改用四色铜版纸,篇幅增至 32 页,加大了海外出版信息的比重。这次改版受到普遍好评。之后,刊物由半月刊改为旬刊,在印制上、材料的使用上都不断提高品质,篇幅增至 72 页,容量越来越大。

　　2011 年年底前后,中国出版协会有关负责人找到我,说新闻出版总署有文件,规定二级协会不能办刊,因此促进会不能再是《出版参考》的主办单位。我坚持说,促进会与科研所共同办刊是署里批准的,10 多年来我们相互支持,合作得很好,况且刊物也没有违法违规,不能说变就变,希望向领导部门如实反映一下具体情况。此次谈话,我第一时间向科研所主要负责人在电话里做了通报,我们双方达成了一致,坚持仍由我们两家共同主办。2011年下半年的一天,促进会秘书长张三杰找到我,问我《出版参考》的主办单位怎么没有促进会了?我先是一愣,随后一查,《出版参考》的主办单位已改为"中国出版协会""中国新闻出版研究院"(原中国出版科学研究所)。我当即请张三杰与《出版参考》负责人联系,对方回答说,他们也不清楚,是院里办的。于是我又与研究院主要负责人通电话,该同志向我解释,说上面有规定,他也没办法。无论之前我们双方如何信誓旦旦,既然上级有了规定,对方不得已而为之,这一点,我应该理解,但对方事前去工商局注册,撇开促进会,对我们连个招呼都不打,是不是有悖于人之常情呢?

年度引进版、输出版优秀图书评选

2001年促进会在西安举办了第十一届合作出版洽谈会后,对"今后是否继续举办全国性洽谈会"进行过认真的讨论研究,最后决定停办。恰巧在这个时候,《出版参考》的负责人伍旭升同志提了一个好建议——举办"年度引进版输出版优秀图书评选"活动。旭升同志的建议得到了促进会和科研所领导的认可。自2002年至今,活动已举办了15届,评选社科、科技类优秀图书近3000种,我有幸作为评委参加了这15届每一届的评选工作。

2004年前后,由于各类评奖评优过多过滥,中宣部、新闻出版总署开始规范全国性评奖活动。图书评奖,除国家图书奖、中国图书奖(现为中华优秀读物奖)、"五个一工程"奖外,其他全国性图书评奖一律取消。在这样的大环境下,眼看刚刚开展起来的引进版、输出版优秀图书评选就要夭折,许老在关键时刻,再次表现出他遇事善于变通的智慧。他说,这是件好事,就要坚持下去。上级的部署是指导全局的,至于个别的、具有特殊性的事情,可以在不违反原则的前提下灵活处理。他提议,引进版、输出版的评选不要出现"评奖"这个词,改用"推选"。他还叮嘱伍旭升,评委尽可能多邀请一些主管部门及相关部门的领导参加,让他们了解这个活动的重要性,增加理解,争取支持。2005年左右,张福海同志任署外事司司长不久,一次会上,他向我了解促进会情况,对我谈的莫托文出版集团协会和引进版、输出版推选活动比较有兴趣,表示今后多沟通、多联系。外事司副司长陈英明同志知道我们的情况后,建议我们写报告给外事司,申请一些活动经费。后经署领导批准,这项推选活动不但没有撤销,反而得到了资金支持。2008年9月,时任新闻出版总署署长的柳斌杰同志做出"作为署里的一项活动来支持"的批示,使我们对引进版、输出版的推选更加充满信心。后来为了加强对输出版图书的重视,活动名称将"输出"调整在了前面。我相信,随着中国在世界的影响力越来越大,这项活动也一定会越办越有权威性,越办越有导向性,越办越为海内外出版同业所认可。

两岸出版交流的前前后后

1987 年 10 月 15 日，台湾当局宣布开放台湾居民到大陆探亲。我在香港机场，亲眼看到诸多两岸亲友抱头痛哭的场景。正是这一时代契机，使海峡两岸经贸、科技、文化交流和合作有重大突破，同时，也开启了两岸图书出版交流的航程。

1988 年 10 月，"海峡两岸图书展览"隆重开幕，正式拉开了出版交流的序幕。从此，两岸图书展销和各种交流活动不断，参加人数和规模也都一年胜似一年。

一张重要的名片

在两岸文化出版的"破冰之地"——上海书展上，一个微小的细节给我留下深刻印象，也让我对许力以有了更深的了解。当时，我们在参加涉外的出版活动，因为政治因素，与台湾团成员相互之间都不留名片，一直到 20 世纪 90 年代初，大陆与台湾代表团成员间对交换名片一事，彼此都比较谨慎。

可是在上海书展上，许力以悄悄把陈恩泉的名片留了下来。一开始大家都不知道这件事，到 1989 年讨论"第二届合作出版洽谈会"拟邀外宾名单时，由于 1989 年的那场"政治风波"，对如何邀请台湾出版同人遇到了难题。

虽然大家在上海书展上与台湾朋友有过接触，但是都没敢留对方的名片，没有联系方式。正当大家一筹莫展的时候，许力以拿出了台湾出版事业协会秘书长陈恩泉先生的名片，说可以邀请他，让他组团过来。一张小小的名片，一下子把几乎陷入绝境的"死棋"走活了。陈恩泉很快就给了我们回复，承诺组团参会，这让我们异常高兴。

陈先生的这次组团，共有台湾光复书局、锦绣文化企业、五南图书出版公司、淑馨出版社等20多家出版机构的30多人，这些出版机构当年都是台湾有名的出版骨干单位。应该说，他们这次来大陆，是冒着一定风险的，台湾当局曾以"人身安全"为由，向台湾朋友发出警告，但参会的台湾朋友依然冒险前来，显示了台湾出版界对与大陆出版合作的渴望和迫切，影响巨大，意义深远。

记得与淑馨出版社发行人陆又雄先生的第一次见面，他曾十分感慨地说，虽然两岸分离了40年，但大家都脱不了亲密的血缘关系。我们应该敞开胸怀，把心里话说出来，通过图书出版的交流，增进彼此间的了解，使我们在中华民族的大家庭里，熔铸更融洽的情感。

从1989年到2001年，台湾出版界朋友连续参加了由促进会举办的11届"合作出版洽谈会"，每次都是数十家出版社、数十人参加。与大陆出版社相聚在深圳、桂林、杭州、青岛、成都、长沙、台北、昆明、西安，共同磋商，相互沟通，互利共赢，对两岸的版权贸易、合作出版起到了重要的推动促进作用，《中国美术全集》《中国大百科全书》《中国古建筑大系》《中国古代文史名著选译丛书》《中国五千年考古》《中国古代十大名著》《中国民间美术》等多卷本大型丛书都是在"洽谈会"上签订的。

尴尬的卡拉 OK

1991 年 6 月，我随团去新加坡参加新加坡华文书展，台湾也有一个四五十人的代表团参加。当时虽然两岸已经"破冰"，我在上海书展和"合作出版洽谈会"上也与部分台湾同人有过接触，但毕竟时间短，没有更深的了解和沟通。这次台湾代表团里除个别人见过面外，大多数是陌生面孔，所以双方交流时还是比较拘谨。大陆代表团和台湾代表团是参展的大团，在所有代表团中非常显眼。团里规定，与台湾代表见面要注意分寸，不能主动与他们交换名片，碰到了可以礼貌性地互相点点头，就算是打招呼了。

主办方之一，新加坡《联合早晚报》的朋友们很热情、很友好，为了推动两岸间的交流，书展期间，他们特地为大陆、台湾组织了一次别开生面的联谊会。大陆代表团团长是王子野同志，他从国家出版局副局长的位子上退下来后当选为中国版协主席。一开始，我们对举办联谊会并不积极，主要是怕掌握不好分寸，但经不起《联合早晚报》总编辑陈正的反复游说。我这次是代表团的秘书长，只好去请示子野同志。我说，主办方这么热心张罗，我们代表的是整个大陆的形象，如果真的拒绝，是不是显得不够大气？子野同志认真考虑后，决定参加。会前又叮嘱了几句，主要是让大家避免敏感话题，不要主动交换名片，等等。

晚餐后，我们来到一个百十平方米的大厅。联谊会开始，主持人说，今天是联谊活动，大家放轻松一些，随便坐。我们没有听主持人的，还是跟着团长，扎堆坐到了一起。经主持人介绍，我们才知道台湾代表团团长是黎明出版公司的总经理张明弘。我扭头看去，这位张总经理看上去 60 岁上下，戴着一副金丝眼镜，着装笔挺，身板笔直。主持人话音刚落，他便缓缓起身，微笑着向我们这边点头致意,既沉稳又大方,显得非常儒雅。坐在我一侧的陈正先生悄悄告诉我,黎明出版公司属台湾军队系统,张明弘从部队退下来后,任职黎明出版公司的董事长、总经理。我听了这些情况赶忙凑到子野身旁做了汇报。子野同志很平静,只是点了点头。

主持人介绍完主要嘉宾后,便组织大家唱卡拉 OK,活跃一下气氛。那时候,卡拉 OK 刚从台湾传入大陆,算是新鲜事物,我们团里的人都没怎么接触过,但对新加坡和台湾的代表团来说,就是生活中的一部分,所以他们一首接一首地唱,期间虽然不断地邀请我们上去唱,可是我们谁都不会,只好摇头摆手频频谢绝。

谢绝的次数多了,陈正就动员说,你们也要唱呀,三地的华人联谊,只有我们两家怎么行?我们也觉得有些尴尬了,我就和周边的几个同志商量,我们得上台去,即使唱一首也行啊。可大家都说没唱过,问谁谁都不会,后来大家就推着我上。子野同志也说,可以让我和其他年轻人一起上。实在没办法,我只好强拉了几个年纪轻一点的,硬着头皮上去了。可是唱什么呢?我说我会唱一点儿《小城故事》,这首歌当时在大陆正火,大家也还比较熟悉。因为是第一次唱卡拉 OK,这首歌平时听着可以跟唱,可到了自己唱就不是那么回事了,不但调不准,很多时候歌词也接不上,一时间,大家尴尬万分。新加坡和台湾朋友这时也看出了我们的窘态,大家很友好,纷纷跑上来同我们一起唱。于是,这首歌最后竟成了三地华人的一个大合唱。

说也奇怪,这次"联谊"后,大家彼此都觉得放松了许多,不再像先前那么拘谨了。再见面时,都热情地主动打招呼,聊起来也开始有说有笑了。

此事过去一年后,1992 年夏季,张明弘夫妇想来大陆看看,由于他的身份比较特殊,就请陆又雄先生打电话给我,问我能否在北京接待一下。当时,台湾方面已允许台胞来大陆探亲,但对台湾的所谓党政官员还是控制的,并散布谣言,说这些人来大陆不安全。我向相关领导报告后,领导满口答应由促进会接待张明弘夫妇。记得招待张先生在仿膳吃饭时,我们谈了两岸的出版情况。张先生告诉我,黎明出版公司正在组织专家整理全宋诗,预计三四年后出版。我说,北京大学出版社已经在分卷出版傅璇琮等专家整理的全宋诗,"黎明"可以购买北京大学出版社的版权在台湾出版,无论从时间上,还是从资金的投入上,对"黎明"都是有益的。张先生接受了我的建议。席间,我还送给张先生一套我与绛云编纂的《历代诗话论作家》,张先生随手翻了翻,觉得编得很好,当场就表示购买该书的版权,在台湾出版。

真没想到,新加坡的一次联谊活动,不仅让我第一次尝试了卡拉OK,还让我与包括张明弘先生在内的许多台湾出版同人成了好朋友。而我从新加坡回国后,着实练了好几首卡拉OK歌曲,自此,《小城故事》《恋曲1990》《驼铃》都成了我的拿手曲目,再遇到那种场合已经完全可以应对了。

大陆出版代表团首次访台

有了1988年上海"海峡两岸图书展览"的成功举办,有了"合作出版洽谈会"的多次合作,促进会与台湾出版事业协会的信任、友谊日益加深。为此,1992年9月,在北京京伦饭店举办的"两岸出版座谈会"上,台湾出版事业协会秘书长陈恩泉先生代表台湾出版界同人邀请促进会组团赴台湾访问,进一步加深两岸的合作出版,许力以会长愉快地接受了邀请。

准备赴台访问的所有具体工作是由我操办的。从写赴台申请报告,到与台湾出版协会联系,为赴台人员填写各类表格,催促准备证明材料等,前后用了近8个月的时间。从1989年起,台湾出版人到大陆访问的越来多,可内地出版界人员到台湾的却寥寥无几。据我所知,当时只有中国图书进出口总公司和中国印刷总公司曾各有两人应邀去过台湾。

我们这次赴台,是大陆出版界的首个代表团,共有12人,不仅人数多,而且是在"汪辜会谈"(1993年4月29日,就海峡两岸加强经济合作和科技、文化等领域的交流进行协商的会谈)之后,因此对海内外影响很大。代表团团长是许力以同志。代表团成员有商务印书馆总经理林尔蔚、人民文学出版社社长陈早春、建筑工业出版社社长周谊、人民美术出版社社长陈允鹤、北京大学出版社社长麻子英、广东科技出版社社长欧阳莲、上海科技出版社总编辑龚刚、浙江出版总社副社长宗文龙、中国教育图书进出口总公司副总经理赵桂树、"三联"驻广东办事处主任兰坚,我作为促进会秘书长参团,也是此次代表团的秘书长。

当年去台湾没有直航,必须经香港到台湾驻港的"中华旅行社"办相关手续,然后才能再乘机转道台湾,又只能走罗湖口岸进香港。因此,我们5月3日从北京出发,先到了深圳,准备第二天由罗湖进香港。

早在北京时,我从媒体上了解到,从罗湖进入香港海关时,不但手续烦琐,而且办事人员多有刁难,通常要排队数小时。著名导演谢晋就等过9个小时。等候时,没有水喝,也没有东西吃,急得谢晋向港英当局提出抗议。后来又有一个剧团也是如此,引起大家的极度不满。为了预防这种情况,我联系了香港联合出版集团,请他们帮忙协助,又联系了我在深圳海关的好朋友王志良,希望届时(如果需要)能帮忙提供个休息的地方。

5月4日,我们起了个大早,简单吃了点早餐就匆匆乘车往罗湖海关赶。到那里一看,哇!已是人头攒动,黑压压一片。多亏香港联合出版集团为我们联系了亚洲旅行社的谢先生,他先替我们去排队,也多亏了深圳海关的志良兄,提前给我们准备了海关的贵宾室,有沙发可坐,还有上好的西湖龙井茶。整整等了 4 个小时,直到中午 11 点多,我们才从乱哄哄的一群一群的人堆里穿过,最后过了香港海关。在台湾驻香港的"中华旅行社"办手续还算比较顺利,每人换了张台湾地区出入境许可证,填写了一张出入境卡片,前后不到一个小时。

5 月 5 日下午,我们乘坐国泰航空公司的飞机飞抵台湾桃园机场,空中飞行还不到一个小时。想想现在从北京"飞"台湾,不过三四个小时,可 20 多年前却用了 3 天!

台湾出版界的同人对我们代表团的首次访台非常重视。我们一下飞机,就有机场的一位青年在等候,他热情地为我们很快办好手续,带着我们走贵宾通道,免检免验,给予了很高的礼遇。来到候机大厅,早已等待在那里的台湾出版事业协会、台湾市出版商业同业公会、台湾光复书局、汉光文

1993 年 5 月,许力以(一排右四)率大陆出版代表团首次访问台湾,受到台湾出版同人的热烈欢迎(一排右一为本书作者)

化事业公司、淑馨出版社、台湾商务印书馆等单位的负责人包括黄肇珩女士、陈恩泉秘书长、宋定西、陆又雄、张连生、夏邦基先生等高兴地迎上来，与我们握手、拥抱、相互问候，还在现场拉起了"欢迎两岸图书出版合作研讨会访问团"的横幅，气氛十分热烈。

我与陈恩泉先生算是老相识了，他见到我就说："今天上午这里还一直下雨，你们一到，雨就停了，空气既清爽又新鲜，按照我们家乡闽南人的说法，这是一个很好的兆头，我想，这也预示着两岸文化出版合作的良好开端。"

在台期间，许多著名的出版公司都争先恐后地抢着安排和我们座谈、交流、吃饭。淑馨出版社发行人陆又雄先生告诉我，台湾的绝大多数出版公司非常愿意与大陆出版同行合作，只要我们通力合作，共同努力，让中国图书走向国际市场的目标就一定可以实现。

5月13~14日，在台湾师范大学综合楼会议厅举行"两岸图书研讨会"。会前，许力以同志嘱咐我一定要先到会场看看有没有不合适的安排。我到会场后，一切都已安排得井然有序，座位主次也很得当。我在环顾周边的布置时，突然发现在会场一侧悬挂着国民党党旗和台湾"国旗"。我心中一惊，急忙赶回代表团休息的贵宾室，向许力以同志做了汇报。许力以说："这个会场我们不能进，除非找台湾出版事业协会的秘书长陈恩泉，让他们把旗子撤下来。"我向陈恩泉说明情况后，他不以为然地说："这是台师大的会议厅，一直都是这样布置的，马上就要开会了，就别撤了。"我有点着急了，一脸严肃地说："如果不撤，我们就不进会场！"他看我态度坚决，最后只好安排人把旗子撤了下来。我再次检查了一遍整个会场后，才请大陆代表们进来入座。（海峡两岸的交流活动中，类似的小插曲很多。比如1987年的法兰克福书展上，一家台湾出版机构在展台上公开悬挂台湾的"国旗"，我们发现后，立即与主办方联系，经过反复交涉，让他们把旗子撤了。1997年，大陆书展在台湾举办，在主会场，一家台湾广告公司设计的海报上印有"中华民国"的字样,我们发现后,立即组织人员将他的海报用我们的图书招贴画糊起来。)

这次研讨会,由台湾出版事业协会理事长黄肇珩与促进会会长许力以共同主持。黄理事长致辞,许会长就研讨会做了总结。会上,幼狮出版公司总编辑陈信元、台北著作权律师萧雄淋和我分别就大陆、台湾图书市场情况和两地著作权情况做了主题发言。大家还就相关问题进行了讨论,各抒己见,畅所欲言。两天的会议,开得非常成功,台湾出版界人士共有100多人参加,至今想起当时的情景,还让人感到兴奋。

"五点共识"的提出与签署

访问台湾之前,按计划由我准备一个介绍大陆著作权法及其执行情况的主题发言,草稿拟就后我去许力以家请他提意见。谈完了对我的发言稿的意见后,许力以同志说:"我们这次去台湾开研讨会,最好能够对两岸出版的交流有一个较大的推动,双方形成个交流机制,相对固定地搞些交流活动才好,比如:定期举办两岸出版座谈会,台湾已经在内地搞了两次台湾图书展览,我们是不是也可以到台湾搞个大陆图书展览;还有人员的交流培训;等等。"我举双手赞同许力以同志的意见,认为这对进一步加强两岸合作大有益处。

到台湾后,在研讨会召开的前一天的准备会上,许力以同志就如何推进两岸长期合作谈了几点看法,征求大家的意见。这几点看法,基本上就是前些时候我们俩议论的那些内容。大家议来议去,反复斟酌,除了增加关于印刷技术交流的建议外,对许老的几点看法一致表示同意。

第二天会议讨论时,许力以做了发言,提出了5点意见,并希望写在这

次"研讨会"的会议纪要里,以便大家今后朝着这个方向努力。5点意见是:

1. 两岸定期举办学术交流研讨会。每年一次,轮流在两岸分别举行;

2. 两岸定期举办图书展览,内地图书展览先在台湾举行(因为台湾书展已在内地举办多次);

3. 为促进出版学术交流,双方定期进行人员互访;

4. 为促进两岸出版资讯交流,双方提供相关出版信息;

5. 为增进两岸出版合作,互相提供印刷技术协助,并加强出版印刷交流。

许力以同志的这5点意见当即得到台湾出版同业的赞同和响应。会上经双方主持人同意,由台湾方面的一位姓朱的先生和我马上起草会议纪要,商定在大陆代表团离台前举行的告别宴会上正式签署"五点共识"。

我和姓朱的那位先生到了另外一个房间。我起草了研讨会纪要的第一稿,朱先生做了个别文字的修改,然后,我们分别将"纪要"交各自参会代表讨论审议。

出乎意料的是,晚上在代表团讨论时,团里的一位同志突然提出不同意签署"五点共识",不是因为"五点共识"内容上有什么不妥,而是赴台前有关领导有"指示",但有关领导并没有将这个"指示"向团长交代。一下子,事情陷入了僵局。大家纷纷批评这个同志为什么不及早将上级指示告知许力以同志。但这些批评已无实际意义,当年的电信又没有现在这么方便,我多次与北京联系也没有联系上。如果告知台湾方面说我们不签了,则有些说不过去。基本意见是我们提的,现在又说不签,实在是没有道理,而且影响太坏,势必会让对方产生误解,对两岸刚刚开启的合作大门蒙上一层阴影。许力以同志考虑再三,决定还是签。一是"五点共识"的内容没有问题,二是如果第一次合作我们就出尔反尔,将会给今后两岸的进一步发展带来障碍。但考虑到上级领导的指示,或许还有更深层次的想法,许力以同志让我临时找个理由,说个别文字仍需要推敲,现在修改怕一时来不及,先搞个草签,回北京将文字敲定后再签一个正式的。

回到北京,一下飞机,许力以与周谊同志连家都没回,直奔领导同志家,当面汇报了出访情况和"五点共识",最终征得了领导的同意。同年11月5日,台湾出版代表团来北京出席"两岸图书出版合作研讨会"时,双方正式签署纪要文本。"五点共识"的正式文本是:

一、两岸定期举办出版学术交流研讨会。每年一次,轮流在两岸分别举行。

二、两岸定期举办图书展览。

三、为促进出版学术交流,双方定期进行人员互访,分别由对方负责接待。

四、为促进两岸出版资讯交流,双方将提供相关出版品,交换稿件。

五、为增进两岸出版合作,双方提供印刷技术之协助,并加强出版印刷交流。

于1993年签署的两岸出版交流的"五点共识",虽然是一些原则性的意见,但它反映了两岸出版同业的共同愿望。20多年过去了,这"五点共识"依然起着指导性作用,推动着两岸的出版合作向前发展。

中国的基辛格——"华文出版联谊会议"

宋木文同志在评价"华文出版联谊会议"的重要作用时认为,"华文出版联谊会议"是两岸大形势发生积极变化的产物。"这类事,从提出到决策,绝不是几个人瞬间一捏合即可完成的,而是在大背景下,当机遇出现时,有关当事人没有错过就是了"。我觉得木文同志的说法恰如其分。不过,历史上许许多多的事情发生时,"当事人没有错过"、抓住机遇并不容易。

1994 年 8 月 5 日,台湾出版事业协会秘书长陈恩泉先生给促进会发来一份传真,建议同促进会共同组织成立"华文出版人联谊会",其宗旨是:"促进华文地区出版人及相关团体的沟通与合作","组织及主办华文出版品的展览、会议、研讨会、座谈会,以提升华文出版品素质","设法统一各地区使用之相关印刷及出版专业名称和教材","成立中介机构,处理各地区有关版权、著作权事宜","提供出版资讯,研究合作图书出版计划","促进国际合作,增进文化交流"。

9 月 2 日下午,来京参加图书博览会的台湾、香港出版界的同人,与促进会及内地部分出版社负责人举行座谈会, 会议由促进会会长许力以、台湾出版事业协会理事长武奎煜主持。大家就是否成立"华文出版联谊会"展开讨论。

讨论中,台湾、香港、内地的与会者一致赞同建立一个平台,共同开拓华文图书市场,加强彼此的联络与合作。但是,三地成立一个组织,我们认为条件还不成熟,香港方面也赞成我们的意见。正当大家冥思苦想的时候,陈万雄先生提出,能否在"华文出版联谊会"后边加一个"议"字,叫作"华文出版联谊会议",既不是一个组织,又能以这个名义开会,沟通协调三地合作出现的问题。大家对陈先生的提议拍手叫好,都说这一个字加得好,戏称他是"两岸三地"出版交流中的"基辛格"。

参加此次讨论的还有时任中国出版工作者协会主席宋木文、香港商务印书馆总经理陈万雄,以及娄明、周谊、龙文善、曾繁潜、经继之、陈恩泉、宋定西、苏庆成、彭正雄、陆又雄、游凤珠、秦慧珠、张中一等。我负责起草了会议纪要。会后经三方认真审议,一致同意《纪要》的全部内容。

《纪要》记载了三方达成的六点共识:

一、继续推动华文出版业的发展,开拓和发展华文出版物的国际市场,是三方的共同愿望。今后,为了更好地开展合作,大陆方面由中国出版工作者协会负责,台湾方面由图书出版事业协会负责,香港方面由香港出版总会负责,对口交流、对口商谈和统一协调出版界合作问题。

二、根据目前情况,"两岸三地"出版业应积极开展各种形式的联谊活动,并为今后成立联谊会组织创造条件。

三、开展联谊活动的宗旨是:加强华文图书出版业的交流与合作,努力开拓华文图书市场,增进"两岸三地"及世界各地华文出版团体的相互了解和友谊,弘扬中华民族优秀文化。

四、联谊活动的主要内容是:(1) 每年举行一至两次联谊会议(不定期),围绕联谊的宗旨,沟通情况,交换意见。会议地点可以分别在大陆、台

1995年5月,在香港召开"第一届华文出版联谊会议"(右起:陈万雄、许力以、宋木文、李祖泽、武奎煜)

湾、香港三地轮流举行。会议由举办地主持。(2)主办华文图书展览、研讨会。(3)组织人员互访。(4)促进统一各地区使用相关印刷及出版专业名称,提供印刷技术咨询服务。(5)协调有关著作权事宜。(6)提供出版资讯,研究合作图书出版的项目。

五、为便于日常联络,三方各指定一至两名事务性负责人:大陆方面为范振江和常振国;台湾方面为陈恩泉;香港方面为何锦玲、沈本瑛。主要负责各项联谊活动的准备工作和沟通联谊会议议定事项的办理情况。

六、三方同意,第一届联谊会议在香港举行,具体时间另定。

1995 年 5 月 15~16 日,"第一届华文出版联谊会议"在香港举行。出席会议的大陆代表团成员是:团长许力以;团员薛德震、林尔蔚、王化鹏、石洪印、路用元、海飞和我。中国出版工作者协会主席宋木文出席会议并致辞。香港出版集团总裁李祖泽、台湾出版事业协会理事长武奎煜到会并讲话。会议由香港出版总会副会长沈本瑛先生主持。会议的主题是:保护版权,加强交流。

三地代表王化鹏、林尔蔚、姚希勤、陈信元、萧雄淋做了主题发言。经过深入研讨,三地代表就版权保护问题、华文出版联谊会议的活动问题以及第二届华文出版联谊会议的主题达成共识,并一致通过"第一届华文出版联谊会议纪要"。

1997 年 6 月在台北举行了"第二届华文出版联谊会议",1998 年 8 月在北京举行了第三届。以后连续在三地轮流举行。出席会议的都是三地出版界的主要负责人,各有代表七八名。在 2002 年香港举行的"第七届华文出版联谊会议"上,首次邀请了澳门出版业代表与会,由此"华文出版联谊会议"由"两岸三地"轮流主办变为"两岸四地"轮流主办。2005 年 8 月在北京举行的"第十届华文出版联谊会议"上,中国出版工作者协会、台湾出版

在北京举办的"第十届华文出版联谊会议"上,"两岸四地"24位出版同人获得奖杯(后排左一为本书作者)

事业协会、香港出版总会、澳门出版协会联合推荐,对长期推动"两岸四地"出版交流做出突出贡献的24位资深人士给予了表彰。他们分别为宋木文、许力以、于友先、陈为江、周谊、吴江江、杨德炎、潘国彦、黄肇珩、武奎煜、陈恩泉、王国安、宋定西、杨荣川、陈信元、李祖泽、陈万雄、沈本瑛、李庆生、陆国燊、陈松龄、李成俊、陈雨润,我也获得了这项荣誉。

"华文出版联谊会议"已举办了18届,从联谊会议的创办到前11届会议的各项工作,内地方面的筹划,包括各方的联络、会务准备和参会代表人选的推荐,都是促进会承担的,历届会议的纪要,绝大多数都是由我执笔。后来由于版协工作的安排,会议的各项工作由沈建林同志具体负责。

应该说,"联谊会议"提供了一个协调促进华文出版走向世界的很好的平台,促进会也试图更好地发挥它的作用。问题的关键是,如同做任何事情一样,一定要有人真正地关心扶持,针对出版业的发展变化,研究新问题,提出新思路,拿出新办法,做实事,这样才会出成果、有效益。

访台琐忆

我在 1993、1997、2000、2004、2008 年 5 次访问台湾。走访过台北、台中、台南等地的大多数出版公司,它们都属台湾地区较为著名的出版机构。

第一次到台湾,我总爱与北京比,或者与广州、福州比。在去台湾之前,我想象中的台湾应该是非常时尚、非常现代的。但是下了飞机,除了机场很大外,台北市区的建筑和北京相差很大,几乎没有宽阔的街道,交通拥堵,满街上跑着电动摩托。我问陆又雄,台湾这么富有,有钱为什么不好好修修路呢? 陆先生向我诡秘地一笑,说这里和大陆可比不了,城市建设不能说拆就拆,如果要规划修路,所有途径地区的建筑都得经过业主同意,不能一个命令就全拆了。真的要修一条路,不知要讨论多少年,如果有业主就是不同意,最后路还是修不成。听陆先生这么一说,我当时还真有点优越感。不过近些年大陆这类事也多了起来,新闻媒体,特别是网络上,经常可以看到哪哪哪有个"钉子户",哪哪哪业主因开发商强拆上告法院,我先前的那点优越感没有了,反而让我似乎又有了新的认识。

1993 年、1997 年,我两次到台湾,看到交通拥堵不假,但它的经济确实繁荣,从接触到的台湾朋友的个人消费上,从与我们对版税的谈判中,可以看出对方表现出的财大气粗。但当时大陆基本没有雾霾,可是台湾已经有了,到处都灰蒙蒙的,大街上的行人,骑摩托的青年男女,无论天气多热,个个捂着个大口罩。台湾朋友抱怨说,台湾污染严重,确实让人头痛。我们当时对雾霾还没有什么概念,现在明白了。2000 年以后我再去的时候,台湾整体经济下滑,路上的车少了,夜生活少了,台湾的朋友见面时,再难见到往日的风采,除了摇头就是叹气,有的甚至破产,卖了住宅。他们对陈水扁执

2003年12月,在"第八届华文出版联谊会议"上(右起:陈雨润、陈宏达、沈本瑛、本书作者)

政极不满意,对大陆的发展很是羡慕。

两岸文化交流,出版界起步较早,两岸的合作成果显著。在频繁的交往中,我也接触过不少台湾的年轻人。他们待人一般比较诚恳,对一些问题的看法,心里怎么想就怎么说,不遮遮掩掩。他们对政治关心的人少,对台湾所谓"大选",究竟是支持国民党上台还是支持民进党上台,往往没有特别固定的"党派"成见,他们关注的是本届竞选者的执政主张对自己有没有利。对两岸统一的认同,我的直觉是,年龄越大的台湾人,对国家的认同感越强,对统一的愿望也越迫切,而相当一部分年轻人不是这样,思想上有不少障碍。当然,台湾的年轻人到大陆来的相比之下还是太少,本人来过大陆的与没有来过的,思想上的认知还是差异蛮大的。

与我接触较早的台湾出版界朋友,现在已大多到了古稀之年,见面的机会少了。但偶尔相遇,在他们身上,与初见时的那种对台湾的"自豪感"已没了踪影。看到大陆日新月异的变化,又是感叹,又是羡慕。一位老朋友说,大陆一定要稳住,不用打什么炮,就照这样发展下去,两岸完全统一的日子不远了!

海峡两岸出版交流:从互利合作到携手同心

自 1988 年 10 月上海"海峡两岸图书展览"拉开序幕,几十年间,从间接到直接,从单向到双向,从一般到实质的合作,两岸出版交流取得了突破性进展。几十年间,两岸出版同人从"破冰"相识,到合作相知,从互利合作到携手同心,友情在不断增进,出版合作的成果在不断刷新。回顾当年走过的历程,确实有不少经验值得总结。

首先,以民间形式开展活动,有利于两岸合作。被称为"破冰"之举的上海"海峡两岸图书展览",就是通过民间渠道,先行沟通,然后再以中国出版对外贸易总公司、台湾民主同盟会的名义联合举办,规避了许多障碍。台湾出版人成规模地组团来大陆访问,也是以参加由合作出版促进会举办的"合作出版洽谈会"的名义成行的。"洽谈会"连续举办了 11 届,历时 12 年,台湾同行年年都参加。岛内重要的出版公司,几乎家家都参加过"洽谈会"。正是在这些活动中,两岸出版人通过交谈、研讨,求同存异,增进了了解,消除了隔阂,推动了合作。

其次,建立一个相对稳定的民间交流平台,有利于交流的深入。在两岸交往中,常常会遇到一些难点问题,需要沟通,需要协调。彼此间的一些信息,也需要不断传递。因此,搭建一个相对稳定的平台十分必要。1994 年,由中国出版工作者协会、台湾图书出版事业协会、香港出版总会联合举办的华文出版联谊会议,顺应了这一需要。联谊会议每年举办一次,每次都有主题,同时也交流相互合作中的问题,共同商讨解决方案。我想,正因充分发挥了"会议"这个平台的作用,才使之真正成为两岸出版合作的桥梁和纽带。

此外,树立共同理念,有利于长期合作发展。几十年的出版合作证明,两岸同胞皆为炎黄子孙,五千年灿烂的中华文化是维系全体中国人的精神纽带。唯有加强交流与合作,才能增进互信,造福两岸同胞;唯有加强交流与合作,弘扬中华文明,传承民族精神,才能让华文出版走向世界。从现实情况看,华文图书要想在短期内全面走向世界,还受着语言、民族习惯、价值观念、审美情趣等诸多因素的影响。因此,还需要选择重点项目突破。两岸发挥各自的优势,共同策划,以点带面,逐步推开,直至使中华文化传遍世界。

几十年弹指一挥间。在第十八届全国图书交易博览会期间召开的"海峡两岸出版交流 20 周年座谈会"上,新闻出版总署署长柳斌杰发表了重要讲话,总结了 20 年的经验和成就,展望了之后的发展前景,为两岸的进一步

2017 年 8 月,作者在北京与陈恩泉、聂震宁合影(中间为陈恩泉,右一为聂震宁)

合作拓宽了领域。后来,柳斌杰先生还亲自率领大陆出版业 500 多人赴台访问,举办书展,召开研讨会、座谈会,参加"第 13 届华文出版联谊会议",等等。两岸出版合作,为传承两岸同根同源的中华文化,构建和平稳定发展的两岸关系,实现中华民族的伟大复兴做出了重大贡献。

国门内外

我于 1986 年作为中国出版代表团团长参加了"莫托文"年会,开始走出国门。深入到西方生活的各个鲜活细节,让我们真正感觉融入了当地真实的社会,也对他们的人生理念、生活追求、阅读取向、消费习惯有了更深入的理解,这些对后来与海外同行的交流合作,无形中都有很大的帮助。

同时,在这 30 年里,很多经历和记忆,因为其鲜明的时代烙印,都给我留下了极深的印象。

"叛国"乌龙事件

在我的出国经历中,还有过一次押送"叛国者"回国的经历。每每想起这件事,都让我感叹——实事求是真的不易。

这次出国也是参加"莫托文"年会,我们一行 7 人,由许力以同志带队,我是代表团的秘书长。成员中有建工出版社社长周谊,浙江省委宣传部副部长、浙江出版工作者协会主席马守良,展望出版社社长阮波,长城出版社总编辑刘志斌,现代出版社翻译乔虹。

那次出访的行程是先"飞"到南斯拉夫首都贝尔格莱德,在贝尔格莱德,"南评社"社长波博特带着我们参观、拍照,会见南斯拉夫政府官员,与相关出版公司洽谈。两天后乘车到杜布尼伏尼克,在那儿与来自各国的会员会合,一起乘豪华游轮沿亚得里亚海到意大利威尼斯。年会主要活动在游船上举行。我那时还没有去过意大利,代表团中,除了许老之外,别人也没有去过。亚得里亚海海岸线风光无限,一路上大家说说笑笑,欣赏美景,洽谈项目,气氛十分融洽。我虽然不是第一次出国,但因为没去过意大利,那里的悠久历史和灿烂文化对我充满了诱惑。

　　上船第二天的上午十点多钟,我们正在甲板上眺望海上风景,"南评社"的项目经理艾尔玛找到我,说:"常先生,有您的电话。"我心想,一定有什么急事,电话竟然打到船上来了,于是急忙招呼乔虹同志和我一起去接。没想到电话是中国驻南斯拉夫大使馆打来的。通话后,大使馆的同志指名要团长亲自接听。我只好去请许老,说大使馆来电话,有重要事情。不一会儿,许老回来了。他悄悄对我说,一会儿船靠岸,我们要开个小会,商量一件事。我问什么事,他没说。但从他的表情看,肯定不是一件好事,他在思考着办法。船靠岸后,他把我、周谊、乔虹叫到一起,告诉我们刚才大使馆电话通知,说我们代表团里有人要叛逃,让我们下船立即返回贝尔格莱德,大使馆已经派车从陆路来接我们。电话里,许老与大使馆的同志分析,说代表团里那个所谓的"叛逃"者,不大可能"叛逃"。这个同志在国内表现不错,况且他

1987 年莫托文国际出版集团协会年会会场

一句外语也不会,也没有海外亲属。但大使馆坚持说,这是国内发来的指示,必须执行。没办法,许老又与使馆再三交涉,强调这是个国际会议,涉及几十个国家,如果我们突然全部离会,一定会造成非常不好的影响,是否可以派一人陪同(押送)"叛逃"者和大使馆派来的车回贝尔格莱德,其他人按原来行程不变。大使馆经请示最终同意了许老的意见。

让谁当"陪同"呢?许老犯了愁。那个时候,出国是件很不容易的事,做这个"陪同",确实需要点牺牲精神才行。论年龄,团里乔虹最年轻,但他是翻译,业务上的事时刻都离不开他。除了乔虹,数我年轻。我说:"让我去吧。"许老觉得整个团的活动都是我来协调和安排的,我离开一定会受影响,可眼下确实没有更好的人选。他在犹豫时,我再一次坚持说:"只有我回去最合适。"许老只好同意。因为这次我没去成意大利,许老一直耿耿于怀,经常说对不起我,欠我一次意大利之行。直到几年后,我告诉他,我已经去了意大利了,他才说"这回放心了"。

因"故"下船,离开"使节"号前,中国代表团与南斯拉夫朋友合影(右起:中国驻南斯拉夫使馆司机、周谊、波博特、刘志斌、托马舍维奇、许力以、本书作者、马守良、阮波、中国驻南斯拉夫大使馆文化参赞)

使馆同志和我一再强调,不能向那位同志透露任何信息,只说国内有重要任务,要求我们两人马上回国。那位同志听到这个消息,也是丈二和尚摸不着头脑,再三问我,我们回去到底有什么任务。我这才知道,说假话真是太难了。只好硬着头皮说,具体有什么任务我也不太清楚。他无论怎么追问,我最后只能回答这一句。可越是这样,他越是纳闷,一路嘀咕:"让我们两人回去,是不是因为合作的项目出了问题?"说完了又马上自我否认,"不应该啊!那还有什么十万火急的事……"

这期间,我实在难以接话,也不好以安慰他的语气来对他,怕他心生怀疑,只好不回答或轻描淡写地敷衍一下。开车回贝尔格莱德要在中途住一晚,我们找到一家宾馆,开了个房间。晚上,我不敢睡觉,怕他真的跑了,躺在床上瞎想。很晚了,我好像听他还在自言自语:"是不是因为我是军人,不方便去意大利?"

我和他平常关系不错,见他这么难受,心里着实过意不去,可有什么办法呢?这种时候确实不能多说,一是怕说多了漏了口风,二是也不知道说什么好。我偷偷看了下手表,已经晚上12点多,他还在不停地翻身。突然,他对我说,换个新地方还真不习惯,睡不着,想下去走走。我说,我也是睡不着,我们一起吧。于是,深更半夜,我们爬起来,在宾馆外转了将近一个小时,彼此仅仅闲扯几句就没话了。

第二天,我们回到了贝尔格莱德,被安排住在文化处租住的房子里,使馆同志告诉我,说准备让我们搭乘去印度的航班,从新德里转机回北京。我感觉这么安排不妥,从新德里转机要在机场滞留好几个小时,我一个人"押送",如果中途发生什么事,人生地不熟不说,语言交流也不行,责任实在太大。后来使馆又说,如果我同意,直飞北京的航班可以,但要住在使馆等几天。我认为还是直飞回国更保险,于是同意等。

在这几天里,我们吃住都在大使馆文化处在外面租的房子里,没事做,很是无聊,于是使馆的人说,要不你们帮忙粘信封吧。于是,我们每天起床后先粘一小时左右信封。这些信都是国内各地寄到文化处的,文化处分门别类后再转寄给南斯拉夫各地。早饭后,我们再接着粘。后来信封粘完了,使馆的同志就开车带我们到市区和贝尔格莱德附近的小镇去转。晚饭后,大家聚在一起打牌消磨时间。

这样足足待了五六天。期间,那位同志不停地嘀咕,说国内有重要任务,着急让我们回去,怎么这么多天一直待在使馆里。我对他说,这几天没有航班,只能耐心等。从这时候起,我发现他心里真的开始怀疑了,每天闷闷不乐,说话越来越少。一周后,代表团的同志返回贝尔格莱德,才知道我们根本没回国,而且我们要乘同一航班回国,这下让他更加疑惑了。在回国近 10 个小时的航程里,我们坐在一起,他极少说话,只是时不时地显得非常烦躁。眼看飞机快降落了,见他忐忑的样子,我思考了好久,认真地对他说:"这次要求我们两人提前回国,确实有点情况,但我现在只能说一句,你一定要实事求是,一是一,二是二,跟组织说清楚。"

一下飞机,他就被社里"接走"了。后来听其他同事讲,所谓"叛逃",纯属子虚乌有。事情的真相是,那时公务出国都有置装费,他定制了一套西装,在社里试穿时,他随意问旁边的同事怎么样,由于他平日里总是穿军装,乍一换成西装,确实让人眼前一亮,一位年轻女同事称赞道:"真精神。"同时又随口开了句玩笑:"可别到了国外就不回来啦!"他随口笑着回答:"那可说不准,也许真不回来了。"说者无心,听者有意,社里个别人对这次安排他出国本来就有想法,便把这事报给了上级部门,怀疑他有叛国嫌疑。于是便发生了上述一幕。而这出"叛逃"成了闹剧。

莫斯科图书交易会琐忆

1989 年 9 月,我到莫斯科参加"第七届莫斯科国际图书交易会"。

从北京乘火车到莫斯科,全长 9000 多公里,要坐 6 天 5 夜的车。多亏是第一次乘火车出国,沿途不少风光都是第一回见到,加上那时年轻,倒也没有觉得特别疲劳。

火车经山西、内蒙古出境后,再穿过蒙古人民共和国一直向北,进入苏联的新西伯利亚,经泰加、斯维尔德洛夫斯克、欧亚分界线,最后到达莫斯科。一路上,我看到我国境内沿线光秃秃的黄土地,寥寥可数的几行护路林,同苏联境内连绵不断的护路林相比,心中感叹不已。据说我国铁路沿线也曾种过不少树,但保护得很差,不少单位和个人为了私利,竟砍掉护路林去盖房子,挖路基旁的黄土去烧砖,破坏得非常厉害。而苏联对铁路沿线的树木保护不但有明确的法律法规,而且违法必究,执法严格。我们在苏联境内坐了 4 天 3 夜的火车,没有看到一个伐树或在路基旁取土的;而从北京到二连浩特的一天多路程中, 就发现数 10 处在路基旁取土后留下的大大小小土坑。那黄秃秃的大地,孤零零的树干,一个个的土坑,在我的脑海里飘荡了好一阵子,遗憾、愤怒,直到抵达莫斯科后还时时扰动着我的心。我想,那些砍树取土的固然可恶,而对这种状况无动于衷,或制止处罚不利的单位和部门难道不是也在渎职犯罪吗?!

一 场 虚 惊

泰加,是苏联新西伯利亚地区的一个新型城市,列车在这里要经停 20 分钟。我们代表团的几个同志准备利用这个时间下车到站台上转转,我也想下去抓拍些照片,因此提早背起相机,伏在窗口张望。列车渐渐放慢了速度,与我们同车厢的几位法国青年也从包厢里走出来,伏在窗口观赏外面的风景。

突然，"嘭嘭"两声低沉、犹如远方打炮的声响在法国青年趴窗的地方响起，三四个正在嬉闹的法国青年就像触了电似的，一下子齐刷刷全都趴在了地上，一个个紧抱着脑袋，嘴里还一个劲儿地尖叫。我也被这突如其来的情况惊呆了，不知到底发生了什么。列车员闻声从工作间跑了出来，急忙跑到出事地点，原来是车窗玻璃被砸了两个鹌鹑蛋大小的窟窿。玻璃幸好是双层的，没有伤着车里人。过了好一阵子，那几个法国青年才慢慢地从地上爬起来。一位女孩子苦笑着问列车员："刚才是怎么回事？"列车员无奈地说："非常抱歉，这是苏联当地的一些淘气孩子们干的。"听说是孩子们的恶作剧，大家这才长舒了一口气，指手画脚地议论了好久。待我们平静下来时，列车又已经启动了，一场虚惊，让我下车拍片的计划落了空。

过欧亚分界线

过斯维尔德洛夫斯克不一会儿，列车员特地过来告诉我们，马上就要到欧亚分界线了，路标是 1777 公里，值得看看。

这个机会当然不能错过。我和小季先是打开包厢门，拉开包厢内的窗帘，测了一下光，发现还是曝光不足，于是又将过道窗户的窗帘也拉开。路标还在 2084 公里时，我便扒开车窗迫不及待地爬到上铺，将相机对准了窗口。此时，列车行进的速度很快，一股股强风把我的头发吹得竖了起来。我顾不得这些，只是一遍又一遍地调试着焦距。这时，同行的许多人都集中到车厢的过道处，举着相机，像是临阵冲锋似的，准备抢拍下这个珍贵的瞬间。从路标 1784 公里到 1779 公里，我死死端着相机。为了减少列车快速行进的颠簸，保持住身体的平衡，我用双肘使劲儿地卡在窗框上。这时，不知谁大叫一声："快看，在那儿！"随着喊声，我向侧前方扫了一眼，一块乳白色的菱形石碑正向我扑面而来。我连忙用镜头对准它，憋住呼吸："好，来了！"

石碑已进入了镜头，我迅疾按下快门……坏了！快门毫无反应，没有听到往日里那清脆的"咔嚓、咔嚓"声，我顿时急得头上冒出了汗，而此时的菱形界碑已像一道白光迅猛划过。

我懊丧至极，将相机重重地扔到床上！辛辛苦苦等了半天，关键时刻却"掉了链子"。过后一检查才发现，原来是电池没电了，其实相机已经报警，可我当时一门心思全在考虑拍摄位置，竟对报警的红灯视而不见，那个后悔劲儿就别提了！

苏联"倒爷"

苏联那个时候也在搞改革，各个领域都在发生着变化。我们出发前，从报纸、广播中，以及当时到过苏联的一些同志的介绍中，还是了解一些。但确实百闻不如一见。就说苏联的"倒爷"吧。

火车一进入苏联境内，每到一站，我们就会发现不少苏联青年，三个一群五个一伙，在站台上主动与车上的旅客做"交易"。他们手里提个空提包，向中国旅客收购几乎所有的物品。一位从南京到莫斯科读书的中国留学生，用一双"懒汉鞋"，换了 25 个卢布，按当时国家外汇牌价折算，相当于人民币 150 元，而一双"懒汉鞋"在国内的价格不过 3 元左右。北京的"二锅头"的酒是苏联人的抢手货，这与当时苏联在全国实行"禁酒令"有关。一瓶当时国内价格 1 元多的北京"二锅头"，可以换 15~20 个卢布，相当于人民币 90~120 元。那时卢布与美元的比价是 0.648:1，而在苏联的黑市上，竟是 12~15 个卢布兑换一美元。我们到了莫斯科以后，这种现象也是处处可见。饭店里、商店里、地铁站，甚至走在马路上，可能随时都会遇到主动凑上来要与你"换汇"的"倒爷"。那时我们大多数人对这种现象既好奇，又对苏联政府管理的混乱很鄙视。后来不久，我们国家在改革开放进展到一定阶段时，同样是涌现出一大批国际"倒爷"，倒紧缺商品，钻汇率差价的空子。可见,任何一种社会现象的出现,一定是当时社会经济、政治、文化的阶段性反映。

在莫斯科,还有些自然形成的紧俏商品倒买倒卖点,有点像我们的自由商品市场。出于好奇,我和几个同志抽空去逛了一回。那里面,市场上买不到的巧克力、电子表、高档打火机、时髦服装等随处可见,五花八门,琳琅满目,几乎应有尽有,与莫斯科的国有大商场形成鲜明对比,就是价格高得出奇。我们去过红场附近的几家大商场,里面副食商品极度紧缺,见不到鱼和肉,日常生活用品货架上也很少。实在没东西可买,我买了一把做牛排、猪排用的小斧头,售价 2.5 卢布。有趣的是,这把小斧头的价格标签不是纸做的,而是浇铸在钢质的斧头上,再一打听,这个价格 30 多年都没变过了。在自由倒卖的市场上,图书也在倒卖,这可能与苏联人喜欢读书有关,凡是到过苏联的人对此都有同感。当时苏联的纸张紧张,"书荒"严重。我注意了一下倒卖的图书,大多数都是专业书籍,小说极少,更没有什么黄色刊物,而倒卖者都是些年逾半百的老人。由于时间短,我不知道当局对这些市场采取了什么管理措施,从现场的氛围观察,还是比较轻松和谐的。至于那些"倒汇"的"倒爷",使馆的同志说,苏联政府部门打击的力度还是蛮大的。只是这些人一天赚到的钱,就相当于当地普通工人一个月甚至一年的工资,如此大的诱惑,难怪他们会铤而走险。

图书交易会见闻

"莫斯科国际图书交易会"于 1989 年 9 月 12 日开幕,9 月 18 日闭幕。这个交易会始于 1977 年,每两年举办一次,是世界上较大的图书展览之一。我们国家于 1983 年正式派团参加。

　　图书交易会由苏联国家出版委员会所属的莫斯科国际图书交易会组委会主办,地点在莫斯科国民经济成果展览中心。早在交易会开幕的20多天前,莫斯科的街头便随处可见交易会印制的宣传广告和海报,报纸和广播也不断报道有关信息。苏联政府为办好交易会,为展台配备了大批管理人员,出动了许多保安,展厅内外,经常可以看到手持步话机的警察。9月12日开幕时,时任最高苏维埃主席戈尔巴乔夫给交易会发来贺词。联合国副秘书长、联合国教科文组织秘书长特使以及来自60多个国家出版界代表出席了开幕式。中国展台与苏联、东欧及其他社会主义国家的出版社展台同在第一展览大厅,美、英、法等西欧国家的出版社在第二展览大厅。这次图书交易会的口号虽然仍是"图书为世界和平与进步服务",但实际上苏方的着眼点已由原来的重宣传、重政治转变为重贸易、重经济效益,书展的名称也由原来的"国际图书博览会"改为"国际图书交易会",凡是参展图书都可以买卖,突出了商业性。交易会为期7天,对公众开放只有3天半。美国新闻署、美苏图书协调人金斯顿说:"这和苏联盛行开放的精神相矛盾。"但苏联主办方说:"减少对公众开放,是想给参展者更多的商业活动条件。"可见苏联实施改革方针后,比较注重相互贸易,讲求经济效益。

　　我们这次参加交易会的图书共有2000多册。开展以来,到中国展台参观的读者非常多。特别是一些艺术画册,武术、医学、气功等类书籍更是吸引着众多的苏联读者。他们中间有学者、专家、教师和青年学生,有家庭主妇与儿童,还有拄着拐杖、坐着轮椅的残疾人,不少人是专程从外地赶来的。一位曾在中国学习过的姑娘,特地穿上她在中国买的印有中文"中国—北京"字样的上衣,从列宁格勒(圣彼得堡)赶来参观中国图书。她笑着对我们说:"我一直非常想念中国,想念北京。我喜欢中文。我虽然已经工作了,但还在学习中文,我愿意为中苏两国人民的友谊多做一些事情。"到展台来的苏联朋友有许多是当年到过中国的专家,他们对中国文化和现在的巨大变化很感兴趣,很有感情。一位年逾七十已满头白发、胸前挂满勋章的老人拄着拐杖来到展台,当他看到商务印书馆出版的《俄汉大辞典》后,执意要买。我们告诉他,这只有一部展品因而不能出售时,他很失望。他说,他20世纪50年代就到过中国的大连、哈尔滨,在中国生活了五六年,是中国人民的老朋友。作为老朋友,应该满足他的这个要求。说着,便坐在椅子上不走了。商务印书馆总经理林尔蔚同志看到这种情况,只好同他商量,送他一本《简明俄汉词典》。老人听了,顿时高兴起来,立即从提包里拿出巧克力请中国的同志们吃,还把他几十年前同苏联高级领导人的合影拿给大家看。第三天,这位老人又来到中国展台,特意将他的一枚劳动奖章送给林尔蔚同志做纪念。

1989年9月,作者随中国出版代表团参加莫斯科国际图书交易会(右起:中国建筑工业出版社总编辑朱向清、中国出版对外贸易总公司副总经理刘海涛、新闻出版署国际处副处长魏红、商务印书馆总经理林尔蔚、河北少儿出版社社长穆书法、本书作者)

　　由于这次我们的参展图书事前已经全部卖给了一家苏联图书公司，不少读者要当场买书的愿望难以满足。一位苏联妇女看到河北少儿出版社出版的《十二属相故事画库》，十分喜欢，要求卖给她一套。我们向她解释说不能卖。于是她在翻看时，把其中两本悄悄装到手提包里。我们发现后请她交出来，她振振有词地说："我要买，你们不卖。我要拿，你们又不让。那我怎么办呢？"她的这番解释，真让我们哭笑不得。

　　交易会上，我还结识了一位苏联小朋友，叫"涅乌达欣"。书展公众开放日的第一天，到中国展台的读者特别多，熙熙攘攘，十分拥挤。我正在与一位朋友交谈，突然有个小男孩从人群里钻了出来，可能是用力过猛，一下子撞到我身上。小男孩看上去有一米四五，消瘦的小脸，有一双水汪汪的大眼睛。我还没说话，只见他昂起头，略有歉意地说："你好，对不起！"啊，他竟然会说中文！我笑了，摸摸他的头，高兴地说："你好！"我接着问他："你会说中文吗？"他望着我，难为情地垂下头，摇了摇。看到他尴尬的样子，我有些后悔。为了缓和局面，我拿出一套中国明信片，送到他的手上，他顿时笑了，双手紧紧握住，又蹦出了一句中文："谢谢！"我拍拍他的肩膀，向他示意书架上的中文书，请他去看。没想到，之后的三天半里，他天天都来我们展台，每次都先向我问好。书展的最后一天，他带了两个同学一起来到展台，我通过翻译，与他聊了一会儿。我问他："你喜欢中国吗？"他说非常喜欢。他还非常喜欢展览的中国图书。他告诉我，今年他 13 岁，是 8 年级的学生，那几句中国话，是他为参观书展新学会的，今后他还要多学一些，还要到中国来旅游。告别前，我提议留个影，涅乌达欣和他的小伙伴们高兴极了。我说："我回中国后，我会把洗好的照片寄给你。"我的话音刚落，涅乌达欣马上一本正经地对我说："要寄，一定要寄 3 张，我们每人一张。"我说："一定会的。"他听罢，从衣兜里拿出笔，向我要过通信录的小本本，工工整整地写下了他的名字、地址，并再一次认真地说："说话算数！"我被他的直率、认真逗笑

参观书展的尼古拉·涅乌达欣(左一)等三位苏联小朋友

了。是啊,孩子的心灵是纯洁美丽的,应该让他们相信,这个世界是真诚的,世界上的人们也是美好的。我回到北京后的第一件事就是给涅乌达欣寄去了3张我们的合影照片。

对"走出去"的思考

关于中国图书如何走向世界的话题,我做过很多思考,写过多篇文章。现在看来,这些文章还有一定的参考价值。现摘录两篇。

关于中国图书走向世界的思考

(原载于 2002 年第 5 期《编辑之友》)

12 年前,我曾在《人民日报》发表了一篇千字文,题目是"让中国图书走向世界"。12 年过去了,中国乃至世界发生了巨大的变化,中国的出版业也有了长足的进步。有趣的是,我们今天讨论的问题却没有变。这说明了什么呢? 第一,尽管我们已经向前迈出了一大步,然而与改革开放的整体节奏、与世界对我们的期望还有差距。第二,中国图书走向世界是一个大题目,12 年前我们在做,现在还在做,将来还要做。这是一个不断发展、不断深入的过程。第三,说明在加入世贸后,在对外的开拓上,在"中国图书走向世界"的问题上,已越来越为出版界所重视。尤其是在世界经济一体化的今天,我们再来探讨中国图书如何走向世界,就不仅仅是图书的贸易问题,还关系到在世界大融合的时代,中华民族文化能否继续传承下去,能否在世界文化的百花园中占一席之地。

一、近期大陆图书市场的变化,给了我们什么启示

从有关资料统计看,大陆加入"世贸"以来,图书市场的进口原版书销售一路飙升。北京西单大厦今年 1 至 2 月小说的销售额比去年最高的月份高 80%；王府井外文书店一层卖场，原版书占据了半壁江山。三层的专卖场，购书者比以前增加了三成以上。此外，中国图书进出口总公司的批销大厅，货架上的进口原版图书也呈供不应求的势头。另据报道，北京图书大厦、上海书城、北方图书城、深圳书城 2002 年 2 月畅销书排行榜前 10 名中，均有 5 名以上是引进版。分析其原因，一是全国上下的"英语学习热"持续升温，不少人希望从原汁原味的阅读中，更好地学习英语；二是信息灵便，国外的畅销书很快为国内读者知道，希望先睹为快；三是随着中国经济的发展，人民的生活水平有了较大的提高，原版图书的价格已部分地为人们所接受；四是国内读者对国际先进科技和文化的要求大大增加。同样，从国外市场的需求看，中国的"入世"，中国市场的进一步扩大，也强烈地吸引着外国人，他们出自不同的目的，迫切地希望了解中国，了解中国的经济文化、法律法规，了解中国的市场需求、运作方式。他们的这种迫切心情，绝不亚于中国人想要尽快了解外国的心情。而且，实事求是地说，就目前情况看，中国人对外国的了解，胜过外国人对中国的了解。我们应该借助当前的大好时机，在海外也搞一个"华语学习热"。我们还可以抓紧编写一些适合外国读者口味的英文版或其他文版的图书、画册、音像制品，通过有关销售网络，快速打入国外的图书市场。这既可以传播、弘扬中华优秀的传统文化，又可以扩大在海外的图书市场，这么难得的机遇，我们绝不可以放过。

二、从对外合作出版的实践中，探讨中国图书如何走向世界

首先，选题策划伊始，就应把眼睛盯在世界图书市场上。大家知道，无论做哪个选题，都必须选择好市场定位，依据市场的需要，决定图书的题目、内容、文种、开本、材料、定价，等等。既然我们把目标定在了世界图书市场，我们就要考虑为这个市场中的读者服务。要根据不同国家、不同地区的不同特点，不同的风俗习惯，有针对性地编辑出版适合他们需要的出版物。

这里,首先要解决的是语言障碍问题。世界上绝大多数国家中,懂中文的人极少,要让人家了解你书中的内容,就要根据那个国家或地区使用的语种来确定出版物的语种。其二,在选题策划时,主动向一些专家请教,包括海外华人、外国人,因为我们毕竟对海外的生活了解得不那么深入,对海外的读者需求知之甚少。如果可能,甚至可以由我们提供素材,让他们撰稿,或让他们提出编写计划。事实证明,他们的计划,他们的书稿,往往比我们的更符合海外市场的行情,更符合海外读者的口味。比如,我们与澳大利亚凯文·威尔顿的洲际出版公司合作编辑出版的《中国—长征》大型画册。他们的编写计划和我们的有很大的不同:我们认为,长征是中国革命史上最灿烂的一页,主张以史为主;而对方则提出了一个在介绍整个长征过程中,以大量反映沿线人民的生活、风俗以及山川为主的方案。结果按对方编写方案出版的这本画册,无论是在社会效益上,还是在经济效益上,都获得了极大的成功。这本画册的撰稿,我们采取了请我国有关专家提供素材,与对方邀请的撰稿人安东尼·劳伦斯共同讨论,最后由劳伦斯执笔的办法,也收到了很好的效果。回想起当时的合作情景,我们之所以在反复磨合中,能够与对方形成默契,很多地方采纳了他们的意见,一个重要因素,就是编写这本画册的开始,定位就定在世界图书市场上,因此,在图片的编排上,文字的表述上,都非常接近国外读者的阅读习惯,符合他们的需求。在文字上,不仅有中文,还有英、德、法、意、日、西班牙等6种文字,首印7万多册(其中中文版4000册)。

哪些图书能受到世界图书市场的青睐? 从近20年大陆对外合作的实践看,以下4类图书较受欢迎:(1)真正体现中华优秀传统文化的(如与日本合作的《中国古代之旅》、与前南斯拉夫合作的《中国博物馆丛书》等);(2)在世界文化中占有一席之地的(如与美国列文公司合作的《壮丽中华》、与德国施普林格合作的《20世纪世界建筑精品集锦》等);(3)介绍中国的民俗风情、旅游风光以及改革开放后中国的发展变化的(如与澳大利亚合作的《鸟瞰中国》、与美国合作的《中国一日》、与前南斯拉夫合作的《中国》等)。这些图书最好是图文并茂。此外,近几年一些教授语言的教材也颇受欢迎。

其次,强强联手。(1)国内要强强联合。这个"强强",不仅仅指某个出版社的规模多大,人数多少,资金多么雄厚。更重要的是,它一定是合作这个项目领域里最专业、最优秀的。比如,《中国—长征》这本画册,中方就是中国摄影出版社与中国出版对外贸易总公司为一方。中国出版对外贸易总公司有对外联络广的优势,摄影出版社有摄影专业强的优势,两家联合,一致对外,取得了成功。比如《鸟瞰中国》这本画册,是现代出版社与长城出版社为一方同外方合作出版的。现代出版社与外方策划了选题,又与长城出版社联手,充分发挥长城出版社在组织和资源方面的长处,克服了许多困难,使这本画册在全世界发行了 10 余万册。(2)国际上也要强强联合。要选择那些知名度高、有品牌、专业性强的出版社。只有与这些出版社合作,才能借势扩大影响,并借助他们的商业惯例、法律法规,将中国图书打入国外图书的主流市场。从现实考虑,在我们对国外还不十分了解的情况下,这也是中国图书尽快进入国外图书主流市场的最好办法。

三、"两岸三地"合作的几点建议

1. 继续办好"华文出版联谊会议"

众所周知,中国内地与香港地区的图书贸易和出版交流来往已久,但成规模、高速发展,是在改革开放之后。由于历史原因,中国大陆与台湾地区出版界的合作与交流始于 1988 年。在上海举办的"海峡两岸图书展览"是个良好的开端。1993 年 5 月,以许力以为团长的出版代表团一行 12 人首次访问台湾,并达成了 5 点共识,为今后两岸的出版合作奠定了基础。1994 年 3 月,以刘杲为顾问、陈为江为团长的访问团一行 99 人访台,第一次在台湾举办了大陆图书展览。之后,以中国出版工作者协会前主席宋木文为团长的中国版协代表团、以新闻出版署副署长于永湛为团长的出版代表团、以中国出版工作者协会主席于友先为团长的版协代表团等先后访台,共同举办座谈会、研讨会,彼此交流越来越融洽,了解越来越深入,取得的成绩也越来越显著。应该说,这些促进、策划和组织两岸合作出版的出版界的有识之士,他们为此的确付出了许多辛苦和心血,是功不可没的。正是有了他们的推动和支持,才有了后来的"华文出版联谊会议"。

1994年9月,中国大陆和台湾、香港地区出版界同人经过多次商议,在北京台湾饭店召开研讨会,一致同意以"华文出版联谊会议"的形式,每年一次轮流在三地召开。"华文联谊会议"的宗旨是"加强华文图书出版业的交流和合作,努力开拓华文图书市场,增进"两岸三地"及世界各地华文出版团体的相互了解和友谊,弘扬中华民族优秀文化"。遵照这个宗旨,笔者以为,"华文联谊会议"今后应该继续举办下去,并可以就以下四个方面做进一步的探讨:(1)华文图书的整体发展方向;(2)华文图书中长期发展战略;(3)华文图书市场整合政策的研究协调;(4)华文出版业的重大活动与交流。

2.举办"华文出版人高级讲坛"

中国版协国际合作出版促进会是最早与台湾地区及香港地区出版界开展合作与交流的民间团体。自1988年以来,已经举办了11届以"两岸三地"为主的版权贸易洽谈会,为加强"两岸三地"的出版交流起到了十分重要的作用。随着中国改革开放的不断深入,"两岸三地"的出版单位已经可以随时独立地通过现代信息手段或相互访谈及时开展版权贸易和合作出版,因而,每年一次的版权贸易洽谈会的作用相对减弱。在新的形势下,如何进一步推动"两岸三地"合作出版的深入发展?"两岸三地"出版人几年来一直在积极酝酿,以寻求新的突破。近日,中国版协国际合作出版促进会经过讨论,准备将每年的"版权贸易座谈会"改为实际操作性更强的"华文出版人高级讲坛"。这个"讲坛"相对"华文出版联谊会议"而言,是在"华文出版联谊会议"的总框架下,一个以"两岸三地"最具影响、最具权威、最有实力的出版单位为主体的,对具体出版理念、经营、选题策划、营销运作、出版实务操作等各项业务进行合作、交流的研讨活动。这个活动拟邀请中国大陆和台湾、香港地区出版业中的精英参加。这些精英要事业心强,对出版业有贡献、有作为、有成绩,并且有较高的理论水平。既可以作为专题演讲,也可以就有关出版实务的合作进行探讨、尝试。

3. 从具体项目做起,强强联合,探讨出一条华文图书走向世界的新途径

"两岸三地"的出版合作已有太多的成功范例,但两岸或"两岸三地"的出版人共同合作,将华文图书打入国际市场的却很少。我以为,现在是最佳时机。一是大陆持续的经济繁荣和国际威望的日益提高,促使世界各国更迫切地希望了解中国;二是中国大陆和台湾地区加入"世贸"后,一方面我们的市场向世界打开了,另一方面,我们也有了进入世界市场更多更大的机遇和空间;三是"两岸三地"出版人之间现在比以往任何时候都更加相互了解,配合更加默契;四是我们大家都有一个共同的目标:向世界传播弘扬中华文化,让华文图书走向世界。从具体项目做起,看得见,摸得着,合作方式灵活,资源协调便利,易于总结经验教训。强强联合,可以更具有权威性,更易于形成品牌,发挥整体优势。如果"两岸三地"的出版人能优势互补,大陆发挥资源雄厚、人才众多、印刷费用低等优势,台湾发挥信息灵便、策划能力强、营销经验丰富等优势,香港发挥贸易渠道多,与大陆、台湾的联络方便等优势,以华文图书走向世界为目标,以市场为导向,共同策划选题,共同制定营销策略,共同投资,共担风险,共享利益,那么,我相信在不久的将来,我们一定会开拓出一条华文图书走向世界的康庄大道。

4. 通过"会议""论坛""合作"协调解决共同关心的问题、难题

可以预见,"两岸三地"出版业的对外合作今后一定会遇到不少问题,

甚至是一些难题。根据目前的大形势,在相当长的一段时间里,只能通过会议、论坛、合作来解决。比如,在向国外出版商购买版权上,可不可以考虑共同购买。据我看到的材料,大陆出版社由于相互竞争,版税率由国际惯例的6%~8%增加到10%~12%;版税预付款由国际惯例的30%增加到100%;起印数(专业图书)由2000册~3000册,增加到8000册。外商常常把一本书寄到多家出版社,让我们竞相报价、抬价,他们坐收渔利。最近又听说,有的外商不仅搞台湾繁体字版、大陆简体字版的授权,还想在大陆搞分省、分地区授权。共同购买版权问题,已提出多年,为什么没有实现? 这里有出版社的既得利益问题。这也使我想起一句老话:中国人,一人是一条龙,三人就成了一条虫。在以前,即使是一条虫,也许也能活下去;而在经济全球化的今天,一条虫是万难生存的。我们能不能就这个问题进行专题研讨,搞一个"同盟"。不要等人家把我们搞得七零八落了,到那时,一切都晚了。再比如,信息、资源的共享问题。各自得到的出版信息,相互及时地交流非常必要。已有智者建议合办一个刊物,这当然很好。在刊物没有出版之前,各自可以同相关的出版同行先行沟通,看看有没有合作的可能。如买进版权,文字图书可以共同翻译,共同录入,画册还可以共同分色制版。这样做,可以减少不少费用,对大家都有利。又比如,据说台湾要开放大陆简体字版图书的进口,这当然是件好事。但对台湾出版社来说,这样一来,台湾出版社授权给大陆出版社出版的图书,由于目前大陆图书普遍比台湾价低,如果再返销台湾,势必要冲击台湾的图书市场,如此等等,今后还不知道会有什么政策出台,会有什么新的问题。总之,需要不断地协调解决。

　　新的世纪,新的机遇,新的挑战。我们都是炎黄子孙,弘扬中华优秀文化,促进中华文化在新世纪里的传播、升华,是我们出版人无比神圣的历史使命。让我们加强合作,共同努力,在世界图书市场上,开拓出一片新的天地,开创出一个新的格局。

2008年9月1日,在纪念海峡两岸出版交流20周年活动"第十三届华文出版联谊会议——"两岸四地"华文出版论坛"上的讲话:

携手共进·走向世界

"加强对外文化交流,吸收各国优秀文化成果,提高中国文化的软实力",已成为大陆文化发展的战略目标。为此,有关部门在大力鼓励"走出去"的同时,高度关注着导向问题,认真地研究了整体的规划和战略布局。据我所知,自2005年年底提出"走出去"战略后,先后出台了一系列相关政策,如《中共中央关于深化文化体制改革的若干意见》《关于进一步改进文化产品的服务出口工作的意见》《国家十一五时期文化发展规划纲要》《关于鼓励和扶持文化产品的服务和出口工作的通知》《文化产品和服务出口指导目录》《2007年和2008年国家文化出口重点企业目录》《2007—2008国家文化出口重点项目目录》《新闻出版业十一五规划》《扶持出版走出去的八项政策》等。随着这些政策的出台,大陆又制定了"走出去"的重点方向:大陆周边国家、国际汉文化圈、西方主流市场。为此,2006年在尼泊尔举办了中国书展,2007年在韩国举行了一系列主宾国的大型出版交流活动。地方上如广西、云南与东盟国家,西藏、印度和尼泊尔等国家也以不同形式进行交流。图书实物交易,主要在汉文化圈中开展。对西方欧美市场,则鼓励扶持版权贸易、合作出版。

从近几年的实际情况看,大陆出版界已经有了长足的进步。在输出产品版权时,已逐渐从港台地区向亚洲转移,向欧美进军;产品内容从一般性的介绍中国、介绍传统文化渐渐向深层次推进。从最近刚刚结束的由中国版协国际合作出版工作委员会和中国出版科学研究所联合举办的第七届"年度引进、输出版权优秀图书评选"结果看,一些高尖端科技领域的图书版权、反映中国现代生活、现代经济、现代文化的图书版权输出到亚洲乃至欧美的数量增加幅度明显加大；版权转让的公司也大都是些名牌企业，大大提高了中国图书的影响力。

正是由于有了政策支持，又有了整体的计划和目标，大陆出版界积极行动，勇于开拓，大胆创新，华文图书"走出去"才取得了可喜的成果。

采用传统版权贸易形式，多方式、全领域展开合作。语言大学出版社紧紧抓住全球学习汉语热的有利时机，仅 2005 年，就向韩国、日本、新加坡、泰国、印度尼西亚、美国、意大利、罗马尼亚以及我国香港、台湾地区输出版权 149 项。该社出版的《汉语会话 301 句》《汉语口语速成》《新实用汉语课本》已成为风靡全球的汉语教学畅销书。2006 年，海外图书销售达 2000 万码洋。辽宁出版集团出版的《中国读本》先后与德国、新加坡等国家签署版权贸易合同，以英、德、俄、朝等 7 种文字在海外发行。中国机械工业出版社目前引进输出版权平均 400 余项，累计贸易额 3000 万美元。值得注意的是，该社近年来版权输出中，高水平科技类专著所占比例加大，如《神舟飞船系统工程管理》《现代弧焊控制》等，说明我国的科技水平越来越为世人所重视。在单项版权转让的同时，一些出版社从长远发展战略出发，开始策划成规模、成系列项目的合作。2006 年，重庆出版集团与企鹅出版集团签署了《企鹅经典丛书》系列 30 本的合资初步协议。外语教学与研究出版社计划 10 年内，每年投资 1000 万元人民币，出版 15 个系列近 2000 个品种，形成出版、培训、网络服务为一体的综合性优势向海外进军。2005 年，他们与培生教育集团、麦克米伦出版集团签署了合作框架，准备共同建立合资公司，联手在世界范围内推广汉语出版。他们还与汤姆森学习集团合作出版并在世界 50 个国家推广《汉语 900 句》。这种成规模、成系列的合作，无疑大大推动了中华文化走向世界的进程。

采用海外建立分社的形式，利用海外资源，积极传播中华文化，这是

"走出去"的另一种创新模式。众所周知,去年中国青年出版社在英国伦敦成立了分社,虽然成立时间不长,但对市场的调研深入到位,定位准确。他们策划出版的第一本摄影艺术画册《中国》刚一面世,即受到同行的赞誉。该画册以英、法、德、意、葡萄牙、土耳其等6种文字发行,征订总数达30 000册。今年4月伦敦书展期间,3天时间,与外商达成70多个项目的合作意向。认真分析中国青年出版社伦敦分社的成功案例,至少有4点值得借鉴。一是选题的策划设计请国际专业人士参与;二是按国际标准进行制作;三是针对国际需求进行开发;四是按照商业化模式在国际市场上销售。中国青年出版社伦敦分社的成功,使中国图书在国际主流市场的销售有了新的突破,为今后我们直接参与国际图书市场的竞争积累了经验,增强了信心。

最近,人民卫生出版社加快了"走出去"步伐,在美国不仅成立了人民卫生出版社美国有限责任公司,同时还收购了加拿大BC戴克出版公司全部医学图书资产。人民卫生出版社的这一举措的重大意义,绝不仅仅表现在出资巨大,而是成功地在海外购买了一个已经成型的平台(戴克公司是一家中等出版公司,其出版的肿瘤、口腔类图书发行量一直名列前茅,有稳定的发行渠道),有了这个平台,人民卫生出版社即刻就拥有了一批国际著名医学专家作者,一批在国际医学界有着深远影响的医学图书精品。与此同时,中国学者以及中国医学类图书也随着这个平台的建立走向了世界。正因为如此,我认为,人民卫生出版社是在走向世界级医学出版强社的目标上迈出了坚实的、重要的一步。

综上所述,都是近年来各个出版社为实现走出去战略摸索探讨出的新思路、新办法。显然,这些做法在实施中取得了很好的成果,但也有需要注意的问题。比如,传统的版权贸易,无论是输出还是引进,相比较而言,投资小、风险小、见效快。但要产生较大影响、较大效益并不容易。在海外建立分社,可以更直接、更深入地了解国际图书市场对华文图书的需求,有针对性地策划选题。但投资大，各方面的开支大，加上要对所在国、地区的法律、税收等一系列问题的熟悉，发行渠道的建立，都需要时间，真正取得效益绝非一日之功。像人民卫生出版社的做法，则更需要小心谨慎，特别是要考虑投入资金的安全。一旦考虑不周，损失将会很大。

台湾出版界比大陆出版界"走出去"早，积累了许多的经验。但是，由于这些年台湾经济的下滑，出版业也随之出现诸多问题。加之原本存在的资源不足，使得近些年的经营显得萧条。

两岸的合作已有 20 年，中间虽有起伏，总的来说是好的，是始终向前发展的。打造国际华文圈，让华文图书走向世界，这是中国出版人的共同心愿。结合目前的总体态势，"两岸四地"出版人应如何携手，采取何种方式，齐心协力向国际图书市场开拓进取呢？我个人以为，当务之急应该在以下三个方面做进一步的努力。

1. 充分发挥行业协会的作用

海峡两岸出版协会的交流前后已有 20 年，与香港出版集团的交往时间更长，最短的是澳门，也有五六年，"联谊会议"今年已是第 13 届。这些年"两岸四地"交流合作所取得的成绩是有目共睹的，取得的经验也是非常珍贵的。我以为，至少在三个方面可以继续发挥行业协会的独到作用：一是为出版社（公司）"走出去"提供必要的指导，为"走出去"争取更多的政策支持；二是为出版社（公司）提供一些实用性的服务，比如法律援助、行业协调、消除障碍等；三是提供信息，加强交流。这样能使会员更快捷、更准确地把握、了解今后的发展趋势，通过协会得到多种多样广泛而实际的帮助。协会就是他们的靠山、挚友和桥梁。作为协会自身，自然是行业组织，也应该注意与各自的行政管理部门保持密切联系，尽可能多地得到他们的认可与支持，此外，我在了解英国一些协会的时候，感到服务、非营利、透明、动态，是他们的特点,值得借鉴。

2. 建立广覆盖的信息库和全方位的交流网络平台

协会要真正发挥作用,信息是最重要的。建立这个平台是一项最基础的工程。它的主要内容有两个方面:一是向会员企业提供海外信息,包括市场需求预测、最新调研数据、相关企业情况、行业间动态、展会、论坛,等等;二是向海外提供华文出版相关信息,包括最新出版图书目录、行业发展趋势预测、市场需求、行业活动情况,等等。信息提供的方式,既可以通过网络等技术手段咨询,也可以进行面对面的咨询服务,还可以根据需要和可能,按照客户要求进行专业调研,给出版社(公司)提出建议、意见。"两岸四地"所建的平台要互通、互助、互补,并在必要的时候为四地协会的合作提供支持。

3. 重点项目,重点突破

从现实情况分析,华文图书要想在短期内全面"走出去",还受着语言、生活方式、民族习惯、价值观念、审美情趣、意识形态等诸多因素的影响。因此,需要选择重点项目加以扶持,以重点项目带动一般图书,逐渐铺开,扩大规模,进而最终实现全面的突破。对于重点项目的提出、确定,两岸或"两岸四地"出版协会可否考虑成立专家评审组,实行项目负责制,并建立监督制度。项目先期投资,在目前情况下,可以采用政府资助一部分,出版社(公司)承担一部分,但基本原则应该是按照市场化操作。

总之,华文图书走向世界,这是一项具有重大意义的文化战略举措,任重道远。我们面临着前所未有的机遇和挑战。让我们"两岸四地"的同人紧密合作,抓住机遇,迎接挑战,共创辉煌。

二十年的人与事

20年来，两岸出版同人交往从心存顾虑到互相理解再到合作共赢，那些在其中筹划和组织的人功莫大焉。

在两岸出版交流发挥重要作用、坚持时间最长的人，大陆首推许力以。

时任中宣部出版局局长的许力以为成功举办首届"海峡两岸图书展览"起到了举足轻重的作用。他不仅积极上下沟通，而且专门召集有关部门研究，商量办法。开幕式时，他以中国出版工作者协会副主席、合作出版促进会会长的身份出席，与时任上海市市长的汪道涵一起为书展剪彩，使海峡两岸的出版交流迈出了坚实的一步。

在许力以、娄明、许邦、周谊等人的积极筹划下，1988年2月在北京成立了"合作出版促进会"。在今天看来，成立"促进会"本身，就体现了这些老出版人的远见。特别是1989年以后，针对海外的形势和海峡两岸的变化，"促进会"及时将"合作出版洽谈会"的工作重点转移到与台湾的合作出版上。由"合作出版促进会"举办的"合作出版洽谈会"共举办了12届，历时12年，台湾出版界每年都组团参加。据统计，台湾出版界最主要的出版公司几乎都参加过"合作出版洽谈会"。

许力以还在1993年率大陆出版代表团访台，这是大陆首次较大规模的组团赴台访问。那次赴台的最大成果就是达成了"五点共识"。这实际上为两岸出版多领域、多方位的合作设计了一个总体思路，勾画出了广阔的前景。

参加"中国出版工作者协会成立 30 周年座谈会"（右起：本书作者、许力以、许邦、周谊、黄国荣）

　　在两岸出版交流活动中，还有一个人物要重点提及，就是为两岸出版交流整整奔波了 20 年，前后来大陆 100 多次的台湾图书出版事业协会理事长陈恩泉先生。

　　1995 年，由中国出版工作者协会、台湾两岸图书出版合作委员会与香港出版总会联合举办的"华人出版联谊会议"（后来澳门出版协会加入），使华人出版人在不断交流、不断沟通、不断研讨中，增进了了解和信任，也大大推进了两岸乃至更大范围的华文出版人的携手合作，而这个会议的倡议者就是陈恩泉。陈先生 1988 年取道日本，出席了在上海举办的首届"海峡两岸图书展览"；自 1989 年始，连续 11 次组团参加由促进会举办的"合作出版洽谈会"；自 1992 年始，连续 17 年带团参加北京国际图书博览会。20 年来，坚持不懈为两岸出版合作操劳的人，大陆是许力以，台湾是陈恩泉。

　　海峡两岸出版合作的 20 年间，还有许许多多令人难忘的人和事。

　　宋木文在任中国出版工作者协会主席期间，大力支持并参与筹划了

2008 年于北京娃哈哈酒楼(前排右起:戴文葆、宋木文、许力以、陆本瑞、吴道弘;后排右起:本书作者、陈海烈、张三杰和张守忠)

"两岸三地"的"华文出版联谊会议"。没有他的推动,进展或许不会那么快。于友先接任版协主席工作后,高度重视两岸的交往,在他的策划下,2002 年在北京举办了"首届两岸杰出青年出版专业人才研讨会";2003 年,他又将"两岸三地"的"华文出版联谊会议"扩展为"两岸四地",使之更具有代表性。

原中图总公司总经理陈为江曾先后 8 次访台,他不仅是大陆出版界首次访台的人士之一,还是大陆出版界赴台次数最多的人。更值得一提的是,1993 年 11 月,他以极大的魄力,投资 100 多万元,在大陆举办了"首届台湾书展";1994 年年初, 陈为江又率领大陆书展代表团 99 人在台北成功举办了"首届大陆书展"。

台湾图书出版事业协会理事长武奎煜多次参与及主办出版及版权洽谈事宜,对促进两岸图书出版交流极为用心。台湾锦绣文化企业董事长许钟荣先生,先后购买了《中国美术全集》《中国大百科全书》等版权在台湾出版发行。他还不辞劳苦,多次往返海峡两岸,应邀专程为大陆出版社编辑讲选题策划,为发行人员讲营销策划。还邀请大陆出版人到台湾培训,并承担了全部在台的费用。台湾淑馨出版社总经理陆又雄先生,是一位儒雅、热心、非常有职业道德的出版人。1989年他参加了首届"合作出版洽谈会",之后一连10年,无论洽谈会在哪里举办,陆先生每次必到。他前后与大陆几十家出版社签署了上百种大陆图书版权在台湾出版。1998年,在庆祝促进会成立10周年的大会上,大家一致同意,将"促进两岸出版交流"的纪念牌赠给陆又雄先生,以示对他的表彰。

　　2005年,由中国出版工作者协会、台湾图书出版事业协会、香港出版总会、澳门出版协会联合推荐,对长期推动"两岸四地"出版交流做出重要贡献的24位资深人士给予了表彰。在"两岸四地",肯定还有许多为两岸出版

1997年8月,本书作者与许力以(中)访问台湾时会见锦绣文化企业董事长许钟荣(右)

陆又雄先生(右一)与四川出版集团原总经理伍尧(左一)等人交谈

合作做出了贡献的人士没有列入这个名单，但他们所做的努力，所取得的成果，是永远不会被忘记的。

附1：国际合作出版工作委员会20周年大事记

1988年

2月25日，经中国出版工作者协会批准，国际合作出版促进会在北京成立，并召开了第一次会议。

会议由中国出版工作者协会秘书长王业康同志主持。文物出版社、人民美术出版社、人民文学出版社、新华出版社、解放军出版社、解放军画报社、北京大学出版社、轻工业出版社、建筑工业出版社、国际文化出版公司、中国青年出版社、摄影出版社、电影出版社、林业出版社、展望出版社、北京出版社、现代出版社等社的主要负责人出席会议。

经过充分酝酿讨论，通过了《国际合作出版促进会章程》。《章程》中明确指出，"扩大对外合作出版业务，加强我国出版界与国际出版界的交往，向世界各国介绍出版中国优秀的科学、文化和艺术作品，适当引进国外有价值的各类书籍，促进和发展文化交流"是促进会的宗旨。会议选举了促进会理事、正副会长，任命了秘书长、副秘书长。

促进会会长：许力以；副会长：娄明、王业康、许邦；秘书长：龙文善；副秘书长：常振国。理事会理事有：王仿子、王代文、王业康、王宪铨、邓励耕、龙文善、田郁文、邝锦宽、许力以、许邦、阮波、肖耀先、陈早春、周谊、周万平、杨向欣、赵荫华、娄明、麻子英、钱彧境、蔡云、魏龙泉、杨永源。

5月，促进会会长许力以、副会长娄明等会见来华访问的南斯拉夫莫托文集团协会执行主席托马舍维奇。会谈中，托马舍维奇提议一九八九年四五月间组织莫托文集团协会成员来中国旅游并进行版权贸易。许力以、娄明同志当即表示欢迎。

7月,促进会召开理事会议。到会理事一致欢迎一九八九年四五月间莫托文集团协会成员访华。

10月,促进会副秘书长常振国在参加法兰克福书展期间,再次就莫托文集团协会访华一事与托马舍维奇交换了意见,双方就具体事项达成了一致意见。

10月20~25日,由中国台湾同胞联谊会、中国出版对外贸易总公司、台盟国际有限公司联合筹办的海峡两岸图书展览,在上海福州路中国科技图书公司举行,并展出大陆各类图书5000种,台版书3000种及台湾高、中、低档文具、办公用品。台湾出版协会秘书长陈恩泉率团与会。

图书展览开幕,由上海市市长汪道涵,中国版协副主席、促进会会长许力以剪彩。开幕式由中国出版对外贸易总公司总经理、促进会副会长娄明主持。

12月8日,促进会召开理事会议。经联系确定莫托文集团协会于1989年4月25日至5月9日来华访问。访问路线:北京—西安—成都—重庆—宜昌—上海。由上海统一出境。会议就接待事宜提出了具体要求,做了具体安排。

1989 年

1月,促进会秘书处编印了第一本英文版《国际合作出版推荐书目》。

2月28日至3月2日,第一届合作出版洽谈会在深圳举行。这次"洽谈会"是我国首次以民间形式举办的规模较大的版权贸易和出版交流活动。近40家海外出版商参加了洽谈。台湾光复书局、锦绣文化企业、五南图书出版公司、淑馨出版社等20多家出版机构也第一次成规模地参加大陆举办的版权贸易会议。内地参加"洽谈会"的有北京、上海、云南、广东、福建、辽宁等中央和地方出版社70余家。"洽谈会"共签署合作出版协议90项,意向协议160项。取得了可喜的成果。

在"洽谈会"期间,深圳市委书记兼市长李灏、副书记秦仁俊看望了会议代表。

4月26日至5月10日,莫托文出版集团协会应国际合作出版促进会和中国出版对外贸易总公司的邀请,一行46人来华访问。包括南斯拉夫、美国、英国、法国、瑞士、比利时、加拿大、德国(时为联邦德国)、挪威、日本、芬兰、意大利、以色列、荷兰等14个国家的30家出版公司。我国40余家出版社与该代表团于5月5日至8日在重庆到武汉的"白帝号"游轮上举行了为期4天的业务洽谈。共签署合作出版协议4项,意向协议19项。这一成果,是我国与莫托文出版集团协会建立联系10年来最显著的一次,中外双方都感到满意。

6月,莫托文出版集团协会执行主席托马舍维奇来函,代表来华访问的全体成员对中国的接待表示感谢,认为"这次访问是十分成功的"。

来函中提出:(1)拟邀请中方精通业务和英语的个别编辑到莫托文成员国专业培训,时间为2~12个月;(2)建议莫托文成员每两年在中国举行一次业务洽谈会;(3)莫托文成员将捐赠他们各自的优秀图书给中国,办一个"莫托文出版集团协会图书馆"。

1990 年

3月21~23日,在深圳主办了第二届合作出版洽谈会。47家来自日本、新加坡、马来西亚及我国香港、台湾地区的出版公司和我国大陆近110家出版社参加了"洽谈会"。"洽谈会"共设展台99个,展出图书2500余种。台湾光复书局、锦绣文化企业、淑馨出版社、华一书局、香港文化教育出版社、新加坡泛太平洋出版公司等也设了展台。会上共签署正式协议39项,意向协议80项。

新闻出版署外事司、国家版权局派专人到会指导工作。秘书处为"洽谈会"专门编印了合作出版交流的宣传册。

9月1日，在北京国际俱乐部，与参加北京国际图书博览会的台湾代表一行40余人举行首次海峡两岸出版交流研讨会。台北远流出版公司发行人王荣文做了《台湾出版事业产销的历史、现状与前瞻》的报告，国家版权局版权司司长沈仁干做了《中国大陆著作权保护概况》的报告，受到了与会者的欢迎。中国版协主席王子野，副主席许力以、王仿子出席。

1991年

2月，由中国展望出版社和台北汉光文化事业公司合作出版的《中国十大古典文学名著画集》获得台湾1990年"金鼎奖"和优秀图书推荐奖。

3月27~29日，在深圳主办了第三届合作出版洽谈会。来自北京、上海、天津、广东等25个省市自治区的90余家大陆出版社和新加坡、马来西亚及我国香港、台湾地区的60余家出版公司参加洽谈，共签署正式协议80项（图书品种95个）。

4月24日，促进会召开理事会，对合作出版洽谈会的工作进行总结。一致认为，合作出版洽谈会是改革开放后出版界涌现出的一件新事物。它以民间的形式进行对外交流，推动和加强了大陆与海外出版界的合作。作为一个窗口，广开了对外渠道，影响很大。会议决定，第四届洽谈会定于1992年3月底、4月初在广西桂林举办。

5月18日，新闻出版署外事司司长周洪力主持召开了深圳合作出版洽谈会汇报会。版权司副司长高凌翰、外事司专员龙文善、版权司袁小牧等同志出席了会议。会上，周洪力传达了署领导对深圳合作出版洽谈会的意见：一年举办一次，固定下来，以后不用再报批了，但是每年的"洽谈会"如何进行要报一个计划。

促进会副秘书长常振国做了重点汇报。理事成员董绵国、周谊、邝锦宽、程克雄、孙亚荣、袁琦等同志发了言。

1992 年

3 月 25~30 日，在广西桂林主办第四届合作出版洽谈会。来自美国、日本、韩国、新加坡、马来西亚及我国香港、台湾地区的 70 余家海外出版公司与我国大陆 120 余家出版社参加了"洽谈会"，共签署正式协议 136 项，收取版税定金近 10 万元。会议期间，除了组织海峡两岸出版学术交流会外，三联书店、中国大百科全书出版社与台湾锦绣文化企业联合举办了合作出版发行大百科全书和《中华文库》的座谈会；新加坡泛太平洋出版公司与北京、云南、河北、河南、湖南、福建等省少儿出版社举行了专业图书合作出版茶话会。

3 月 27 日，在桂林召开理事扩大会，讨论了目前国内合作出版、版权贸易的发展情况，决定下半年召开一次小型的对外合作出版经验交流会。应国内出版社的要求，理事会又批准新会员 24 名，增补浙江、广西、四川、山东、辽宁、云南等 6 个地方理事单位。

9 月，在北京国际图书博览会期间，与台湾出版代表团举办"两岸图书合作出版座谈会"，会上，台湾代表团发出邀请，欢迎促进会组团访台，并希望能在 1993 年上半年成行。促进会会长许力以代表促进会接受了邀请。

11 月 25 日 在海南省海口市召开对外合作出版经验交流会。海内外出版社代表 20 余人到会。台湾锦绣文化企业董事长许钟荣先生和浙江科技出版社、河北新闻出版局等代表介绍了自己的经验和体会。

1993 年

2 月 28 日，促进会与新华出版社、人民文学出版社、中国建筑工业出版社、中国友谊出版公司、蛇口工业区文化体育发展公司共同签署深圳天缘文化传播咨询有限公司章程及合同书,成立深圳天缘文化传播咨询有限公司。

3月,新闻出版署批准促进会组团于5月5~15日赴台湾访问。

4月15~19日,在杭州主办第五届合作出版洽谈会。浙江省出版局指派宗文龙协助此次会议的筹备。会议盛况空前。杭州市主要街道挂满了庆祝会议召开的大红横幅。《新闻出版报》整版刊登会议召开的广告,并于会后以头版头条的位置报道了会议的消息。来自美国、日本、新加坡、马来西亚、塔吉克斯坦及我国港台地区的近百家海外出版公司与我国大陆20多个省市的120余家出版社共500多名代表参加。会上正式签署出版合同334项,意向书400余项,其中向海外购买版权16种,超过以往历届。

5月5~15日,以促进会会长许力以为团长的大陆出版代表团首次赴台访问。代表团成员有:林尔蔚、周谊、麻子英、陈早春、陈允鹤、常振国、宗文龙、龚刚、赵桂树、欧阳莲、蓝坚。

5月6~16日,《新闻出版报》连续在头版位置5次报道大陆出版代表团访台情况。

5月13日,在台北师范大学综合楼国际会议厅举行两岸图书出版合作研讨会。会议由台湾出版事业协会理事长黄肇珩与促进会会长许力以共同主持。幼狮出版公司总编辑陈信元、台北著作权律师萧雄淋、促进会副秘书长常振国分别就大陆、台湾图书市场情况和两地著作权法律情况做了主题发言。

5月14日,经过交流与探讨,两岸就开展合作出版方向达成了5点共识:(1)两岸定期举办出版学术交流研讨会。每年一次,轮流在两岸分别举行。(2)两岸定期举办图书展览。(3)为促进出版学术交流,双方定期进行人员互访,分别由对方负责接待。(4)为促进两岸出版资讯交流,双方将提供相关出版品,交换稿件。(5)为增进两岸出版合作,双方提供印刷技术之协助,并加强出版印刷交流。

9月18日,参加第二届北京图书节的台湾出版界同人一行5人,到中国出版科学研究所与大陆出版专业刊物的负责人进行座谈。促进会会长许力以主持会议。两岸同人参加会议的有：中国出版科学研究所所长、《出版发行研究》主编袁亮，《出版参考》主编陆本瑞，《中国出版年鉴》主编方厚枢，《中国出版》负责人郭毅青，台湾出版事业协会秘书长陈恩泉以及吴兴文、宋龙飞、周蓓姬、郭芬兰等。

11月4日，促进会召开理事扩大会。会议由许力以主持，常振国做工作报告，增补石洪印、伍尧、刘万泉、党玉敏、欧阳莲、赵桂树、徐诚、任慧英等为理事。

11月5日，与台湾图书展览委员会在北京举行两岸图书合作出版研讨会。会议由促进会会长许力以和台湾图书展览委员会理事长黄肇珩女士主持。两岸出版界代表陆本瑞、陈为江、方厚枢、陈信元、吴兴文等做主题发言。会议重申了1993年5月，由许力以先生率团访台，与黄肇珩女士及台湾出版业举行的两岸图书出版合作研讨会中曾达成的5点共识。同时，台湾出版界希望：(1)进一步加强两岸出版、发行业的沟通和交流；(2)鉴于大陆、台湾两地经常发生著作权纠纷，建议成立协调版权纠纷机构；(3)提倡两岸出版社联合购买欧美等其他国家的版权，共同翻译出版。大陆出版界希望：(1)加强两岸出版人员互访，定期进行专业人员交流、培训、学习、互派人员讲授传播经验；(2)除了1994年3月在台北举办大陆书展外，应互办各类专业教材、教育图书展览；(3)进行资讯交流，互赠出版专业刊物、年鉴、书目，定期交换出版信息材料，供对方采用；(4)欢迎展委会组团参加大陆将于1994年4月下旬在青岛市召开的第六届合作出版洽谈会。

1994 年

1月1日，由《出版参考》评出的1993年"十大出版要闻"中将"两岸图书合作出版研讨会"列为要闻之一。

2月1日,《出版参考》总第143期以头条位置刊出:"1993:海峡两岸出版交流取得突破性进展。"所列23项中,由促进会开展的工作有4项。

4月20~25日,在青岛主办了第六届合作出版洽谈会。来自美国、加拿大、新加坡、马来西亚及我国香港、台湾地区近60家出版公司与大陆近120家出版社参加。正式签订协议132项,意向协议145项。

"洽谈会"期间,举行了海峡两岸出版研讨会,两岸出版界代表100多人出席。

8月5日,收到台湾出版事业协会秘书长陈恩泉来电,建议同促进会共同组织成立华文出版人联谊会。"促进华文地区出版人及相关团体的沟通与合作""组织及主办华文出版品素质""设法统一各地区使用之相关印刷及出版专业名称和教材""成立中介机构,处理各地区有关版权、著作权事宜""提供出版咨询,研究合作图书出版计划""促进国际合作,增进文化交流"等为联谊会的工作宗旨。

9月2日上午,与来京参加图书博览会的台湾、香港出版界同人,和大陆部分出版社负责人举行座谈会,共同交流和探讨大家关心的出版和印刷问题。台湾印刷工业技术研究中心张中一教授就台湾出版印刷发展经验做了发言,香港出版学会会长、香港商务印书馆董事长陈万雄先生就华文图书走向世界问题发了言。大陆方面发言的有中国印刷公司总经理武文祥,他着重介绍了我国印刷工业发展的情况;中国出版科学研究所副所长、《出版参考》主编陆本瑞谈了我国出版业和图书市场发展态势等有关问题。

会议由合作出版促进会会长许力以和台湾出版事业协会理事长武奎煜共同主持,中国版协主席宋木文到会并讲话。

9月2日下午,"两岸三地"出版协会负责人在北京举行会谈,就大陆、台湾、香港"两岸三地"进行出版联谊活动进行磋商。参加会谈的有宋木文、许力以、武奎煜、陈万雄等负责人。

洽谈中,三地出版同人一致认为,今后以"华文出版业联谊会议"的形式开展活动,加强相互间的合作与协调,在"两岸三地"出版业之间建立更为密切的关系,使联谊组织的建立水到渠成。

会议经过充分讨论,三方就下述问题达成共识:

一、促进和推动华文出版业的发展,开拓和发展华文出版物的国际市场,是三方的共同愿望,今后,为了更好地开展合作,大陆方面由中国出版工作者协会负责,台湾方面由图书出版事业协会负责,香港方面由香港出版总会负责,对口交流,对口商谈和统一协调出版界合作问题。

二、根据目前情况,"两岸三地"出版业应积极开展各种形式的联谊活动,并为今后成立联谊会的组织创造条件。

三、开展联谊会活动的宗旨是:加强华文图书出版业的交流与合作,努力开拓华文图书市场,增进"两岸三地"及世界各地华文出版团体的相互了解和友谊,弘扬中华民族优秀文化。

四、联谊活动的主要内容是:(1)每年举行一至两次联谊会议(不定期),围绕联谊的宗旨沟通情况,交换意见。会议地点,可以分别在大陆、台湾、香港三地轮流举行。会议由举办地主持。(2)主办华文图书展览、研讨会。(3)组织人员互访。(4)促进统一各地区使用之相关印刷及出版专业名称,提供印刷技术咨询服务。(5)协调有关著作权事宜。(6)提供出版资讯,研究合作图书出版的项目。

五、为便于日常联络,三方各指定一至两名事务性负责人:大陆方面为范振江、常振国;台湾方面为陈恩泉;香港方面为何锦玲、沈本瑛。主要负责各项联谊活动的准备工作和沟通联谊会议议定事项的办理情况。

六、三方同意,首届联谊会议在香港举行,具体时间另定。

出席座谈会的还有:娄明、周谊、龙文善、常振国、曾繁潜、经继之、陈恩泉、宋定西、苏庆成、彭正雄、陆又雄、游凤珠、秦慧珠、张中一等。

会后,就会议讨论的内容形成《纪要》,并得到三方与会者的一致同意。

11月,经新闻出版署批准同意,《出版参考》自1995年起,改由中国出版工作者协会国际合作出版促进会和中国出版科学研究所共同主办,并以合作出版促进会为主。

1995 年

1月1日,许力以同志为改刊扩版的《出版参考》著文:《开阔事业 博采风韵》。

《出版参考》第一期刊登该编辑部评出的1994年十大出版要闻。"第六届国际合作出版洽谈会在青岛举行"作为要闻之一入选。

1月11日,召开在京理事扩大会,讨论研究了第七届合作出版洽谈会筹备工作的有关事宜。

4月25~29日,在成都主办了第七届合作出版洽谈会。参加本届"洽谈会"的海内外出版单位200多家,共350多人,其中美国、英国、加拿大、法国、日本等国家和我国香港、台湾地区的出版机构50多家140多人,共展出各类图书5000多种。共签署正式协议156项,意向协议188项,预收版税7万多美元。洽谈期间,举行了以"电子出版的现状与发展"为主题的海内外出版研讨会。中国电子工业出版社、香港商务印书馆、台湾知音出版社、台湾光复书局、四川出版集团的有关负责人在会上发言,并现场进行了多媒体电子出版的演示。

5月15~16日,第一届华文出版联谊会议在香港举行。参加会议的大陆代表团组成人员是:团长许力以,团员有薛德震、林尔蔚、王化鹏、石洪印、海飞、路用元、常振国。中国出版工作者协会主席宋木文出席会议并致辞。

香港出版集团总裁李祖泽、台湾出版事业协会理事长武奎煜到会并讲话。会议由香港出版总会副会长沈本瑛先生主持。会议的主题是：保护版权，加强交流。

7月10~15日，在北京师范大学举行台湾地区教科书赠书仪式暨图书展览活动。经促进会多方联络，台湾出版事业协会向北京师范大学赠送图书7892册，价值46万元。

7月21日，召开促进会在京理事扩大会议。会议认为，为使出版业不断发展繁荣，促进会应进一步扩大对外联系，争取在海外参加或举行版权贸易洽谈会，一方面推出我国出版的书籍，同时注意购买海外版权。理事会还就如何办好《出版参考》进行了研究。大家希望刊物要加强与各理事单位的联系，扩大反映出版界的重要信息，特别要加强海外信息。

会上，增补了17名理事。他们是：牛田佳（人民邮电出版社）、史梦熊（水利水电出版社）、刘慈慰（中国建筑工业出版社）、陆本瑞（《出版参考》）、吴关昌（机械工业出版社）、杨陵康（高等教育出版社）、张学良（中国地图出版社）、张家茂（石油工业出版社）、胡云富（北京师范大学出版社）、洪钟炉（中国书籍出版社）、侯建勤（科学出版社）、俸培宗（化学工业出版社）、高镇都（人民交通出版社）、梁祥丰（电子工业出版社）、曾铎（国防工业出版社）、蔡盛林（中国农业出版社）、魏国栋（人民教育出版社）。

1996年

1月16日，《出版参考》编辑部评出"1995年十大出版要闻"。促进会在成都举办的第七届对外合作出版洽谈会入选。

3月19日，召开在京理事会。会长许力以通报了合作出版促进会近期工作，对一些理事单位锐意开拓，通过版权贸易和合作出版在向外传播我国优秀文化的基础上，积极引进国外先进的科学技术和文学艺术等出版物取得的成果给予充分肯定。

8月31日,在京召开两岸图书出版座谈会。中国出版工作者协会主席宋木文到会并讲话。他希望两岸出版人本着求同存异的精神,耐心地、一步一步地努力去做,能够发挥出版这一"特异功能",做到别的部门难以做到的有利于两岸发展的事情。

1997 年

1月1日,《出版参考》编辑部评出"1996年十大出版要闻",促进会主持召开的两岸图书出版座谈会入选。

1月30日,召开在京理事会议。会上通报近期工作,中国书籍出版社社长洪忠炉同志介绍了访问韩国的情况。经过讨论,增补杨德炎、常振国为促进会副会长;常振国同志兼任常务秘书长。增补吴江江、安然为促进会理事。会议由促进会会长许力以主持。中国版协常务副主席卢玉忆、副主席薛德震到会。

2月,中国版协在京召开主席团会议。会议对国际合作出版促进会作为版协对外工作的助手,举行各种交流会和两岸合作出版座谈会,影响很大,给予了充分肯定。

3月19日,在京理事单位与中国出版对外贸易总公司举行联谊会,就扩大文化出版交流、努力开发海外图书市场等问题进行了座谈。

8月23~31日,1997年祖国大陆书展暨版权贸易洽谈会在台北举行。书展代表团一行97人,共展出1.3万余册大陆版图书。书展中的版权贸易洽淡会由促进会负责,并定为"第八届合作出版洽谈会"。会上,共签署正式协议90项,意向协议140项。台湾出版同行向北京银冠电子科技公司订购VCD《中国美术全集》,码洋达600万新台币。

8月25~27日,在台北师范大学综合大楼会议厅举行第二届华文出版联谊会议。大陆代表团有：许力以、卢玉忆、潘国彦、陆本瑞、彭松建、徐征、常振国、吴江江。会议的主题是：华文出版走向世界所面临的问题。北京大学出版社社长彭松建、河北新闻出版局局长徐征、台湾《出版人》杂志主编陈信元、香港商务印书馆副总编陆国燊做了主题发言。三地代表就华文出版走向世界问题达成了 11 点共识，确定第三届华文出版联谊会议于 1998 年 9 月在北京举行，会议的主题是："两岸三地"如何进一步加强出版合作和开展图书贸易。

1998 年

1 月 13 日，促进会会长、副会长及部分理事在商务印书馆会议室召开会议，商讨将于 4 月在昆明举行的第九届合作出版洽谈会事宜。

4 月 20~22 日，在云南省昆明市主办了第九届合作出版洽谈会。此次"洽谈会"重点对辞书类、科技类以及电子出版物进行版权贸易和对外合作出版等问题进行探讨。来自全国 18 个省市的 51 家出版社与来自中国台湾、香港、澳门地区以及美国、德国、法国的海外出版公司、版权代理公司近 40 家共 130 余人参加。共签署正式协议和意向协议 170 余项，其中买进 73 项，卖出 97 项。"洽谈会"期间，海内外代表就电子出版物的编辑出版，中国加入 WTO 后出版业面临的挑战与发展进行了研讨。北京大学出版社社长彭松建、原大百科全书出版社副总编辑金常政、商务印书馆总编辑杨德炎、香港联合出版集团副总裁陈万雄、香港商务印书馆执行总编辑王涛、台湾锦绣出版公司董事长许钟荣、台湾光复书局总经理林宏龙、台湾淑馨出版社总经理陆又雄及美国国际版权事务中心律师邓隆隆等相继做了发言。

7 月 12 日，召开部分理事会议，研究庆祝国际合作出版促进会成立 10 周年事宜，议定总结工作，改选理事，并出版纪念 10 周年的文集。

8 月 4 日，促进会召开部分理事会议，检查落实庆祝国际合作出版促进会成立10周年活动事宜。议定举行招待会和理事会议的日程和工作。

9月，促进会在台湾饭店举行"促进会成立十周年"招待会。会上向为两岸出版合作做出突出贡献的台湾出版界人士武奎煜、陈恩泉、陆又雄等人颁发了"促进两岸出版交流"的纪念奖牌。

1999 年

7月，副会长常振国参加了在香港召开的第四届"华文出版社联谊会议"，并就"两岸三地如何保护版权和出版工作"问题同台湾、香港同行进行了研讨。

10月24~26日，在长沙举办第十届合作出版洽谈会及"21世纪出版战略研讨会"。国内46家出版社及海外20余家出版公司参会，达成合作意向、协议60余项。

2000 年

3月28日，在商务印书馆举行会长工作会议。研究如何协助中国出版工作者协会办好第五届"华文出版联谊会议"和制订2000年工作计划。

7月，由阮波等5人组成的代表团出席了莫托文国际出版协会年会。

7月14~18日，在海南海口金银岛大酒店与版协外国文学研究会一起举办了"21世纪涉外出版论坛"。中心议题是"我国加入WTO组织后，对中国出版界带来什么影响"。国家版权局局长沈仁干做了报告，新闻出版总署图书司处长于青介绍了图书司的年内工作。译林出版社、南方出版社、海南出版社做了重点发言。

8月21日，在人民教育出版社召开部分会长会议。许力以、周谊、杨德炎、常振国、海飞、魏国栋、张三杰参加。讨论研究了"迎接21世纪两岸图书合作出版研讨会"的发言稿和会议议程等相关问题。

8月31日,在国际艺苑宴会厅B厅举办"迎接21世纪两岸图书合作出版研讨会",与会的大陆和台湾的出版商针对两岸出版业及其合作问题展开了热烈的研讨,提出让中华优秀文化进一步走向世界。下午在"出版之家"举行会员大会,就对外合作出版进行内部交流。杨德炎、海飞、郜忠远、张惠珍、李英健、史领空、张文定、王岳、徐慰增做了大会发言。31家出版社出席。

12月11日,在华龄出版社举行会长会议,研究、制订2001年工作计划。

12月中旬,副会长常振国代表促进会参加了在台北举办的第三届"祖国大陆书展",同时出席了第五届"两岸三地华文出版联谊会议"。

2001年

1月4日,在中国青年出版总社召开会长扩大会议,听取了常振国参加台湾"大陆书展"及第五届"两岸三地华文出版联谊会议"情况的介绍,研究第十一届合作出版洽谈会有关工作。许力以、周谊、常振国、彭松建、陆本瑞、胡守文、张三杰参加。

5月24日,在电子工业出版社召开情况交流会。辛广伟介绍3月份在台湾举办的华文出版研讨会情况。版协领导陈为江到会并讲话,20余家会员单位与会。

6月7日,常振国代表促进会赴西安与陕西省新闻出版局冀东山局长、陕西省出版协会副主席李天增一起研究了即将在西安召开的第十一届版权洽谈会和第六届"华文出版联谊会议"的情况。

8月13日,在商务印书馆召开工作会议,听取第十一届合作出版洽谈会及第六届"华文出版联谊会议"有关的筹备情况报告。

8月23日,在出版协会向陈为江副主席汇报第六届"华文出版联谊会议"的准备情况。

8月28日至9月1日,第十一届合作出版洽谈会暨第六届华文出版联谊会议在西安紫金山大酒店举行,陕西省出版局局长冀东山、副局长任中南;台湾图书事业出版协会理事长武奎煜、秘书长陈恩泉;香港出版商会会长沈本瑛、副会长陈万雄;促进会会长许力以、副会长周谊、杨德炎、彭松建、常振国等出席了开幕式。签署意向协议75项148种。

11月20日,在华龄出版社召开会长会议,研究引进、输出版权优秀图书评比事宜。

2002 年

4月8日,在商务印书馆召开会长会议,研究2002年度引进、输出版权优秀图书评比工作。

6月26日,"两岸合作出版回顾与展望研讨会"在北京举办。与会代表认为,华文出版的合作有利于两岸出版业的发展,在21世纪,应该从走向世界的角度来考虑合作出版的问题。

7月,促进会派出以中央教育电视台"书苑"节目制作人周爱平为领队的15人代表团赴斯洛文尼亚参加在皮兰镇举办的莫托文国际出版集团协会成立25周年年会。

7月19日,第七届华文出版联谊会议在香港举行。主题是面向新世纪,努力开拓华文出版市场。本届会议澳门出版界首次与会,由此形成了"两岸四地"出版界每年轮流召开一次联谊会议的格局。常振国副会长代表促进会参加了会议。

2003 年

4月4日,"两岸出版交流座谈会"在台北召开。会议就加入WTO以后两岸出版工作现状、未来的发展趋势及合作方式进行了座谈和交流。

9月19日,由中国版协主办、促进会承办的"两岸图书出版贸易座谈会"在北京举行,来自大陆和台湾出版界的代表近百人参加了会议。

11月11日,在台湾饭店召开情况交流会,新闻出版总署对外交流与合作司司长王化鹏介绍了出访俄罗斯情况和俄罗斯出版现状。

2004 年

6月,许力以会长在京宴请莫托文国际出版协会秘书长、日本著作权代理人青木日出夫先生,就莫托文现在的情况进行了交流。

10月25~26日,副会长常振国代表促进会赴台参加第九届华文出版联谊会议,并做了"中国图书走向世界"的演讲。

2005 年

7月,促进会在京接待了来访的青木日出夫先生,并就组织编写《中国烹饪大全》进行了协商。

8月31日至9月1日,第十届华文出版联谊会议在北京召开。会议对长期推动"两岸四地"出版交流做出重要贡献的24位资深人士给予了表彰。获此殊荣的是:宋木文、许力以、于友先、陈为江、周谊、常振国、杨德炎、吴江江、潘国彦、黄肇珩、武奎煜、宋定西、杨荣川、陈恩泉、王国安、陈信元、李祖泽、陈万雄、沈本瑛、李庆生、陆国燊、陈松龄、李成俊、陈雨润。许力以获终身荣誉奖。

2006 年

9月,促进会在京宴请台湾出版事业协会代表团宋定西、陈恩泉一行,就两岸出版合作进行了交流。

11月,《出版参考》在中国青年出版社召开座谈会,听取与会专家的意见和建议。会议一致认为:突出"参考",保持和发展"海外"栏目的特色是办好刊物的关键。

2007 年

5 月，莫托文国际出版集团协会主席伊丽莎白来京，许力以会长宴请并商谈了有关派团参加"莫托文国际合作出版协会"年会事宜。

6 月 29 日至 7 月 3 日，促进会以华龄出版社副社长陶敏为团长一行 4 人参加了莫托文国际出版集团协会 2007 年年会，受到与会者的热烈欢迎。

7 月 23 日，第十二届华文出版联谊会议在澳门召开。中国版协副主席、促进会副会长海飞为大陆代表团团长。

2008 年

1 月 6 日，在高等教育出版社召开促进会会员代表大会，进行换届选举。主任：常振国。副主任：王志刚、王斌、李学谦、张惠珍、张增顺、胡守文、胡国臣、徐修存、程孟辉、彭松建、管士光、魏国栋。顾问：许力以、周谊、杨德炎、海飞。秘书长：张三杰。大会通过了常振国所做的工作报告、财务报告、章程修改意见。"中国出版工作者协会国际合作出版促进会"正式更名为"中国出版工作者协会国际合作出版工作委员会"。新闻出版总署副署长、国家版权局副局长阎晓宏，中国出版工作者协会主席于友先，新闻出版总署图书司司长吴尚之，版权司司长王自强，国际交流与合作司副司长陈英明出席了会议。

6 月 25 日上午，中国版协国际合作出版工作委员会在王府井大饭店举办了海外出版机构驻华代表座谈会。新闻出版总署副署长、国家版权局副局长阎晓宏，新闻出版总署对外交流与合作司副司长陈英明到会听取了海外出版机构驻华代表的发言。介绍了我国出版"走出去"的设想，对国际出版合作等问题发表了讲话。国际合作出版工作委员会顾问许力以，中国版协常务副主席、国际合作出版促进会顾问杨德炎出席会议，常振国主任主持会议,王斌副主任做了总结发言。出席会议的海外出版机构驻京代表就国际出版合作发表了意见和建议。

附2:海峡两岸出版交流20年大事记(与林晓芳合编)

第一阶段　破冰相识(1988~1992年)

"首届海峡两岸图书展览"打破了隔绝两岸40年的坚冰,使两岸交流成为可能;第一届合作出版洽谈会的举办,标志着两岸出版交流的进一步加强,同时也为两岸出版人的相识提供了机会。

1988年

2月8日,国家版权局印发《关于当前在对台文化交流中妥善处理版权问题的报告》和《关于出版台湾同胞作品版权问题的暂行规定的通知》,为两岸的出版交流创造了必要条件。

4月22日,国家版权局成立中华版权代理总公司。该公司的成立,为维护内地及港台作者权益,扩大大陆与港台的文化出版交流做出了贡献。

10月20~25日,合作出版促进会、中国出版对外贸易总公司和中国台湾同胞联谊会、台盟有限公司联合筹办的海峡两岸图书展览在上海福州路中国科技图书公司举行, 海峡两岸关系协会会长汪道涵与中国版协副主席、合作出版促进会会长许力以共同为开幕式剪彩。台湾出版事业协会秘书长陈恩泉、光复书局董事长林春辉等台湾出版界同行,组团分别从香港或绕道日本参加了展览。

1989年

2月28日至3月2日,由合作出版促进会主办的第一届合作出版洽谈会在深圳举行。这是我国首次以民间形式举办的较大规模版权贸易和出版交流活动。台湾光复书局、锦绣文化企业、五南图书出版公司、淑馨出版社等20多家出版机构参加洽谈，这也是台湾出版界第一次成规模地参加两岸出版与版权贸易洽谈。

6月，上海辞书出版社与台湾东华书局股份有限公司签订了双方在台湾合作出版《辞海》（1989年版）的协议。

11月，中国建筑工业出版社与台湾光复书局在北京就《中国古建筑大系》（10卷本）合作出版正式签署协议。

1990 年

2月2日，国家版权局发出《关于认真执行对台、港、澳版权贸易有关规定的通知》，明确规定，对侵犯台港澳作者版权及违反国家版权局以往有关规定的行为将给予必要的行政处罚。

2月，台湾当局在民众的强烈要求下，允许台湾各工商企业团体组团访问大陆。

3月21至23日，合作出版促进会在深圳举办了第二届合作出版洽谈会，台湾出版事业协会组团参加。中国展望出版社和台北汉光文化事业公司签署了《中国十大古典文学名著画集》的版权转让合同，该书获得台湾1990年"金鼎奖"和优良图书推荐奖。

8月28日~9月3日，"台北出版人访问团"40余人参加第三届北京国际图书博览会，并参加由中国出版工作者协会、合作出版促进会、中国出版对外贸易总公司举办的"海峡两岸出版交流研讨会"。合作出版促进会会长许力以、中国版权研究会秘书长沈仁干与台湾远流出版公司发行人王荣文等分别介绍了两岸的出版与版权保护情况。

9月6日，三联书店与台湾锦绣文化企业在北京就《中华文库》合作出版举行签字仪式。

1991 年

3 月 27~29 日，由合作出版促进会主办的第三届合作出版洽谈会在深圳举行。台湾出版事业协会组织台湾地区 40 余家出版公司参加。

5 月 6~10 日，陕西省出版总社主办"1991 年西安出版、版权贸易交流会"。来自台湾地区及新加坡的 19 家出版公司与陕西省的出版社开展版权贸易洽谈，共签署版权贸易合同 60 项（涉及 89 种图书）。此后，吉、鄂、皖、京等地也相继举办类似的"版贸洽谈会"。

10 月 16~24 日，中国出版协会妇女读物出版研究委员会在北京、泰安两地举办了"海峡两岸妇女读物与妇女形象研讨会"。来自海峡两岸的著名作家、出版界人士、妇女报刊总编辑等 80 余人出席了会议。

1992 年

3 月 25~30 日，桂林举办了第四届合作出版洽谈会。三联书店、中国大百科全书出版社与台湾锦绣文化企业联合举办合作出版发行《中国大百科全书》和《中华文库》座谈会。中国大百科全书出版社授权锦绣文化企业在台湾发行《中国大百科全书》（60 卷）。

9 月 1~7 日，由中国图书进出口总公司主办的"第四届北京国际图书博览会"在北京举行。台湾出版界 109 人到会。合作出版促进会与台湾出版代表团联合举办"两岸图书合作出版座谈会"。

9 月，台湾光复书局企业股份有限公司与大陆外文出版社所属的海豚出版社、北京市通县（通州区）纸箱厂合资成立光海文化用品有限公司，这是大陆第一家两岸三方合资的文化企业。

第二阶段　合作相知（1993~2003 年）

1993 年 5 月，以许力以为团长的大陆出版代表团访问台湾，并达成"五点共识"，为两岸出版多领域、多方位的合作勾画出广阔的前景；1995年开始，由中国出版工作者协会、台湾两岸图书出版合作委员会与香港出版总会联合举办的"两岸三地华文出版联谊会议"（后来澳门出版协会加入成为"两岸四地"），使华文出版人在不断交流、不断沟通、不断研讨中，增进了了解，加强了信任，为今后实现共同理想、让华文图书走向世界、让中华文化走向世界搭建了坚实的合作平台。

1993 年

2月16~25日，"福建省出版工作者协会代表团"一行11人访问台湾。这是大陆出版界首次组团访台。

5月5~15日，应台湾"两岸图书出版合作研讨会"筹备委员会邀请，中国出版工作者协会副主席、合作出版促进会会长许力以率大陆出版访问团首次访问台湾，并达成"五点共识"：

11月4~8日，由中国书刊发行业协会和台湾"1993年台湾图书展览委员会"联合主办的"1993年台湾图书展览"在北京举行。这是两岸开放文化交流以来台湾出版界第一次赴大陆举办的大规模图书展览。307家台湾出版社的14 140种共20 400册图书参展。参展图书捐赠给北京大学图书馆。

12月17~23日，北京市出版工作者协会应台北出版商业同业公会邀请组团访问台湾。

12月23~24日，中国版权研究会在北京举办"海峡两岸著作权研讨会"。中国版权研究会副理事长刘杲等出席。

1994 年

3月29日至4月4日，由中国书刊发行业协会主办、中国图书进出口总公司承办的"1994年大陆图书展"首次在台湾举行。大陆180余家出版社的1.8万种图书参展。这是大陆图书首次在台湾展出。参展图书捐赠给"中央图书馆"。

9月2日,中国出版工作者协会、合作出版促进会在北京举办"海峡两岸和香港地区出版座谈会"。大陆、台湾、香港出版协会负责人就举办"两岸三地出版联谊会议"进行磋商,确定联谊会议每年举行一次,在"两岸三地"轮流举行。

1995 年

3月24日至4月4日,应台北市出版同业公会和台湾百通图书股份有限公司邀请,中国出版工作者协会科技出版工作委员会以科技委主任周谊为团长一行16人访问台湾,参加了两岸科技出版合作座谈会,参观了由台方主办的两岸科技图书合作出版成就展。

5月初,中国出版工作者协会主席宋木文率团访问台湾,进一步推动了两岸出版界的合作与交流。

5月15~17日,由中国出版工作者协会、台湾两岸图书出版合作委员会与香港出版总会联合主办的"第一届华文出版联谊会议"在香港举行。会议主题是:保护版权,加强交流。

7月10~15日,中国出版协会组织台湾出版业在北京师范大学举行台湾地区教科书赠书仪式暨图书展览活动。台湾出版事业协会向北京师范大学赠送图书7892册,价值46万元。

1996 年

8月31日,中国版协合作出版促进会与台湾图书出版事业协会联合在北京举办"两岸图书出版座谈会"。中国出版工作者协会主席宋木文到会并讲话。座谈会由中国版协合作出版促进会会长许力以主持。海峡两岸出版界人士100多人出席了会议。

1997 年

1 月 8 日,中国大百科全书出版社与(台湾)棣南股份有限公司联合出版的《中华百科全书》(光盘版)面世。

8 月 23~31 日,第二届华文出版联谊会议在台北师范大学举行。会议的主题是:华文出版走向世界所面临的问题。由中国出版工作者协会主办、中国出版对外贸易总公司承办的"1997 年祖国大陆图书展览会暨版权贸易洽谈会"同时在台北举行,1.3 万余册图书参展。其中的版权贸易洽谈会定为"第八届合作出版洽谈会"。

10 月 26 日至 11 月初,应中国期刊协会邀请,台北市杂志商业同业公会理事长简志信率台湾期刊代表团一行 34 人来大陆访问,实现了海峡期刊组织的首次交往。

1998 年

4 月 20~22 日,中国版协合作出版促进会在昆明举办第九届合作出版洽谈会。会议期间,海内外代表还就电子出版物的编辑出版、中国加入世贸组织后出版业面临的挑战与发展进行了研讨。

4 月,由大陆出版人辛广伟与台湾出版人陈信元策划、台湾南华管理学院出版中心组织的"台湾畅销书作家团"赴大陆访问。10 月,台湾南华管理学院出版中心组织了大陆作家代表团赴台湾访问。两次活动均反响很大。

1999 年

7 月,第四届华文出版联谊会议在香港召开。会议的主题是:"两岸三地"如何保护版权与出版合作。

10 月 24~26 日,中国版协合作出版促进会在长沙举办了第十届合作出版洽谈会,同时召开了"21世纪出版战略研讨会"。台湾地区代表40余人参会。

2000 年

3月28~31日,由国家版权局主办、中国图书进出口(集团)总公司承办的2000 BIBF北京国际版权贸易研讨会在北京举行。来自台湾地区的出版和版权贸易、版权代理机构的专家出席了研讨会。

6月12~24日,中国出版工作者协会组织中国版协电子出版代表团一行12人访问台湾和香港。与两地同人就电子出版、发行、版权和网络技术等问题进行了研讨,并就建立交流机制,定期、轮流举办"两岸三地电子出版联谊会议"事项等达成了共识。

8月31日,中国版协合作出版促进会主办的"迎接21世纪两岸图书合作出版研讨会"在北京召开。与会的大陆和台湾出版同人针对两岸出版业现状及其合作问题展开了热烈的讨论,提出让中华优秀文化走向世界的战略目标。

12月中旬,由中国出版工作者协会主办、中国出版对外贸易总公司承办的"2000年第三届祖国大陆图书展"在台北举办,展出图书1万余种。同时举办两岸出版交流十年回顾展和第五届"两岸三地"华文出版联谊会议。

2001 年

3月,台北"出版节"举办的"华文出版论坛"上,大陆出版人董秀玉、辛广伟应邀发表演讲。

9月18日,全国书市组委会、云南省新闻出版局与台湾图书发行协会进行了业务交流,双方对发行方面的合作和版权贸易进行了深入探讨。

2002 年

1 月 10~19 日，中国版协主席于友先一行 4 人访问台湾图书出版事业协会等有关出版机构，并举办"两岸出版座谈会"。于友先主席与台湾图书出版事业协会董事长武奎煜共同签署会谈纪要，就 2002 年双方合作计划达成"五点共识"。纪要中将《出版参考》作为"两岸三地"的共享资讯平台。

1 月 23 日至 2 月 3 日，中国期刊协会应台北市杂志商业同业公会邀请组团访问台湾，在台北市举办"大陆杂志展"，共展览期刊 1200 余种，13 000 余册，还展出 20 世界上半叶"中国期刊创刊号"157 种。

5 月 25 日，"首届两岸杰出青年出版人才研讨会"在北京举办。大陆、台湾共有 50 余位代表参加。会后，出版了《两岸出版文化交流》一书。

7 月 19 日，第七届华文出版联谊会议在香港举行。会议主题是：面向新世纪，努力开拓华文出版市场。本届会议澳门出版界首次与会，由此形成了"两岸四地"出版界联谊会议的格局。

10 月 18~28 日，第十三届全国书市在福州举办。台湾出版界首次组团参加，设有 16 个展位，展出了 6000 余种图书。

12 月 20~21 日，"首届两岸四地印刷业交流联谊会"在台北举行。中国印刷技术协会理事长武文祥率团与会并达成"五点共识"，确定了"两岸四地"印刷交流联谊会每年举行一次，轮流举办。

第三阶段　携手共赢（2003 年至今）

2003 年 5 月 1 日，大陆允许海外资本包括台湾资本投资出版业的零售领域，并承诺 2003 年 12 月 1 日以后放开连锁和批发。7 月 8 日，台湾当局对相关条例进行修订，允许简体版大中专专业学术书籍公开在台销售。两岸发行领域的不断开放，将促进出版业的进一步发展和变革，加快两岸出版人的整合步伐，同心携手，优势互补，获得共赢。

2003 年

4 月 2~14 日,中国出版工作者协会代表团赴台湾参加"第二届两岸杰出青年出版专业人才研讨会""2003 祖国大陆书展"和"加入世贸组织后两岸出版工作现状、未来的发展趋势及合作方式座谈会"。

7 月 8 日,台湾当局迫于"问津堂事件"的压力,对相关条例进行修订,允许简体版大中专专业学术书籍公开在台销售。

7 月 28 日,台湾图书出版事业协会 13 家会员共同投资福建"闽台书城"。

8 月 18 日,海峡两岸出版交流中心成立。国务院台办副主任周明伟、新闻出版总署副署长于永湛等出席了新闻发布会。

9 月 19 日,由中国出版协会合作出版促进会主办的"两岸图书出版贸易座谈会"在北京举行,来自大陆和台湾出版界的近百名代表参加。

10 月 30 日,"第二届两岸四地印刷业交流研讨会"在上海召开。这次会议讨论通过了"两岸四地印刷业交流联谊会活动规程",并以"整合资源,发挥优势,迎接挑战"为主题进行了研讨。

12 月 22 日,中国出版协会、台湾图书出版事业协会、香港出版总会、澳门基金会、澳门文化广场联合主办的第八届华文出版联谊会议在澳门举行。澳门作为正式代表首次参加会议。会议主题为:进一步扩展华文图书市场。

2004 年

2 月 25 日,国务院台办在钓鱼台大酒店举行新闻发布会。发言人李维一与新闻出版总署台湾事务办公室副主任王化鹏就海峡两岸出版界开展交流与合作等问题共同回答了记者提问。

7 月 29 日至 8 月 8 日,中国书刊发行业协会组团赴台举办"首届大陆书刊展销会暨第三届海峡两岸书刊发行研讨会"。代表团中首次有民营代表参加。展出的书刊以销售为主。

10 月 30 日，由中国出版协会主办、中国出版对外贸易总公司承办的"祖国大陆图书展"在台北市举行。展出图书 5000 多种。展览会上举行了向台湾图书馆赠送《二十四史全译》珍藏本的赠书仪式。

2005 年

1 月 18 日，由海峡两岸出版交流中心、台湾图书出版事业协会、北京版权保护协会联合举办的海峡两岸出版交流座谈会在北京举行，大陆 30 多家和台湾地区 50 家出版机构参加。

1 月 21 日，国家"十五"出版重点规划项目、中央对台宣传重点项目"台湾文献汇刊"，经 10 年编撰，由九州出版社和厦门大学出版社联合出版发行，并在人民大会堂举行座谈会。

2 月 25 日，由上海的季风书园与台湾联经出版公司合作成立的上海书店在台北商业区开业，经营面积 500 余平方米，品种近 3 万种，6.8 万册，是当时台北经营大陆简体书面积最大、品种最多的书店。

4 月 9 日，经新闻出版总署、商务部批准，台湾康轩文教集团投资的南京康轩文化用品有限公司获得了江苏省新闻出版局颁发的出版物经营许可证。该公司可以在大陆进行内地版图书、报纸、期刊批发和零售业务（不含台港澳地区），成为 2004 年 12 月出版物批发权开放后首家在大陆经营的台资出版物批发公司。

5 月 16~17 日，中国版协和台湾图书出版事业协会在京举办了"第三届两岸杰出青年出版专业人才研讨会"，共有 40 余人参加。

7 月 28~31 日，由厦门市政府、台湾图书发行协进会等单位联合举办的"首届海峡两岸图书交易会"在厦门国际会议展览中心举行。交易会不但可以展出，还可以现场销售。大陆和台湾地区参展的出版社和图书公司共有 586 家。

8月1~10日,台北市杂志商业同业公会代表团"2005两岸出版新契机之旅"一行23人访问大陆,并与中国期刊协会在沈阳联合举办"海峡两岸期刊同人共拓华文期刊出版事业研讨会"。

8月31日至9月1日,第十届华文出版联谊会议在北京召开。会议对长期推动"两岸四地"出版交流做出重要贡献的24位资深人士给予了表彰。

9月18日,上海书展在台北开幕。这是近年在台湾地区举办的规模最大、品种最多的以城市为主题的书展。上海40余家出版社6000种新书参展。

2006年

1月7日,台港澳地区出版单位第一次应邀参加北京图书订货会。

7月21日,第十一届华文出版联谊会议在香港召开,中国出版协会主席于友先率团出席。"两岸四地"共100余位代表参加会议。会议由香港出版总会副会长李庆生主持。10位与会代表就"华文出版物如何全球化经营"做专题演讲。

9月19日,中国版权协会与全国妇联在北京共同举办"海峡两岸妇女读物与妇女形象论坛"。

9月20~24日,第二届海峡两岸图书交易会在台北世贸中心展览二馆举办。两岸500多家出版机构展示了数十万种100多万册图书。

11月1日,中国编辑学会会长桂晓风在北京会见了台北市出版商业同业公会理事林宏龙先生,商讨了中国编辑学会与台北市出版商业同业公会共同举办海峡两岸编辑出版研究与业务交流等问题。

2007年

1月11日,国务院台湾事务办公室副主任叶克冬会见了台湾三大图书组织的部分会员代表。

1月17日,台湾文献史料出版工程座谈会在人民大会堂举行。台湾文献史料出版工程由《明清宫藏台湾档案汇编》《馆藏民国台湾档案汇编》《民国遗存台湾文献选编》等书组成，涵盖明清两代、民国时期约 400 年的台湾文献史料，总计 550 册 30 多万页。

7 月 23~24 日，第十二届华文出版联谊会议在澳门召开。会议由澳门出版协会理事长陈雨润主持。本届会议主题是：华文出版的新挑战与新机遇。

10 月 26 日，第三届海峡两岸图书交易会在厦门开幕。本届首次设立了主宾城市——北京。台版图书首次正式进入大陆发行领域。本次展会增设了图书馆、书店看样采购，两岸出版产业合作项目展示和主宾城市北京市的城市文化成果展示等。首度引入动漫网游及其衍生产品。

2008 年

4 月 8 日，中国出版工作者协会在北京召开"海峡两岸出版交流 20 周年座谈会"。大陆出版界 40 余人与会，新闻出版总署副署长邬书林到会并讲话，会议由中国出版工作者协会主席于友先主持，台湾出版事业协会理事长陈恩泉先生出席了座谈会。

4 月 27 日，中国出版工作者协会在第十八届全国书市期间，在河南召开"海峡两岸出版交流 20 周年座谈会"，新闻出版总署署长柳斌杰做了重要讲话。时任人大副委员长许嘉璐、中国出版工作者协会主席于友先、台湾出版协会理事长陈恩泉等到会并讲话，海内外出版同业 60 余人参加。

第四辑

有温度的记忆

新时期出版人改革亲历丛书

　　我希望自己是个有担当、有勇气、有魄力、自信并热爱生活的人，我希望自己智慧、理性、踏实做人、认真做事，能与家人温情相伴，与同事多合作、常帮助，对朋友真诚，对属下客观公正，与合作者能双双受益。

　　这里记下的这些回忆，都是生活中发生的琐事。这些琐事，时时发出温暖的光，照亮我人生的路途，在我失落的时候，安慰着我，激励着我，给我勇气和能量，都从不同侧面给了我好多人生的启迪，滋养了我思考问题的广度和深度，让我一路向前。

忆母亲

　　我的母亲是位普通的家庭妇女，去世已经 19 年了。

　　每当想起母亲生前的许多往事，她那慈祥的面容都会立刻浮现在我的眼前，活生生的，异常真切。而我，却常常是呆呆的一句话也说不出来，傻傻地望着，任凭泪水顺着脸颊肆意流淌……

　　我 3 岁时，母亲患上了肺结核病。这个病，俗称"肺痨"，当时属于不治之症。由于父亲在涿州空军六航校工作，母亲一个人既要上班，又要照看几个未成年的孩子，实在忙不过来，因此把我送到了北京的二舅家。

　　记得有一天，母亲从涿州来北京陆军总院看病，是复查，中途抽空来二舅舅家看我。乍一见面时，我竟没有认出是妈妈，怯生生地望着眼前这个瘦削的女人，我拉着二舅妈的衣襟，往后躲闪，不知如何是好。母亲见到我，笑着弯下腰来要抱我，被站在一旁的二舅舅匆忙拦住了，说是怕把病传染给我。这时，母亲忽然像是想起了什么，慌忙地从蓝色上衣口袋里摸出了一块用黄色草纸包着的东西，打开给我。原来是半块月饼。我刚要伸手，二舅妈一把拽住了我，对母亲说："可不能让孩子吃你摸过的东西！"母亲顿时愣在了那里，为难地看着我，无奈地将月饼放在了桌子上。我或许是真的嘴馋了，或许是认准了眼前的就是我的亲妈妈，猛地挣脱了二舅妈的手，一下子向母亲扑了过去，声嘶力竭地喊着："妈妈，妈妈！"然后号啕大哭起来。这时母亲再也忍不住了，泪水夺眶而出，大颗大颗的泪珠滴答滴答落在了我的脸上，凉凉的。后来，总算苍天有眼，就在母亲生死一线之际，医学界研究出了专治结核病的特效药——雷米封(异烟肼)，让母亲死里逃生，并最终痊愈。

　　3年自然灾害时期，粮食匮乏，凭票供应，每人每天只有八九两粮食吃。那时，我们兄弟三个，两个哥哥一个上高中，一个上初中，我读小学三年级，正是长身体的时候，饭量惊人的大。那时人们常说："半大小子，吃死老子。"这话一点不假。吃饺子，我一顿可以吃 40 个，而且肚子里还是觉得空落落的。为了让我们少挨饿，母亲经常去安定门外的护城河边挖野菜，用野菜掺和着玉米面给我们蒸菜窝头，或包野菜包子。每次做好饭，母亲总是分好份，让我们先吃。我那时年纪小不懂事，吃完了自己的一份后，还常常守在饭桌旁舍不得离开，两眼一个劲儿地看着没有吃完饭的母亲。这时，母亲就会装出吃饱了的样子，将手里的半个窝窝头，或是一块馒头塞给我。

作者全家福(前排自左至右：儿子常青、母亲孙荣芳、父亲常秉禄、侄女常怡；二排自左至右：侄女常薇、妻子绛云、大嫂冯玉环、二嫂屈萍、侄女常倩；后排自左至右：本书作者、大哥常振家、二哥常振铎)

　　母亲由于过度劳累,再加上长期营养不良,全身浮肿,腿肚子一按一个坑。爸爸和我们兄弟三个尽管也是常常吃不饱,但没有一个浮肿,安然熬过了那段日子,现在想起来,这当然离不开母亲尽心尽力的操劳。

　　母亲没有文化,但她非常明事理,识大体。只要她认准是关乎孩子今后发展、前途的大事,她都会权衡轻重,从不以个人感情来处理。1968 年夏,正值知识青年上山下乡的高潮,我作为一名"有志青年",积极响应党的号召,坚决要求去黑龙江生产建设兵团。当时母亲舍不得我这个最小的儿子离开,尤其是到远离千里的东北边疆,暗地里不知流了多少泪。但她看我如此坚决,最终还是相信了自己的儿子。离开北京的那天早上,爸爸按时上班走了,两个哥哥为了送我,早早起来帮我打点行李、母亲几乎没有说话,只是将煮熟的鸡蛋、新熬的大米粥和一碟咸菜端到我面前,轻轻说了声"吃吧"。然后在我对面坐下,一声不响地看着我吃完后,转身假装躺下睡了。哥哥们知道母亲心里不好受,临走时有意没有让我去告辞。可在我跨出房门的一刹那,我听到母亲突然放声大哭起来。即使这样,母亲也没有出屋来阻拦我。

　　还记得我第一次从兵团回北京探亲,大哥和二哥大学毕业后,已分别到军队农场和农村去锻炼,家里只剩下了年迈的爸爸和妈妈。为了给他们一个惊喜,我事先并没有写信告诉他们。所以,当我早上 5 点多钟到家叫门时,母亲先是应了一声,随后竟没了动静,两三分钟后,才听到母亲半是怀疑半是期盼的声音:"是振国吗?"我答道:"是啊!"话音刚落,就听见"咚"的一声,紧跟着就是踢踏踢踏的脚步声,屋门打开的那一刻,我见到母亲已是泪流满面。她一下子把我紧紧抱住,嘴里一个劲儿地念叨着:"回来了,真的回来了……"

　　说也奇怪,不知什么原因,我探亲的那段日子里,晚上常常做噩梦,半夜里会突然惊醒。我揉搓着双眼,借着昏暗的灯光,朦胧中发现母亲就守在我的身旁,边做着针线活,边低声哼着我从小就听熟了的京剧《四郎探母》里的那段唱腔:"一见娇儿泪满腮,点点泪珠洒下来……儿大哥长枪来刺坏,你二哥短剑下他命丧(赴)阴台,儿三哥马踏如泥块,我的儿失落番邦一十五载未曾回来……娘只说我的儿今何在,延辉我的儿啊!"母亲的声音低婉凄凉,在寂静的夜里轻轻地飘荡。我屏住气,默默地听着,听着,眼睛湿润了。我知道这戏文里寄托了母亲对儿子的思念,也寄托了她对我们的期望。

母亲虽然出生在地主家庭,但一天书也没读过。直到解放初期,参加政府组织的扫盲班,才认识不多的几个字。然而,母亲对教育却有着一股天然的热忱。日子再难熬,生活再艰苦,她始终坚持着让我们读书,努力让我们受到最好的教育。母亲一生最引以为豪的,就是她培养了三个上大学的儿子,并有三个大学毕业的儿媳妇。她在世的时候,每当与他人说起我们兄弟三个,总会从心底里涌现出一股自豪感。直到晚年,她患了老年痴呆症,脑子已经有些糊涂,乃至经常认错人,可一提到我们,她的眼睛会突然一亮,忍不住微笑着点点头。尽管仅仅是一瞬间,却让人感到她内心深处蕴含了多么深厚的母爱!

我们兄弟三个算是非常孝顺的。大哥、二哥给我做了榜样,去兵团后,我每月工资32元,我按月寄给父母20元。大学毕业工作后,也是在物质上竭尽全力地孝敬父母。尽管父母一再推让,我们三个依然一如既往。逢年过节,全家人聚在一起,时不时还搞个家庭晚会,全家老少,各显其能,吹拉弹唱,其乐融融。

母亲去世后,我们兄弟三个撰写了一副挽联:"克勤克俭克己乐善好施德隆后;为家为铎为国(家、铎、国分别为我们兄弟三个名字中的一个字)感天动地慈母恩。"母亲的一生,的确为我们操尽了心,费尽了力。

回忆件件往事,我觉得母亲对我的影响最大。自己做过的许许多多事情,不少都有母亲的影子。她对自己、对他人的那种包容、克制、勤俭、友善,最终成了我性格的重要组成部分。母亲去世转眼已近 20 年了。这些年来，我扪心自问，时常会深深地感到自疚，后悔当年没能多陪陪她。那时我满脑子都是事业、工作，母亲又从不提什么要求。如今母亲去世了，我才猛然感觉自己背后的一堵墙坍塌了，环顾四周，孤零零的，没有了依靠，悔意顿时包围了我。这个时候我才切身感到，这世间没有什么比亲人相聚更宝贵。然而，这个感悟于我，已无法弥补……

许老的人格魅力

——深深怀念许力以同志

　　许老离开我们已经整整 20 天了,但我至今不相信他的离去! 朦胧中时时会觉得他会有电话打来,睡梦中多次惊醒,误以为他又招呼我去商量事情。许老的去世,对我的震动很大。有时静下心来细细琢磨,认识许老近 30 年,在他手下工作 20 多年,是什么让我对他始终充满了敬仰? 思前想后,是他的人格魅力。

　　许老是位思想超前、非常睿智的领导。我认识许老是在 1983 年为周振甫先生举办从事编辑工作 50 周年的茶话会上。许老时任中宣部出版局局长。周先生是我的导师,当时我负责茶话会的联络招待,许多专家学者到会,钱锺书、张志公、吕叔湘、启功先生还发了言,对周先生"甘为他人作嫁衣"的精神赞美有加。而这次会上令我最难忘的应该是许老的讲话。他说:"周先生是编辑工作者的模范,以自己默默无闻的工作,为发展我国和世界的文化事业做出了贡献,应该为他立传。像周先生这样的专家,三代同堂,住房仅 70 平方米,应该认真解决。"当时改革开放刚刚开始,知识分子"臭老九"的名声在很多人头脑里还影响不小,在这样的场合,以许老所处的位置,大声呼吁要为老知识分子树碑立传,为他们的待遇鼓与呼,还是有不小风险的。我坐在台下听到他这样慷慨激昂的讲话,由衷地钦佩! 1988 年国际合作出版促进会成立,使我与许老有了密切的接触。如何让中国图书走向世界? 这是许老早在改革开放初期就已经思考的问题了。在他的直接参与的支持下,促成了人民美术出版社与日本讲谈社、上海人民美术出版社与前南斯拉夫"南评社"的合作出版。为了进一步扩大与国外同行的交流,他与娄明、许邦、周谊等策划成立了"国际合作出版促进会"。许老亲自一字一句地拟订了促进会的宗旨,制订了活动计划,由此反映出他的思想是多么超前。许老的睿智是大家一致认同的,可以说,处处事事都能表现出来。促进会成立后不久,同年10月就在上海举办了"首届海峡两岸图书展览";第二年(1989年)2月,又在深圳举办了首届"合作出版洽谈会";5月,邀请了"国际莫托文出版协会"一行十几个国家40多人来中国访问,中外双方合作的热情非常高。但在6月,我们国家出现了"政治风波",对外出版合作陷入了低谷。在这种情况下,1990年的"第二届合作出版洽谈会"还办不办?怎么办?我们遇到了难题。许老经过深思熟虑后指示会务组,把海外招展的重点放在台湾。许老的这一决策,恰恰迎合了两岸发展的大趋势,也非常符合两岸出版界的需要。

许老是位讲原则、顾大局、敢决断的领导。1993年5月,由促进会组成的大陆出版代表团首次访问台湾。在台期间,经过反复磋商,多次讨论,准备与台湾出版事业协会签署一份备忘录式的"五点共识"。这"五点共识"是许老提出基本框架,团内集体讨论而形成的。从当时两岸的态势看,对我们更有利。因台湾出版公司的合作热情,台湾方面也表示同意。后又经过文字上的一遍遍修订,商议好在代表团离台时的告别宴会上正式签署,然而,中途又经历了一些曲折,最后,"五点共识"在回来征得领导同意后,才与台湾方面正式签署。

许老对海峡两岸出版交流做了那么多的工作,贡献那么多,可有一件事,让我觉得非常遗憾。促进会20周年纪念的时候,台湾同人邀请我们参加,特别邀请许老为特约嘉宾。许老那时候已经80多岁了,身体不是太好。我知道他在促进会这么多年的工作中,对"莫托文"组织和台湾工作倾注了太多的心血和热情，便问他想不想去。他说，"莫托文"组织的活动去不了了，年龄大，这么长途的飞机受不了，可是台湾他还是想去一趟。于是我决定陪他去，路上一定要照顾好他。他的很多老部下也打电话给我，千叮咛万嘱咐，让我照顾好他，我都郑重答应。

我对此次台湾之行也做了精心安排。许老在这次会上有个发言，之后我又安排了简单的考察，尽量减小了活动范围。他对我的安排也非常满意。因为之前我们一起出差过很多次，我对他的生活习惯和身体状况比较了解。但是到了台湾，主办方的安排却出现了问题。首先是房间分配问题。到了酒店后，工作人员把我和许老安排在一个房间，说这样可以方便我照顾许老。我说这样不行，许老一个人住习惯了，我住隔壁就可以照顾好他。在我的要求下，后来主办方还是给我们另外安排了房间。

很快到了会议当天，开幕式前，我陪同许老来到会场，一进大厅，迎面就是一幅大照片，正是 1988 年上海海峡两岸书展上汪道涵与许老共同在台上剪彩的情形。我们看到后，一边感叹时光飞逝，一边为 20 年间两岸交流发展的飞速与繁荣而高兴。

台湾方负责人都非常尊重许老，见许老来了，赶忙将许老安排到了贵宾室。参加会议的大陆方代表有新闻出版总署署长柳斌杰，台湾方代表有台北市市长郝龙斌等，大家都热情打招呼、交谈。到了该剪彩的时候，大家簇拥着许老上台，可是到宣读剪彩人的时候，却没听到许老的名字。许老不得不从台上下来，气氛非常尴尬。柳斌杰从台上剪彩下来，问为什么没有安排许老上台剪彩。陈恩泉也走到许老面前，解释说，是他们的工作人员疏忽了，并非常诚恳地道歉。虽看见许老大度地说"没有什么的"，但我心里非常歉疚。觉得台湾方安排确实欠妥当，但是，如果我提前去了解一下，恐怕也不会出现这种情况。许老，还有美国长青书店的老板刘冰先生，都曾是两岸文化出版交流的穿线搭桥人，在历史上做出了突出贡献。举办两岸交流 20

周年庆典,不安排他们上台剪彩,于情于理都说不过去,让人心里很不是滋味。第二天,我陪许老去了台南。许老一路上再也没提及此事,但我知道,这件事我没有安排好,成了一个永远也无法弥补的遗憾。

许老在离休期间,除了国际合作出版促进会的工作外,还抓了一件大事,那就是《中国美术分类全集》400卷的组织、编辑和出版。邓力群同志说,这是中国美术出版史和中国文化史上的一件大事,具有中国历史意义和世界意义。编辑出版《中国美术分类全集》的启动几乎与《中国美术全集》同步。这项工作于1983年开始酝酿,1984年4月,由中宣部召集有关出版社、文物单位和博物馆等部门负责人和专家120人开会讨论,报请中宣部批准后决定上马。著名书画家、鉴定专家启功先生觉得60卷《中国美术全集》难以包容中国古代以来的美术杰作,希望出版《中国美术全集》60卷后,继续出版更大规模的美术分类全集。为此,启功先生专门写信给邓力群同志,提出了上述建议。1984年12月14日,中宣部召集有关专家专门就启功先生的建议进行讨论研究。时任中宣部部长的邓力群主持会议。他说,这件事现在提出来有好处,60卷《中国美术全集》所选的作品,主编、副主编都要经手一遍,现在就可以同时选出《中国美术分类全集》的作品,如果现在不做这个工作,将来还要再选一遍,不但费时费力,而且专家年龄也越来越大,人越来越少,会产生各种困难,所以现在要争取让专家们先把作品目录选定下来。

1985年7月2日,由中宣部出版局、国家出版局、文化部文物局三家联合召开会议,讨论拟定的《中国美术分类全集》的规划,确定了出版方针、出版要求、出版规模,分绘画、雕塑、工艺美术、书法篆刻、建筑艺术5个方面,按30个分类,共计出版300卷(册),由20多家出版单位分别负责编辑出版。《中国美术分类全集》设立了领导工作委员会和总编辑委员会,许老担任领导工作委员会常务副主任并兼任秘书长,由此,担当起这项巨大出版工程的重任,一干就是 25 年。25 年里,随着形势的不断发展变化,人员的不断调整,许老不但要总揽全局,运筹帷幄,还要具体协调,亲自督办。特别是后期,为了出版进度,为了出版资金,他八方求援,上下奔走,真可谓殚精竭虑,费尽心力。他在 2003 年 11 月 3 日写给邓力群同志的信中说:"原拟2003 年全部完成,现在看来已不可能,越到后来,困难越大。未能完成的基本原因是:经费不足,出书不赚钱,成本高;收藏艺术品的博物院(馆),对拍照要价越来越高,很难配合;运作时间长,各级有关领导更换变化大,中宣部与新闻出版总署原下达的任务不衔接,不落实。"他在 2004 年 11 月 30 日写给时任中央政治局委员、中宣部部长刘云山的信中说:"随着文物保护成本的提高,故宫等博物馆藏品的拍照价格成倍增加,这使得《中国美术分类全集》的成本特别是出版社的前期投入也大大增加。美术出版社普遍经济效益不是太好,多年来一直自筹资金承担国家文化出版工程,负担较重。"邓力群、刘云山同志先后都做了批示,也在资金上给予了一定的支持,对推动此书的出版起到了重要作用。即使如此,到了 2010 年,仍有三十几卷没有出版。许老在他的回忆录中不无感慨:"事情的发展总与愿望相违……编委会办公室费尽心力,也没有办法。主要问题还是经济方面。工作已经历了 25 年,社会机制多有变化,领导层更替频繁,工作越来越艰难。"这项未尽的工作,竟成了许老去世前最为挂念的一个心病,他在《我最后的几句话》的临终遗嘱里,有五分之三的篇幅是在交代这件事。多亏时任新闻出版广电总局副局长、许老的老部下邬书林同志,不负重托,全力以赴地督办相关出版单位,终于在许老去世一周年之际,顺利完成了《中国美术分类全集》的出版。由于"全集"办公室的同志都已年迈多病,我受邬书林、吴尚之的委托,与张三杰、刘丽霞等同志一起,筹备了《中国美术分类全集》出版座谈会。会上,刘云山同志发来了贺信,中宣部常务副部长蔡名照、中国新闻出版广电总局局长柳斌杰、副局长邬书林、原新闻出版署署长宋木文等领导向为出版《中国美术分类全集》而辛勤工作的单位和个人颁发了荣誉证书,许老荣获了唯一的"特别荣誉"奖杯。

　　许老是位关心他人、体贴下属的领导,是个十分仔细的人。在我与他的长期接触中,时时能够看到、感觉到他对别人的关心、对下属的体贴。两年前,一位老同志诊断得了癌症,心理负担比较重。许老不厌其烦地打电话去安慰,帮助分析病情。当他得知病人看病费用过高,经济上有困难时,又想方设法筹措一部分钱送到病人家里。还有一回,我陪许老去看一位生病的同志,买好东西到了医院,没想到这位同志临时出院了。虽然已经是下午3点多钟了,但他仍然坚持要到病人家里看望。到了病人家的楼下,正巧又下起了雨,而电梯因为时间限制不运行。我劝许老下次再来,因为此时,许老已经是85岁高龄的老人了。但他执意不肯,坚持走上了六楼。看到这一切,我真切地感到许老待人的诚恳、情重。多年来,由于方方面面的事情,我和张三杰经常开车接送许老,可许老总是担心因为接送他而影响我的工作,常常表示出心中的不安。每次到许老家,他除了亲自为我沏茶倒水外,总要让我吃水果,还一定要亲自削皮,怎么拦都不行。

　　我与许老相处的20多年里,可写、可说的事太多太多。许老在世的时候我就常想,许老离休这么多年,为什么还有那么大的号召力? 为什么还那么受人尊重? 难道是因为他担任过中宣部出版局局长吗? 肯定不是!

　　许老离开我们走了,但他那高尚的品德,他那令人敬仰的人格将永远留在我们的心里。

（此文原发表于《许力以纪念文集》,2012年华龄出版社出版,此次做了增补）

最后一篇评介

——忆吴世昌先生

吴世昌先生仙逝已有 30 多个年头了。每当想起先生对我们的真诚帮助和大力扶掖，心头总是涌起屡屡思念，感慨万千。

35 年前，经朱正先生举荐，湖南人民出版社决定出版我与绛云编写的《历代诗话论作家》（上、下编）。校样排出后，我们向一些专家学者征求意见。当时，吴先生身体欠佳，特别是视力严重衰退，但他依然阅读得十分仔细，前后整整花去了 3 周的时间，并亲自写了篇介绍文字。那时候，我们是刚刚涉足学术界的小字辈，无名无位，能得到先生如此赏识，大有"受宠若惊"之感。谁都知道，吴先生是我国老一辈的著名学者，早在二十世纪二三十年代做学生的时候，他就已经对古代文史有深入的研究，时人赞其"无所不通"。他的《〈红楼梦〉探源》《罗音室诗词存稿》等蜚声海内外。就在事业如日中天的时候，他响应周总理的号召，毅然放弃了国外优厚的待遇和显赫的地位，于 1962 年回国，历任社科院学部委员、文研所一级研究员等，然而，就是这样一位"权威""大人物"，竟然会对初出茅庐的我们这般厚爱，当时我们心底里是怎样的感激，可想而知。

记得我和夫人到吴先生家取稿子时，先生从里屋扶着门框、继而又扶着书桌，几乎是一步一步蹭着走出来。老人认真地将稿子交到我们手里，谦逊地说："书编得很好，但我精力不济，没有写好。"师母告诉我们，吴先生为了写这篇稿子，当日一直写到凌晨三四点钟。我们看到先生手稿的字已是十分扭曲。从那弯弯曲曲的字里行间，我们想象得出，先生在视力极低且抱病在身的情况下，是用怎样的热情和毅力，才写成这近千字的文稿。这份情谊，对我们两个年轻人来讲，怎能不刻骨铭心呢？

据我们所知，吴先生的这篇文字，可能是他生前最后一篇为别人写的评介文章。过后，我们很想将它作为《论作家》一书的序，只可惜出版社已将书稿付印，未能如愿。直到 1991 年，吴先生去世 5 年后，《历代诗话论作家》在台湾再版，我们才有机会将吴先生的文章作为序置于书前，了却了多年的一桩心愿。

播鲁迅精神之火

——记鲁迅研究专家林辰先生

　　一位从事鲁迅研究多年的学者说：谈到林辰就必然要谈鲁迅；谈到鲁迅研究，谁也不会忘记林辰。

　　林辰先生原名王诗农，1912 年 6 月生于贵州郎岱一个没落的封建家庭。数十年来，他一直从事鲁迅著作的研究和出版编辑。还是中学生的时候，他就开始阅读鲁迅的文章，撰写了不少有价值的学术论文。早在 20 世纪 40 年代就出版了专著《鲁迅事迹考》。多年来，这部专著始终受到国内外同行的重视和好评，成为从事鲁迅研究不可缺少的参考书。

　　1951 年至 1958 年，1977 年至 1981 年，他先后两次参加新中国成立后的《鲁迅全集》的注释编辑工作，是我国唯一参加过两版《鲁迅全集》注释编辑的人，为鲁迅著作的研究出版做出了重要贡献。

学习鲁迅，为争取光明而斗争

　　和林辰先生相识多年，但他很少与我们谈起他在新中国成立前的经历。后来我们在一次交谈中，无意说起某位先生年近八旬仍积极申请入党的事，没想到，林辰先生听后，竟大为动情。

　　他靠在躺椅上，停止了话语，头稍稍有些仰起，双眼凝视着前方。他在思索着，右手指夹着的纸烟已经快要烧到手指了，可他毫无知觉，依然一动不动地坐着。足足过了四五分钟的光景，先生才稍微改变了一下姿势，像是对我们说，又像是自言自语："鲁迅光辉的一生，始终是向黑暗势力进行战斗的一生。我们学习鲁迅，首先就要像鲁迅先生那样，坚持不懈地追求真理，追求光明……"

接着，他向我们讲起了新中国成立前的一段经历。

1939年，满怀抱负的林辰先生走出了家乡，来到重庆川东师范学院任教。当时，为了拯救中华民族，全国人民同仇敌忾，抗日救国。可是，作为国民党临时首都的重庆，到处乌烟瘴气。国民党政府的一些大员们，置国家、民族存亡于不顾，贪污受贿，营私舞弊，无恶不作。林先生越来越清楚地看到，只有共产党才是中华民族的希望。1939年的一天，他冒着风险，偷偷地来到了中国共产党重庆办事处驻地。董必武亲切地接见了他，询问他的工作、生活情况。

林辰先生向董老表示了自己想去延安的愿望。董老十分高兴，他说："去延安，我们欢迎。不过还是要有人留在国统区工作，尤其是你们搞教育的人，更需要，先要把书教好。不要总是讲共产党怎么好，要让人家自己看。"一席话，对林先生启发很大。以后，他积极参加中国共产党所领导的抗日救亡和民主革命运动，为《新华日报》《民主报》《大公晚报》《新生报》积极撰稿，发表反对日本侵略和揭露国统区黑暗政治的杂文。1942年，林辰先生参加了"中华全国文艺界抗敌协会"，恰值郭沫若同志的历史剧《屈原》在重庆公演。在剧情里郭老巧妙地运用借古讽今的手法，借宋玉这一历史人物抨击了国民党政府反共卖国的罪恶，表达了全国人民反对投降、坚持抗战的正义呼声，引起了国民党当局的极大恐慌。御用文人们群起而攻之。在对方的疯狂围攻下，林辰先生再也按捺不住心头的怒火，他挥笔写下了《略论宋玉的帮闲》，引起了很大的反响。从现实斗争出发，支持了《屈原》的演出，意义重大。

日本侵略者终于被赶跑了,但斗争仍在继续。1945 年 2 月,林辰先生置国民党反动派的威胁恐吓于不顾,依然在《文化界对时局进言》上签名,要求国民党结束一党专政,实行民主政治,取消党化教育,停止特务活动。1946 年,他又兼任重庆社会大学文学系教授。重庆社会大学是陶行知、李公朴创办的一所新型业务学校,一些公开的共产党员和革命文教工作者都在这里任过教,学员中也有很多地下党员和进步青年。从开办之日起,它就受到国民党反动派的重重压迫,最终在 1947 年 3 月初被查封。1947 年 1 月,林辰先生参加了重庆大中学生反饥饿、反内战、反迫害的示威游行,并于当日的《新华日报》上发表了抗议反动派镇压学生爱国民主运动的文章。同年 6 月 1 日,重庆大搜捕,林辰先生在私立乡建学校的全体教职工大会上,积极主张营救被捕学生,主张罢教,以抗议国民党反动派的暴行,因而遭到学校的解聘。后来,在严重的白色恐怖下,他不得不逃亡成都,过起流离失所的生活……

林辰先生深情地讲述着,脸上时时流露出一种自豪感。看得出,他是为自己的这段历史而骄傲。他无愧于自己的青春,无愧于自己的民族。他研究鲁迅,一生都在走鲁迅的道路,为追求真理、争取光明而斗争。

出于对鲁迅精神和人格的景仰

1937 年至 1945 年,是中华民族历史上最危难的 8 年。这期间,鲁迅先生的生平事迹,不要说系统地组织收集,就连一鳞半爪,也被人们淡忘了。这不得不说是个极大的遗憾。但那个时候,鲁迅及其著作,在反动势力的眼里,是危险而可怕的。为了收藏一本红色封面的《呐喊》,就可能招致一场大灾难,更不要说写文章研究鲁迅、纪念鲁迅了。正是在这种情况下,林辰先生出于对鲁迅著作的热爱,出于对鲁迅精神和人格的景仰,不顾个人生活的困苦和图书资料的短缺匮乏,一面学习,一面完成了《鲁迅事迹考》一书的写作。该书初版时,孙伏园先生欣喜地称赞道:"《鲁迅事迹考》给我们减去了不少遗憾,增加了不少慰藉。"

《鲁迅事迹考》收有林辰先生自1942年至1945年之间撰写的十篇论文。这些文章写得扎实严谨,有很高的学术价值。比如,鲁迅是否参加过"光复会"这个问题,在当时有两种意见。认为鲁迅参加过的,是鲁迅先生的终生好友许寿裳、欧阳凡海等人;认为鲁迅先生没有参加过的,是鲁迅先生的二弟周作人和王冶秋等人。林先生首先从鲁迅1902年赴日本后的实际生活、思想状况入手分析,认为在革命空气已经弥漫着留东学界的情况下,本来就是热情、睿智、旧学新学都已具有根底的鲁迅,在思想行为上,自然会发生很大的影响,"实在是有可能实际参加政治组织的"。然后,他又认真地考察了鲁迅当年接触、交往的一些师友间的关系,仔细地辨别了争论双方所提出的证据,并逐条加以排列对照,然后,以他严谨的考证,得出了鲁迅确曾加入过"光复会"的结论。40年过去了,林辰的推论经住了历史的考验,不断发现的新材料、新证据,都说明林辰的结论是正确的。现在,鲁迅确曾参加过"光复会"这一事实,已被中国乃至日本的学术界所承认。孙伏园先生于1946年在为该书作序的时候说:"林辰先生的这10篇论文,都代表了极细密谨严的方法,无论解决问题的方法,排列材料的方法,辨别材料真伪的方法,都是极细密谨严的。"这段话,道出了其中最主要的特点。

偏重鲁迅事迹方面的考订,林先生可说是第一家,《鲁迅事迹考》具有首创之功。现在,这方面出现了许多后起之秀,他们中的有些人曾感慨地对林辰先生说:"您给我们开了路,我们是跟着您走的。"

新中国成立之初,还不到40岁的林辰先生已经是四川教育学院和重庆大学的教授,尔后又任重庆西南师范学院的教授兼中文系教授。正当他在教育战线扬起风帆准备更宏伟的远航的时候,他接到了冯雪峰同志邀请他参加《鲁迅全集》编辑注释工作的通知。林先生没有犹豫,他毅然辞去了担负的各种职务,放弃了手里的研究项目,启程赴沪。回忆起当时的情景,林先生说:"就是为了编一部很好的《鲁迅全集》,出版注释好鲁迅著作,我才离开学校的。否则,我是不会离开学校的,我热爱我的教书工作……"

第一个附有注释的《鲁迅全集》十卷本于 1956 年至 1958 年出齐。随着时间的推移和新资料的发现,这一版的注释,有的需要修订,有的需要增补。在经历了十年动乱之后,广大读者迫切要求重新编注一版新的《鲁迅全集》。于是,六十多岁高龄的林辰先生又投入了新的战斗,第二次参加了《鲁迅全集》十六卷本的注释、定稿工作。在这个新的版本中,他重新校阅、修订了《故事新编》的注释,与其他几位同志一起,讨论、改定了第一卷到第六卷以及《中国小说史略》《汉文学史纲要》和《古籍序跋集》共 22 种鲁迅著作的注释。他不顾自己年高体弱,一心扑在工作上,坚持整日上班。他常常告诫年轻人:注释语言与自己写文章不一样,要用最简洁、准确的文字,最清楚地表达一个意思。一个字、一个标点都马虎不得。林辰先生自己则常常为注释好一个条目,一而再再而三地反复修改,字斟句酌,绞尽脑汁。

林辰先生两次参加《鲁迅全集》的注释工作,前后花去了近 20 年的时间。这期间,有的亲戚抱怨他不该总做这无名无利的工作,有些好心的朋友也劝他:"年纪大了,应该搞点自己的东西了。"朋友的好意,他十分理解,然而林辰先生有他自己的见解。他说:"我有幸参加了两次《鲁迅全集》的注释工作,感到很高兴。这两次工作比我写多少文章都更有意义,更令人喜欢。"他还用自己的行动做出了最好的回答。他身体不好,年事又高,在定稿讨论中,常常是边吃药边讨论。同志们劝他休息一下,他执意不肯,还十分风趣地说:"虽然身体不好,但心情很好,我是用精神来支撑工作的。"的确,在林辰先生身上,有一种难能可贵的精神,一种不为名、不为利、埋头于祖国出版事业的精神。他为了出版好鲁迅著作,把自己全部的学识,以及多年研究的学术成果全部无私地奉献了出来。

研究鲁迅,不断开拓新领域

林先生在研究鲁迅的过程中,很重视前人的研究成果,但他却从来不轻信、不盲从。他总是努力去发掘新课题,开拓新领域。

鲁迅整理古籍,包括辑佚、校勘、编选、专题研究,做了很多工作,成绩斐然,远远超过前人,这是他早年主要学术活动的一个方面。但是,半个世纪以来,人们对鲁迅的创作、翻译和思想等研究得比较多,对于他整理古籍方面的研究,则显得比较冷落。林先生看到了这个问题,他也知道研究这个项目难点很多,因为这不但要对鲁迅所做的工作有所了解,更重要的还要对鲁迅所涉猎的那些古籍有深入的研究。就拿《古小说钩沉》来说,这是鲁迅先生的一部遗稿,具有重要的学术意义和价值。其网罗之宏富,采辑之审慎,校订之精确,都可以说是前无古人的。有了这部书,我们可以得到许多久已散佚、难以搜寻的古小说,可以从其中看出我国隋唐以前小说的面貌及其发展情况,这对于研究中国小说史和文学史的人,是极为重要的。但是,此书在鲁迅生前并没有整理完成,前后不但没有序跋,就是在编次上,也很难看出作者的意图和体例。旧版《鲁迅全集》是根据鲁迅的稿本排印的,从稿本的次序看,所收36种古小说不分时代先后,混杂地编排在一起。再从36种古小说的内容看,《水浒》列于"志人"的《语林》《小说》和"志怪"的《列异传》等书之间;《集灵记》和最末的《宣验记》《冥祥记》《旌异记》这3种,同为佛家"明因果"的书,内容大抵都是"记经象之显效,明应验之实有"，而这四本书的编排次序，不相联属，证明也不是完全依据作品的内容性质分类编排的。鲁迅先生生前提到此书时，曾说过还需略加整理才能付印，可见 1938 年版《鲁迅全集》所收的《古小说钩沉》一书，并不是作者最后的定本。鲁迅生前对这部书究竟是怎么计划的？为什么要这样来编排？鲁迅先生的夫人许广平曾撰文谈过这个问题，她认为，《古小说钩沉》"共四部：第一部为《汉书·艺文志》著录的书；第二部为《隋书·经籍志》小说类著录的书；第三部是《新唐书·艺文志》小说类著录的书；第四部虽然不见于史志，而汉唐人却已引用者"。鲁迅逝世不久，周作人在对记者谈话时说到了《古小说钩沉》，他认为该书分为四部，同许广平的讲法相同。一位是鲁迅先生的夫人，一位是鲁迅先生的弟弟，他们的意见总该是定论了吧！林先生可不是轻信和盲目听从的人，他认为，研究问题不能光看是谁说的，还要看他说得对不对，有没有道理。林辰在鲁迅《唐宋传奇集》的序言中发现，鲁迅曾有过"先辑自汉至隋小说为《钩沉》五部论"这样的自述，说明鲁迅原来的计划，这部书共分五部，与许广平和周作人的说法不符。可惜鲁迅没有具体说明怎么分法，在其他的文章中也无记载可以佐证。为了彻底弄清楚鲁迅辑录《古小说钩沉》的体例和意图，林辰除了将 36 种古小说产生的年代、作品的内容摸清以外，又到北京图书馆查阅那里珍藏的鲁迅手稿《古小说钩沉目录》，经过核对，终于查明了全书的编排体例。全书共为五集，第一集，收《汉书·艺文志》小说类目录的书；第二集，收《隋书·经籍志》小说家类著录的书；第三集，收《新唐书·艺文志》小说家类著录的书；第四集，收《隋唐志》小说家以外著录的书；第五集，收史志未见著录的书。同时，林辰对稿本上某些书在编次上的用意也搞清楚了。如：沈约的《俗成》，见《隋·志》子部杂家类，不在小说家类，但因为他的内容与《语林》《小说》相类，同属《世说》系统，故收入第二集；《志怪论》见《隋·志》史部杂传，两唐《志》均为著录，它的主要内容又为志怪，故只能收入第三集；等等。对于《古小说钩沉目录》中每集所收各书,不完全按作者时代先后为序,有些书也看不出是结合内容性质编排这一问题,还有其他一些悬而未决的疑难,林辰都根据现有的资料,经过谨慎的考证,严密的推理,找到了正确的答案。他在《鲁迅计划中〈古小说钩沉〉原貌》一文中,大胆而科学地提出了《古小说钩沉》新的编排次序,并指出应将后来发现的鲁迅为这部书写的序言冠于全书之首,同时,还应对所收各种小说补著撰写人及其时代等情况。林辰为了研究、整理和加工《古小说钩沉》这部书,前前后后花了近 10 年的时间,先后发表了《鲁迅〈古小说钩沉〉的辑录年代及新收各书作者》《鲁迅计划中〈古小说钩沉〉的原貌》《鲁迅辑录〈古小说钩沉〉的成就及其特色》。他终于使读者看到了鲁迅原计划中此书的原貌,完成了鲁迅生前没有来得及完成的工作。之后,林辰又先后写了《略谈鲁迅辑录的几种古籍》《鲁迅与〈百喻经〉》等文章,受到了学术界的重视和好评,为后人研究鲁迅与古籍整理这个难度较大的课题开拓了道路。

启功先生二三事

由于工作关系,我结识了不少老教授、老专家,启功先生便是其中之一。启功先生给我的最深印象,是他的幽默、平易、真诚。在这里,我讲三件亲闻、亲历的小事。

第一件:"文革"后期,启功先生参加了中华书局"二十四史"的点校工作,由此与中华书局的不少同志相熟。20 世纪 70 年代末、80 年代初,启先生经常"顺路"到中华书局转转。一天下午,启先生来到"文学组",按老习惯,一进门他便双手抱拳,笑嘻嘻地向编辑部的同志们逐个问候,就连我这个"小不点"也享受同等礼遇。大家纷纷起身相迎,向启先生问候、寒暄。忘记是谁随口问了一句:"您是坐公交车来的? 车上挤吧?"启先生故意睁大了眼睛,显出一副无可奈何的样子,然后诙谐地说:"坐公交车那是自然,但坐车之难……我刚刚编了个'顺口溜',说给你们听听:'乘客纷纷一字排。巴头探脑费疑猜。东西南北车多少,不靠咱们这站台。坐不上,我活该。愿知究竟几时来。有人说得真精确,零点之前总会开','铁打车厢肉作身。上班散会最艰辛。有穷弹力无穷挤,一寸空间一寸金。头屡动,手频伸,可怜无补费精神。当时我是孙行者,变个驴皮影戏人'。"大家听后忍不住哈哈大笑。时隔多年,我在先生的《启功韵语》中看到这两首"顺口溜",题为《鹧鸪天八首·乘公共交通车》,才知道先生为此事竟写了 8 首,字里行间,透着对当时社会风气的嘲讽,在俏皮揶揄中,表露出百姓生活的艰辛。正所谓"入木三分,叹为观止。嬉笑怒骂,皆成文章"。现在读来,仍然忍俊不禁。

第二件:大概是 1980 年下半年,具体时间记不清了。一天,我们"文学组"的几个人聊起了启功先生。说到兴奋处,有同志提议,我们去启先生家看看老人家,如方便,还可以向先生讨幅字。于是,我们四五个人乘车到了启先生当时的住处西直门内小乘巷。

启先生看我们这么多人来看他,非常高兴。聊了一会儿,我们渐渐露出"讨字"的心思,启先生连说:"好、好、好!"当即起身,走到条案边,铺好纸,转头对我们说:"每人一幅。"我们簇拥着围在边上观赏,依次等着写给自己的字。当启先生把给我写的字写好后,突然问我:"要不要给你夫人绛云同志也写一幅啊?"我思想上没有准备,说:"她没来啊!"站在我旁边的王秀梅同志说:"启先生说给她写一幅,你还客气啥?"我赶忙说:"那就代她谢谢您了!"谁知这幅字写了一半时,启先生发现中间掉了一个字,于是毫不犹豫地又重新写了一幅。为了记住启先生的这份情谊,我把那半幅字也一同保存下来。过后我才知道,原来人民文学出版社举办古代文学讲座,是绛云请的启先生,并负责接送,与启先生早就熟悉了。

字写完了,大家心满意足。眼看已近下午 5 点,我们张罗着说请启先生吃饭。谁知先生不但不让我们请客,反而一定要请大家到和平门烤鸭店吃烤鸭。我们再三推辞,启先生坚决不肯。最后,我们只好一同随先生乘车去吃了烤鸭。

第三件:2000 年前后,人民文学出版社社长陈早春同志找到绛云,说他老家湖南株洲电视台想请启先生题写个台名,他实在推辞不掉,知道我们与启先生比较熟悉,想请我们帮忙。我们知道,这时启先生的应酬非常多,特别是找他写字的人,应接不暇。为了不打扰启先生,我们也好久没有联系了。可早春同志不比他人,我们之间是可以"过话"的朋友。考虑到早春的难处,只好答应试试看。我们先后至少给启先生家里打了两次电话预约,家里人都说启先生最近太忙,没有时间。可早春那边又很着急,接连几次询问。实在没办法,我们只好和启先生家里人说:"麻烦您将我们的名字告诉一下启先生,就说常振国、绛云想登门拜访,看看能不能挤出时间见见?"隔了一天,我们再去电话,对方一听是我们,很是热情,说启先生讲了,这几天晚饭后都可以。于是,我们第二天晚饭后到了北师大红楼宿舍。

启先生见到我们很高兴,说好久不见了,很想念我们。我们说,知道您事太多,不敢多来,说是来看您,其实是影响了您的休息。启先生说:"哪里哪里,你们来,我高兴,什么时候都欢迎!小青(我儿子常青)长高了吧?"启先生看见常青这都是好多年前的事了,那时候常青还在上小学,而如今已经在北大读研了。我们很感动,也很惊讶启先生的记忆力,这么多年过去了,居然还记着常青的名字。

我们将早春托付的事对启先生说了,启先生说:"好。早春我认识。这个作业保证完成,一周后来拿。"我们又问启先生近来的身体情况,他告诉我们,这些天血压有些高,眼睛也不太好。医生让他多休息,晚上早点睡,可应酬的事太多。过两天,学校又有安排,可能还要在外面住几日。听到这里,我们心里很愧疚,知道又给先生添麻烦了。这时门外又有人敲门,开门一看,竟是位僧人,说是来向先生求字的。启先生先是一怔,弄明白来意后,笑着说:"对不住了,我这儿有客人。请回吧!"我问:"他怎么上来的?"先生无可奈何地说:"不知道。"一周后,我们将启先生的题字转交给了早春同志。

2005 年 6 月 30 日,启功先生因病仙逝。北京师范大学为启先生设了灵堂。7 月 4 日下午,我与许力以、绛云、张三杰一同前往吊唁。我们轻轻地将花篮敬献在启先生的遗像前,深深地鞠躬致敬。望着先生的遗容,是那么的亲切、洒脱,是那么的慈祥、和善……

忆周振甫先生的"实"

很多时候,回想起先生在世时的许多往事,仿佛昨日,依然是那样清晰、真切,令人怀念。

我与先生相识 20 余年,从先生那里学到了很多东西。其中最让人钦佩的是先生的"实"。生活的朴实,学问的扎实,待人的平实,做事的老实,对己的真实,处处、事事都是实实在在,既不装腔作势,也不虚伪苟且。

古人有曰:"知人者智,自知者明。"能够正确地认识自己,说起来容易,而在生活、工作中真正做到其实很难,尤其是面对名利时更是如此。记得我第一次应《编辑之友》之约写一篇关于周先生的人物通讯的情景,初稿写好后,我请先生过目。周先生在原稿上删改很多,主要是一些他认为的"不实之词""夸张之词",先生统统删去或修改了。比如,原稿中写"他从事编辑工作五十年",他在"编辑"前加"校对"二字,并在这句话后又补了一句话:"中间除去'文化大革命'和从事校对外,实际做编辑工作的时间约为四十年。"比如,原稿中说他"学识渊博",他改为"杂学旁收"。在文稿的空白处,他还做了说明:"做编辑的是杂家,各种稿子都看,不能专心研究,所以说不上博学。在有学问的人面前,就显得学问很少了","钱(锺书)先生就认为我的知识比不上同辈的人"。又如,原稿中写"他始终兢兢业业,勤勤恳恳,不为名,不为利,全心全意为他人作嫁衣裳,甘当无名英雄",他只保留了"勤勤恳恳"四个字,其他全部删掉了。他说,他不是全心全意甘当无名英雄,他出了不少自己的书,"替自己编书就是半心半意做编辑","就不是做无名英雄"。

在我这篇五六千字的稿件上,周先生逐字逐句做了修改,加上旁边的说明文字,前后写了五六百字。记得那时我并不完全理解,只是认为这是先生的谦虚而已,多年过去后,才真切感受到先生的真实。也唯有真实,才能经得住历史、时间的考验。但人的一生能够始终坚持真实又谈何容易!这也让我想起前些年网上有人污蔑先生,说先生自称什么"国学大师"。我想,先生的道德文章自有公论,绝不是二三"竖子"就能诋毁得了的。

说起先生的学问,我觉得他对《文心雕龙》的研究是下了很大功夫、做出了重要贡献的。他的《文心雕龙注释》和《文心雕龙全译》,都是在继承前人成果的基础上,有所创新,有所突破,是后人学习研究《文心雕龙》的必备书。这两部著作的写作始于20世纪60年代初,先是周先生应《人民日报》的《新闻业务》的编者丛林中之约在《新闻业务》上选译《文心雕龙》,后来人民文学出版社和中华书局分别请周先生做注释和今译,初稿都是"文革"前写好的。"文革"后,两家出版社都出版该书,为此,周先生再次对书稿进行修改。

当年在《新闻业务》发表选译的《文心雕龙》时,四川大学的杨明照先生曾著文论及周先生的《文心雕龙》译注有误。10多年过去了,1978年4月,我随周先生到广州参加古典文学理论年会,周先生恰巧和杨先生住在一个房间。在两位先生的探讨中,杨先生告诉周先生,他有一篇补订范文澜先生《文心雕龙注》的文章寄给了中华书局《文史》。周先生得知后对杨先生说,回北京后向《文史》要杨先生的文章看,用来补订自己的译注,杨先生慷慨同意了。后来,杨先生的那篇文章虽然没有发表,但周先生还是将杨先生的文章找来借读,把其中可采纳的引入自己的注中,注明杨注,并表示感谢。对杨先生注释中未备注者,周先生又做了补充。从周先生对一条注释改动的修订,足以看出他做学问的认真扎实,一丝不苟。

此外，在注释《文心雕龙》中，周先生还就《文心雕龙》所论加以补充。如在《诠赋》的说明里，讲到"赋的渊源"，周先生援引章学诚《文史通译·诗教》（上）《教雠通义·汉志诗赋》第十五，指出：一、赋的渊源，除刘勰所讲的诗和《楚辞》外，还有一假托问答，有如诸子中语言的假托人物对话；二、夸张形式，有如苏秦、张仪游说各国的夸张形式；三、编排故事，有如《韩非子》《吕氏春秋》的编排故事；四、《七发》的列举事例，有如《孟子·齐桓晋文之事》。对赋的类别，周先生又从语言和形式上将赋分为骚赋、汉赋、六朝骈赋、唐以来律赋、散文赋等，阐释了自己独到的见解，这对读者了解、学习"赋"的形成和发展很有帮助。

与周先生相处，总能感到他的宽厚与真诚。他的宽厚，就是处处为他人着想；他的真诚，就是无论遇到什么事，总是实实在在，有一说一。公木先生编写的《先秦诸子寓言》，周先生在编辑过程中提了不少好的建议，公木先生亲自来看周先生，要求署上周先生的名字。周先生说什么也不肯，认为这是编辑应该做的。有一次我陪周先生去济南出差，会务组将周先生与王元化先生安排在一个房间。当周先生知道王先生神经衰弱、睡眠不好时，自己便主动搬到别的房间去睡。王先生得知后，十分感动地说："振甫先生比我年纪大，可他还照顾我，真让人不安。"

1989 年年初，我和绛云准备把发表过的一些鉴赏类文章汇集成册出版。初稿编好后，我们请周先生通审全稿，并希望先生写篇序文。周先生仅用 3 天的时间就逐句审完了稿件，又认真地写了一封信给我们。信中除对个别篇章提出了中肯的意见外，特别对让他写序一事谈了看法："你们还可以写篇前言：一、交代这些篇刊在哪里，或人家怎样约稿的，或有些篇是后写的。二、讲讲可分几类，如论文、小说、散文、诗词，对这几类分析时有怎样不同的考虑。三、'鸳鸯绣了从君看，莫把金针度与人'。再讲讲怎样用金针，即把金针度人，对要学习鉴赏的读者做些指导，给些帮助，说说在写鉴赏时的用心和体会。这样写,比较具体,不必找别人写,因别人没有这种体会,说些空话,对读者没有帮助。"周先生的话既诚恳又实在,既是对我们的鼓励,也是对我们今后的为人处事、读书学习做到更真诚、更扎实的一种鞭策。

周先生去世已有18年了。先生对我的教诲、对我的帮助提携,我永记心中。扎扎实实做事,实实在在做人,仰不愧于天,俯不怍于人,这就是先生留给我的最宝贵的财富。

我不识君妄作评

——忆孙之俊先生

前日，老友武冀平先生邀我写一篇纪念孙之俊先生的文章。我与孙先生不曾相识，但接到孙先生爱女艳华女士寄来不少关于孙先生的资料，特别是漫画作品、文学作品，以及他坎坷一生的介绍，拜读后，心中不禁为之一震，感触颇多。

张振仕先生认为，孙先生是"继丰子恺先生之后，漫画界承前启后的人物"；华君武先生认为，漫画史上应该有孙先生一笔。何谓"承前启后"？"一笔"又该是多重的分量？

孙先生早在20世纪20年代就开始致力于漫画的创作，一画就是20多年，从未间断，数千幅作品，涉及社会生活的各个层面，始终与时代同呼吸，与祖国共命运，与人民心贴心。仔细观摩孙先生的作品，发现一个显著的特点，就是篇篇有"灵魂"，无论用墨多少，笔触所及，处处可见"火花"。

1933年年底，伪满政府宣告次年将实行帝制，在社会上引起了强烈反响。为此，孙先生创作了一篇名为《把戏》的作品，发表在《北洋画报》上。画面上一把"龙椅"架在一根三折的支杆上，画面右下侧，梦想登基的溥仪正双手扶着云梯，准备攀爬上去。乍一看，还以为是要耍杂耍，再一琢磨，忍不住哑然失笑。这幅作品，画面虽十分简洁，却非常生动地向世人宣告："称帝"不过是一场闹剧！"把戏"二字，尽显嘲讽、轻蔑，也道出了人民大众的心声。作者的思想火花，点燃了亿万百姓胸中憋闷已久的愤怒之火，犹如一把匕首,直入反动分子的心窝!

除了带有强烈社会政治题材的作品外,一些反映日常生活的小品,孙先生也是"按着现在社会现在环境的需要去做","是给人指示出现在社会是非善恶的,是给人开心遣兴的"。

说起漫画,一般认为,似乎不需要太深的艺术功底。但以我的理解,漫画是用最简练的笔墨(线条),融入最机警的智慧,采用艺术的手段,用夸张、变形来实现作者的意图的。我们在评论文学大师的时候,常常钦佩他们能用最通俗、最节省的文字表达出最深邃的理念,刻画出最鲜活的人物,描述出最生动的故事。我认为,漫画与文学之间应该是彼此相通的。由此来评判漫画家尤为恰当。

新中国成立前,孙先生考入北京国立艺术专科学校后,就开始漫画创作,那时他不过20岁左右。从发表的作品和他的交往活动看,他是一个充满活力、充满幻想、思想活跃、勇于开创的有志青年,可谓"国事、家事、天下事,事事关心"。面对日本帝国主义的侵略,他义愤填膺,挥笔创作了《国人速醒》《1933》《五三》《无题》《大家还不快醒吗》;面对置国家利益于不顾的军阀混战和腐败的官僚政府,他无情揭露,创作了《新年漫画》《今日之内战》《怎么瞧不见呢》《黑白》;面对社会底层的广大民众,他充满同情,创作了《报考一名职员》《都市之冬》《民生》《无衣无食腊月怎挨》。对社会上的其他问题,他同样十分关注,疾恶如仇,与人为善。

因为曾三次就"武训"这个人物形象进行过创作,20世纪50年代初对电影《武训传》的批判中,孙先生受到牵连。孙先生的漫画创作生涯就此终结,他转身投入教师的行列,全身心地去教书育人。但"文革"再一次毁灭了他的理想。彻底绝望后,老家院内的葡萄架成了他最后的归宿。

孙先生才华横溢,一生关心国家、民族命运,积极向上,但他的一生,却从一个侧面真实地反映了"极左路线"和文化专制的恶果。掩卷之余,总有一种更深邃的东西缠绕在心头,久久挥之不去,酸甜苦辣,难以言喻。"我不识君妄作评",略表对孙之俊先生的景仰之情。

"天塌下来我顶着！"

——我眼中的乌杰

我与乌杰同志相识结缘是因为出版大型画册《领一代风骚的伟人——邓小平》。那时我在体改委下属的改革出版社，乌杰是国家体改委副主任，根据业务分工，他分管出版社。

20世纪90年代初，改革出现了困难。作为改革开放的总设计师邓小平，曾三次南行讲话，要求各级政府进一步解放思想，把改革的步子迈得再大些。1994年，是邓小平同志90周年诞辰，我想借助这个机会，编辑出版一本关于邓小平的大型画册，但这本画册绝不能是简单地介绍邓小平的生平。一是因为据我所知，以介绍邓小平生平为主的画册，其他出版社已有策划，有的已经出版；二是我想出版这本画册的根本目的，是要对邓小平建设具有中国特色社会主义理论进行深入宣传、阐述，对"小平南行讲话"做个呼应。

因此，一开始我就确定画册不按邓小平生平年代次序编排，而是从如何更好地宣传中国特色社会主义理论的角度入手。我查阅了当时已出版的有关对邓小平理论进行阐述的资料，正好看到了由乌杰撰写的《邓小平思想论》，由人民出版社出版，是1993年度全国优秀畅销书。我同编辑部张三杰同志商量后，又得到时任副社长于庆林的支持，决定以《邓小平思想论》的框架为主线，以该书对邓小平理论的形成、发展的论述做基础，凝缩成一篇贯通全书的文字，适时配好图片（这个思路，就是编辑《中国—长征》《俯瞰中国》的思路），请乌杰同志担任主编，编辑出版一本 8 开本的大型画册。
我们向乌杰同志汇报了编辑出版的整体设计方案后，当即得到了他的首肯。

对这本画册的设计，于庆林同志出力不小，张三杰同志的编辑加工也
十分到位，而乌杰同志，真正承担了"主编"的职责，从照片的选择，到文字
的浓缩，他都一字字、一页页地认真审读、修改。更让我感动的，是他这个主
编的担当精神。按照新闻出版有关规定，这类选题属于重大选题，是要报批
的。为了赶在当年 8 月份以前出版（邓小平的生日是 8 月份），要是真的走
程序上报后再做，时间上肯定来不及。我如实地向乌杰同志说明了这一情
况，他略一思考后，爽快地说："这个事我来办。"他看我还有些不放心，不无
幽默地拍拍我的肩："小常，放心吧！天塌下来有我呢！"乌杰同志身材高大，
腰板总是挺得笔直，比我高出一截，说这话时，还笑着用手和我比了比。

两年后，《领一代风骚的伟人——邓小平》荣获"中国图书奖"，其时我
已到中国旅游出版社工作。

然而，有一件事让我一直感到内疚。那是我到华龄出版社后，我曾想编
辑出版一套《部长丛书》，主要是写已经离退休老部长们的回忆录。2001 年
左右，我去乌杰同志家谈了这个想法，乌杰同志表示这个想法不错，说他正
好在写回忆录，并答应给我出版。我当时非常高兴。不久，乌杰同志将书稿
拿给我看，可因为里面涉及不少按出版管理规定不能出版的内容，我只好
说明情况后退了稿，而《部长丛书》的出版打算也就此作罢。

隔不断的情思

——怀念陆又雄先生

2000 年 8 月,陆又雄先生因病去世。噩耗传来,我深感震惊,心情无比悲痛。我与陆又雄先生相识,是在 1989 年年初,当时合作出版促进会为推动对外合作出版的发展和交流,在深圳举办了第一届合作出版洽谈会。陆又雄先生作为台湾出版界的代表,积极参加了会议。会上,他广泛地与大陆出版界接触、洽谈,详细地介绍台湾出版界的情况,非常活跃,非常热情。会后,在统计洽谈成果时,发现陆先生所在的淑馨出版社签订的合作项目协议最多。之后,一连 10 年,无论促进会在哪里举办洽谈会,陆先生都是每次必到,前后与大陆的几十家出版社签署了上百项合同。陆先生还多次参加海峡两岸出版研讨会,发表了许多很有创意的见解,对促进两岸的出版合作起了积极的作用。

他是台湾淑馨出版社的总经理,1992 年,由陆先生等人发起,分别在大陆和台北成立了"百通出版集团",这无疑使两岸出版界的合作又向前迈进了一步。1998 年,在庆祝促进会成立 10 周年的大会上,大家一致同意,将"促进两岸出版交流"的纪念奖牌赠给了陆又雄先生,以示对他的表彰。只可惜陆先生因身体欠佳,没能出席会议,由其夫人周美君女士代领。

与陆先生交往,觉得他身上的许多东西值得学习。他经营出版社,虽然也是在经商,但很少让人感到有商人气,反而常常觉得他书生气十足,文化味很浓。合作中,他特别看重的是书稿的内在价值,看重文化、科技的含量,其次才是利润。有个别选题，即使赔钱，他也照做不误。这对于一个台湾出版人来说，确实是件不容易的事。他常说，要想赚大钱，就别来做出版。一个真正的出版人，他出版的图书应该是对民族文化的传播和积累，是对世界文明、科技的介绍和发扬。

1995 年 3 月，大陆百通出版集团科技社社长率领 20 余人应台湾百通集团之邀访台，参加两岸出版交流和科技图书展。陆先生为此活动做了大量的准备和组织工作，并全程陪同。他对大陆同行的热情服务和细致关照，深深留在大家的记忆中。

"待人诚恳热情"是大陆出版业同行对陆先生的共同看法。从两件小事中就可以看出。1990 年，我与陆先生认识不久，一次闲谈中，陆先生得知我对中国古典文学有些研究，发表了一些文章。他执意要"拜读拜读"。碍于情面，我将部分书稿复印后寄到台北。谁知，一来二去，在陆先生的一再坚持下，我的第一本论文集竟首先在台湾出版。书的印刷之精美、编辑设计之专业，直到今天，我仍然感慨不已。1997 年，我和许力以同志赴台参加"第三届两岸三地华人出版联谊会议"。没想到，到台湾的当天晚上，许力以因肠胃不适发起烧来。陆先生得知后，虽然已是晚上 10 点多钟，但他还是立即与其夫人周美君女士以及王万全先生一起送许力以到医院就诊。第二天一早，他又亲自陪同，找了私家医生，专门为许力以治病，使许力以很快恢复健康。虽然都是小事，却足以说明陆先生待人的真挚。

陆先生去世时才刚刚 49 岁，可谓英年早逝，令人痛心。2000 年 12 月，我赴台参加大陆书展时，在陈恩泉先生的陪同下，专程冒着小雨到骨灰堂祭奠陆先生。他的人品、才智，他对两岸出版界合作与发展做出的贡献，值得铭记。

陆先生去世后，我曾写了一首小诗悼念他，发表于 2000 年 17 期《出版参考》上。现附于此：

鹧 鸪 天

——悼陆又雄先生

昨送恩师今送友，①

相思肠断酒浇愁。

约期已近君何在，②

难忘漓江水悠悠。③

《拾遗》在，④

泪空流。

梦中把臂话春秋。

莫道人生归去好，

创业敢问几时休？

注：

①导师周振甫先生于当年5月仙逝，又雄兄于8月永诀。

②曾约定8月底在北京图书博览会时相聚。

③1992年，曾与陆兄共游漓江。

④淑馨出版社曾出版拙著《拾遗集》。

读向仍旦^①先生《雪泥集》有感（外一首）

岁月无痕纸留音，雪泥趾爪见精神。

情切休虞平与仄^②，一吟一唱第二春。

外 一 首

不见恩师久，转瞬鬓满霜。

欲言声先咽，执手泪两行。

燕园说荀卿^③，红楼议始皇。

人生贵相知，何论参与商。

注：

①向仍旦：北京大学中文系教授。先生学识渊博、为人诚恳。著有《荀子通论》《中国文化史论》《中国古代婚俗文化》《中国古代文化知识》等。

②《雪泥集·自序》中语："本人对格律咀嚼不清，难免仍有滥竽之嫌耳。"

③向先生著有《荀子通论》。在校期间曾为我们授课《荀子其人》。

附:向仍旦先生《答谢常振国、绛云两贤契》

黉门一别几多春,师友相交情义深。

漫漫雪泥留趾爪,有劳贤契总合成。

读李易先生《寻踪诗录》有感（外一首）

与李易先生相识30载。先生之为人学识，可佩可尚。

大作《寻踪诗录》付梓在即，蒙先生厚爱，诚邀诌诗凑趣。自知不才，恳辞再三。不获，勉力为之，贻笑大方矣。

夜来读诗耀眼明，文字罩罩寓深情。

善教无言童心在，真知悟了慰生平。

外一首（自嘲）

岁月易逝志难移，沧桑阅尽逢场戏。

最怜画地痴为牢，本是无欺却自欺。

李易先生阅后，按语曰："捧读振国、绛云伉俪赐诗，其夜读一首，宽以勉人；其自嘲一首，又严于律己；一宽一严，诗道也，亦人道也。故余呕置之座右，而终身弗敢忘也。谨三愧谢。"

悼宗文龙兄

相识西子隔世尘①，漫步圆山话古今②。

隐退唯求庄周梦③，重出江湖归少林④。

布衣清茶心如故，打坐听禅费精神。

生不负人多狭义，死不愧天一达人。

注：

①1993年国际合作出版促进会在杭州举办第五届合作出版洽谈会，文龙兄时任浙江出版总社副社长，全权负责会议的筹备工作，我作为促进会秘书长与其沟通联络，此乃首次共事。时住"汪庄"，又称"西子宾馆"。

②1993年5月，我与文龙兄作为大陆出版界首个代表团成员同赴台湾，入住圆山饭店。饭后散步明山，畅所欲言。

③访台归来不久，文龙兄决意辞去副局级公职，自闯天下。然现有体制下，"下海"何其难？仅靠一己之力，不过是"庄周"一梦而已。

④宗文龙策划出版的第一部大书即《少林武功秘籍》，为少林寺走向世界建立了功勋。文龙兄也由此与"少林"结下不解之缘。

后记

迈进出版这个大门，至今整整 41 年。论年头，我算得上"老出版"了。我从小对出版充满好奇、向往、敬重，长大了，成了出版人，其间虽有许多磕碰，但终为国家的文化传承尽了微薄之力，这是我的荣幸。

本套丛书主旨明确，时间上紧扣"新时期"，所述事件与人物围绕"出版改革"。检查起来，本书第一章的部分内容，似与主旨有些"游离"。认真思考后，我还是将它们保留了下来。因为这些过往的人与事，乍看似与"出版""新时期"不大相干，然而对我却影响深刻，甚至可以说是我人生观形成的根源所在，也是我日后能够在出版岗位上坚守的精神支柱。

真实，是撰写回忆录的生命。我不期望我的这个"回忆"有什么"作为"，我唯一可以向读者承诺的是它的真实。虽然它仅仅是我个人在特定历史阶段的一点点亲身经历，但我相信其对读者了解那个阶段的某些事、某些人或许还可以参考。当然，如若深入探讨，务必还要广证博考，万万不可"偏听偏信"。至于书中有哪些疏漏和不当，还望方家不吝赐教。

本书的出版要感谢好友聂震宁同志的举荐和鼓励，感谢王云霞同志的大力帮助与认真整理，感谢邱少华社长、詹斌副社长和朱胜龙处长精心策划了这么好的选题。这里，我还要特别感谢邓玉琼主任和李建华编辑，他们对稿件的精心审读，帮助我避免了许多错漏，她们的建议和意见，使我受益匪浅。

2018 年 9 月